NAISSANCE DE LA FRANCE

Le Monde mérovingien

Traduit de l'anglais par Jeannie Carlier
et Isabelle Detienne

FLAMMARION

DU MÊME AUTEUR

Le Vol des reliques. Furta Sacra. AUBIER, 1993.

Titre original

BEFORE FRANCE AND GERMANY

The Creation and Transformation of
the Merovingian World

© 1988 by Oxford University Press, Inc.
Pour la traduction française
© 1989 Flammarion
ISBN 2-08-081274-2
Imprimé en France.

PRÉFACE

De tout ce qu'a produit le génie politique et militaire de Rome, la Germanie est peut-être la création la plus grande et la plus durable. Un jour, il est vrai, la créature en est venue à supplanter son créateur; cette circonstance ne saurait pourtant nous faire oublier que le monde germanique doit son existence même à l'initiative de Rome, aux patients efforts par lesquels, pendant des siècles, les empereurs, généraux, soldats, propriétaires terriens, marchands d'esclaves ou marchands tout court ont modelé ce qui à leurs yeux était le chaos de la réalité barbare, pour en faire un monde structuré par des formes d'activité politique, sociale, économique telles qu'ils puissent le comprendre et peut-être s'en rendre maîtres. Le plus souvent, les barbares eux-mêmes désiraient très ardemment participer à ce processus qui allait faire d'eux un « vrai » peuple, autrement dit créer des structures qui fussent intelligibles à l'intérieur de la civilisation gréco-romaine, ce monde qui les fascinait. Le succès de l'entreprise fut si total que, dès la fin de l'Antiquité, lorsque les Goths, les Burgondes, les Francs et les autres « peuples » germaniques furent devenus les maîtres de l'Empire romain d'Occident, il leur fut impossible de se penser, eux-mêmes et leur passé, sans recourir aux catégories de l'ethnographie, de la politique et des mœurs romaines, de même qu'ils étaient incapables de prospérer autrement que par les traditions romaines de l'agriculture et du commerce, ou d'exercer le pouvoir en dehors des usages politiques et juridiques de Rome. De leur côté, pour raconter l'histoire des peuples barbares, les ethnographes romains – Tacite, Pline, par exemple – utilisent les catégories gréco-romaines de tribu, peuple et nation; lorsqu'ils décrivent leurs coutumes religieuses ou sociales, c'est par référence à Rome : ils les voient ou assimilables ou opposées aux vertus et aux vices de la société romaine. Quand, au VIe siècle, Cassiodore ou Grégoire de Tours racontent l'histoire des peuples barbares désormais victorieux, ce sont encore les catégories gréco-romaines qu'ils utilisent, eux et leurs informateurs, pour rendre intelligibles le passé et le présent des peuples qu'ils décrivent.

Comme l'histoire et l'anthropologie-sociologie – les deux disciplines qui dominent aujourd'hui les sciences humaines – sont les héritières directes de ces mêmes traditions gréco-romaines, les historiens modernes ont grand-peine à s'en écarter pour considérer les origines de la société européenne en dehors de ces catégories et de ces structures. C'est seulement dans les vingt ou trente dernières années que les anthropologues et les ethnographes ont entrepris de montrer comment, en braquant le projecteur sur les structures internes des sociétés traditionnelles extérieures à l'Occident, il est possible de casser les catégories conceptuelles de l'expérience occidentale pour mieux comprendre non seulement les sociétés autres, mais aussi, dans une certaine mesure, les lointaines origines de notre propre culture. C'est la tâche des archéologues de faire avancer ce processus, puisque les documents archéologiques sont les seuls qui nous permettent de comprendre le monde sans écriture d'une société barbare sans le faire passer par le filtre du langage et donc des catégories de la culture gréco-romaine. Par conséquent, nos conceptions sur la manière dont il faut interpréter les rares documents que nous possédons sur le monde barbare de la fin de l'Antiquité sont en pleine évolution.

Cependant, lors même qu'on s'efforce de réinterpréter ce monde à la lumière de l'ethnographie et de l'archéologie d'aujourd'hui, on est constamment frappé de voir à quel point, dès avant la conquête romaine ou les invasions barbares, le monde germanique était profondément pénétré par la culture classique. La création du monde barbare par les Romains n'est pas simplement affaire de perception : ils ne se sont pas contentés de poser la grille des valeurs romaines sur les données que leur fournissait leur contact avec ces cultures. La perception romaine du monde barbare et les influences exercées par Rome, influences à la fois actives et passives, l'ont transformé et structuré, alors même que, dans une mesure dont on vient seulement de s'aviser, Rome s'efforçait de le comprendre. Dans le cas des Francs – et c'est d'eux, de leurs origines et des débuts de leur histoire que traitera le présent ouvrage –, le processus est particulièrement évident. Leur existence et chaque étape de leur histoire n'ont de sens que dans le contexte de la présence romaine en Europe du Nord ; car leur genèse en tant que peuple et la lente métamorphose qui allait faire d'eux les conquérants d'une bonne partie de l'Europe s'inscrivent dès le départ à l'intérieur de l'expérience romaine. Expérience, cependant, bien différente de la vision que chacun se fait ordinairement de la Rome classique. Ce que rencontraient les barbares, c'était la Rome des provinces, et surtout la Rome de l'Antiquité tardive, un monde à certains égards encore plus étranger aux sensibilités modernes que celui des barbares eux-mêmes.

L'histoire des royaumes barbares et particulièrement des Francs est donc celle des transformations que subit la province romaine ; et quoique parfois scandée par des épisodes violents qui n'ont pas cessé de hanter la conscience occidentale, tels le sac de Rome en 410, ou la défaite du dernier général romain en Gaule en 486, c'est avant tout l'histoire du processus très lent et graduel, parfois même imperceptible, par lequel se sont amalgamées des traditions complexes. Cette évolution n'est aucunement à sens unique, et le plus souvent on a peine à distinguer, parmi les acteurs principaux, lesquels sont romains, lesquels barbares. Plutôt que d'en repérer les événements marquants, il vaudra mieux la suivre au fil des petits incidents, des détails, des exemples. Le point de départ choisi est à certains égards arbitraire, comme aussi le point d'arrivée. Nous commencerons au Ier siècle de notre ère, qui est la première étape dans l'invention du monde barbare par les Romains, et nous finirons en jetant un coup d'œil vers 800, moment où le monde barbare se sent enfin obligé de réinventer Rome.

L'Europe mérovingienne

Je me souviens d'une discussion académique particulièrement virulente qui eut lieu au IXe siècle; Florus de Lyon accusait son adversaire, l'évêque Amalarius de Metz, de ce qui est au Moyen Âge le péché mortel de l'activité intellectuelle : l'originalité. Retraçant le déroulement du synode qui condamna l'évêque, il raconte :

> On lui demanda où il avait lu cela. Alors, avec un soin évident de modérer son discours, il répondit qu'il n'avait pris cela ni dans ce qui est écrit, ni dans l'enseignement transmis par les Pères universels, ni même chez les hérétiques; il l'avait lu dans son propre cœur.
> Les pères assemblés s'écrièrent alors : « Voilà tout justement l'esprit d'erreur [1] ! »

Sans aucun doute, Florus et ses collègues du synode acquitteraient l'auteur du présent ouvrage. Mon livre se veut une première introduction à l'histoire mérovingienne. En raison des limites qui lui sont malheureusement imposées, il ne contient que peu de notes et rien de plus qu'une brève orientation bibliographique. Ceux qui connaissent bien la littérature relative à l'Europe mérovingienne ne trouveront pas ici grand-chose de nouveau : partout j'ai puisé dans l'énorme corpus de la littérature spécialisée, due pour l'essentiel à des historiens d'Europe continentale. Si j'ai écrit ce livre, ce n'est pas pour lancer une nouvelle théorie sur les origines de la civilisation européenne, mais pour faire mieux connaître le vaste ensemble des recherches sur la fin de l'Antiquité et le haut Moyen Âge qui, pour diverses raisons, a rarement été présenté de manière accessible à un public plus large.

Plus encore que les autres médiévistes, les spécialistes de l'époque mérovingienne ont tendance à écrire pour un usage exclusivement interne. En outre, jusqu'à une époque très récente, presque toute la littérature spécialisée sur ce sujet s'écrivait en Allemagne, et dans une moindre mesure en France, avec ce résultat que l'interprétation de cette période capitale est encore majoritairement celle qui s'est formulée il y a plus de cinquante ans, sous deux influences jumelles : la nostalgie pour la grande tradition de la civilisation gréco-romaine, et la ferveur nationaliste attisée par les guerres franco-allemandes. Trop souvent, pour les historiens français, la période mérovingienne est celle où, pour la première fois – il y en aura beaucoup d'autres –, des hordes de Germains grossiers et perfides envahissent et occupent la Gaule, plongeant dans l'obscurité, pour trois siècles, ce monde civilisé et urbanisé. Naguère, pour certains historiens allemands, les Mérovingiens représentaient le triomphe des nations jeunes et vigoureuses sur les peuples dégénérés qui avaient succédé à Rome. Les éléments qui construisent ces tableaux ont été érodés un à un, et il n'en reste plus grand-chose. Cependant, la nouvelle de cette disparition n'a guère dépassé les milieux universitaires, et le grand public en sait encore moins sur l'interprétation différente qui est aujourd'hui proposée pour cette période capitale. Je voudrais présenter les résultats de ces importantes révisions et réhabilitations à un public plus large, auquel cette époque de l'histoire européenne est peu ou pas connue.

J'ai utilisé largement les grands spécialistes de la période – Eugen Ewig, Friedrich Prinz, Karl Ferdinand Werner, Michael Wallace-Hadrill et d'autres encore –, mais j'ai exercé un jugement critique pour interpréter, comparer et choisir les éléments que j'empruntais aux ouvrages de ces historiens. Il n'est aucune partie de l'histoire mérovingienne qui ne soit sujette à controverse ; chacun des sujets traités dans mon livre devrait s'accompagner d'une mise au point historiographique, et aurait pu être remplacé par une série de discussions aboutissant à des conclusions contraires. Dans quelques cas j'ai signalé les désaccords, ailleurs, faute de place, je n'en ai pas parlé. Aussi, bien que sur tous les points particuliers ce travail s'appuie essentiellement sur les recherches d'autrui, la synthèse proposée paraîtra peut-être assez neuve, et elle est sans aucun doute très propre à engendrer la discussion. Ce qu'on peut en espérer de mieux, c'est que mes erreurs, omissions et distorsions produiront chez d'autres historiens une colère si violente qu'ils en viendront à entreprendre de leur côté une histoire de l'Europe mérovingienne, une histoire différente et bien meilleure.

C'est le professeur Peter Brown qui, le premier, m'a vivement engagé à écrire ce livre : je le remercie de ses encouragements et de ses conseils. Les professeurs Maria Cesa, Friedrich Prinz et Falko Daim ont lu certaines parties de mon manuscrit, et mon livre leur doit beaucoup. Mes étudiants à l'université de Floride, qui ont eu en main une première version de ce travail, m'ont apporté des critiques précieuses. Les professeurs Barbara Rosenwein et Edward Peters ont lu le manuscrit terminé et corrigé nombre d'erreurs et d'incohérences. De celles qui demeurent je suis le seul responsable.

Gainesville, Floride
Août 1987   P.J.G.

Je voudrais remercier M. Jean-Charles Picard, professeur à l'université de Paris X (Nanterre), qui m'a aidé à revoir ma bibliographie pour cette traduction française.

Je suis également reconnaissant à mes traductrices, Jeannie Carlier et Isabelle Detienne, pour le soin et la précision de leur travail.

Gainesville, Floride
Août 1989   P.J.G.

Je dédie ce livre à mes amis et collègues français qui m'ont fait si généreusement profiter de leur savoir.

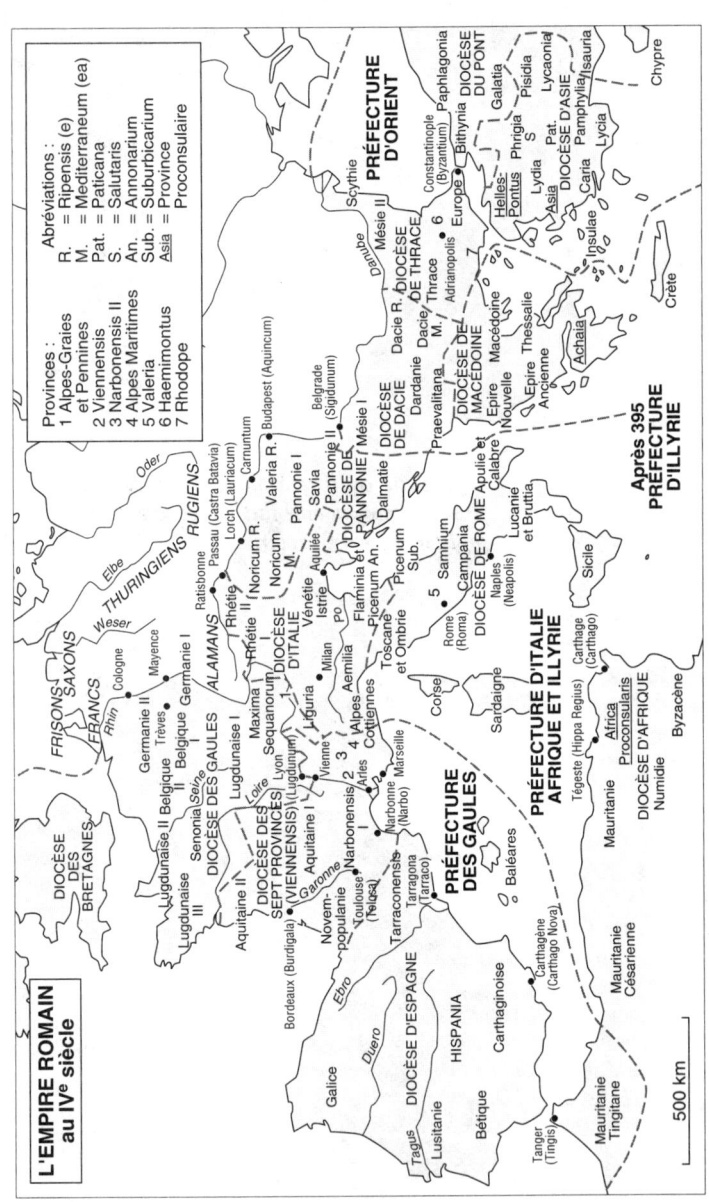

CHAPITRE PREMIER

L'OCCIDENT ROMAIN
DU Iᵉʳ AU Vᵉ SIÈCLE

Vers l'an 30 de notre ère, un marchand romain nommé Gargilius Secundus acheta une vache à un certain Stelus, un barbare qui vivait près de ce qui est aujourd'hui le village de Franeker en Hollande. Ce bourg se trouve de l'autre côté du Rhin, qui formait alors la frontière entre la province romaine de Germanie inférieure et ce que les Romains appelaient la « Germanie libre ». Il est probable que Secundus gagnait sa vie en fournissant la garnison en poste à cet endroit, qui s'approvisionnait en viande fraîche et en cuir auprès de petits marchands de ce genre. Les soldats romains mangeaient bien, et ils avaient une préférence pour le bœuf. D'autre part, des trouvailles archéologiques faites en divers autres lieux le long des frontières romaines au nord de l'Europe montrent le rôle joué par les tanneries construites à l'ombre des forts romains : certes, la qualité de leur production n'était pas excellente, mais elles étaient le principal fournisseur de chaussures, tentes et harnais, non seulement pour les soldats mais aussi pour les civils qui, tous ensemble, formaient l'avatar de Rome en cette frange extrême du monde civilisé. La transaction, qui coûta au Romain 115 *nummi* d'argent, ou centimes, eut pour témoins deux centurions des Première et Cinquième légions, et fut garantie par deux vétérans romains, Lilus et Duerretus, qui, leur temps de service terminé, s'étaient établis là, tout près de leur ancienne unité[1]. L'achat d'un seul bovidé était un échange commercial très ordinaire et sans importance, qui se répétait sans aucun doute tout le long de la frontière romaine, ce *limes* qui commençait au Firth de Clyde, dans ce qui est aujourd'hui l'Écosse, traversait la Grande-Bretagne et la Manche, reprenait sur l'estuaire du Rhin, à quelques kilomètres à l'ouest de Franeker, suivait le fleuve à travers le nord de l'Europe, traversant la Hollande et l'Allemagne actuelles, puis les Alpes suisses. Le *limes* s'infléchissait alors vers l'est, suivait le Danube le long de la grande plaine de Pannonie, par ce qui est aujourd'hui l'Autriche, la Hongrie et la Roumanie, pour atteindre enfin la mer Noire : c'est une distance de plus de quatre mille huit cents kilomètres.

Dans une autre garnison des frontières, à plus de quatre cents ans et mille six cents kilomètres de cette transaction, un autre groupe de marchands romains s'efforça de commercer avec les barbares. A la fin du Ve siècle, à peu près au moment où Odoacre, gouverneur militaire romain, déposait l'avant-dernier empereur romain d'Occident, Romulus Augustule, des marchands de Passau-Innstadt vinrent trouver Sévérinus, un saint homme qui avait la réputation de protéger les Romains tout en jouissant de l'amitié des barbares, et le prièrent d'intervenir auprès de Feletheus, roi des Rugiens, la tribu barbare la plus proche, pour que soit établi un marché où les Romains pourraient commercer avec eux. La réponse du saint homme, directe et perspicace, fit sans doute passer un frisson dans la communauté romaine : « Le temps approche, dit-il, où cette cité sera abandonnée comme le sont déjà les autres places fortes en amont du fleuve. Quel besoin donc d'établir un endroit pour commercer, alors qu'il n'y aura plus aucun marchand[2] ? » A la fin du Ve siècle, les légions avaient quitté l'ancienne frontière ou allaient la quitter, les relations commerciales qui, depuis des siècles, s'étaient nouées à leur ombre disparaissaient rapidement et, en Occident, le pouvoir politique et militaire de l'Empire s'était écroulé partout, sauf en un point.

On pourrait soutenir que le contraste entre ces deux négociations, qui toutes deux avaient pour cadre le *limes*, est assez représentatif du déclin et de la chute du monde classique. A Passau, les hordes barbares de Feletheus allaient bientôt submerger les Romains civilisés : deux mondes étrangers l'un à l'autre étaient au bord d'une confrontation qui allait marquer la mort de la civilisation en Occident, une mort qui devait durer près d'un millénaire. En fait, les réalités que cache ce contraste sont bien différentes. A la fin du Ve siècle, après vingt-cinq générations, barbares et Romains avaient exercé les uns sur les autres une si profonde influence et le contact des cultures avait provoqué de si grands changements que le monde de Sévérinus eût été incompréhensible pour Gargilius Secundus, de même que celui de Feletheus aurait plongé Stelus dans la stupéfaction. Les deux mondes, le romain et le barbare, s'étaient largement mélangés et confondus : l'Empire se barbarisait tandis que la romanisation transformait les barbares avant même qu'ils eussent mis le pied sur le territoire romain. Voici deux exemples : le père de l'empereur Romulus Augustule, et aussi, sans doute, Sévérinus le saint homme, avaient servi dans l'entourage du Hun Attila ; d'autre part, lorsque finalement la tribu des Rugiens attaqua le royaume romain d'Italie, ce fut à l'instigation de l'empereur romain Zénon, siégeant à Constantinople. Ces deux exemples devraient suffire à faire comprendre que, dans le monde de la fin de l'Antiquité, les anciennes catégories de civilisation et de barbarie avaient cessé d'être pertinentes. Dans cette confrontation finale, les « barbares » rugiens étaient les agents du pouvoir central, de l'empereur, tandis que les menaces contre la stabilité de l'Empire venaient des « Romains » du royaume d'Italie, qui avaient à leur tête le patricien Odoacre.

Pour comprendre comment s'est opérée cette métamorphose, les deux premiers chapitres du présent volume suivront les principaux acteurs de ces transactions commerciales, d'abord les marchands et les soldats romains, puis les bergers ou bouviers barbares, et examineront les mondes dans lesquels ils vivent, eux et leurs successeurs, depuis le Ier siècle jusqu'à la fin du Ve. Comme les choses sont regardées de deux points de vue différents, il y aura parfois des chevauchements et même des contradictions entre les deux exposés : c'est que les « réalités » d'une époque dépendent de la manière dont les perçoivent ceux qui les vivent. Mon intention est de dessiner à grands traits le tableau dynamique des évolutions sociales et culturelles qui transforment l'Europe au cours de ces cinq siècles. C'est seulement à partir de cet arrière-plan qu'il sera possible de commencer à comprendre les Francs et leurs voisins dans le nouveau monde qui va du VIe au VIIIe siècle.

Les provinces occidentales

Toute banale qu'elle était, la transaction commerciale qui eut lieu vers l'an 30 à l'estuaire du Rhin reproduit comme un microcosme le réseau de relations établi entre Romains et barbares tout le long de cette vaste frontière, qui servait moins à séparer deux mondes qu'à fournir une structure pour leur interaction. Jamais, ni au Ier siècle ni même aux IVe et Ve siècles, époques de turbulences, la guerre ne fut la forme la plus fréquente que prit cette interaction. Les décennies, voire les siècles de paix, jouèrent un rôle bien plus important que les temps de guerre : au cours de ces périodes de calme, les deux cultures en vinrent à ressembler l'une à l'autre plus que chacune ne ressemblait à son propre passé.

Côté romain, un procès de civilisation-romanisation était amorcé depuis plus d'un siècle et se poursuivrait pendant trois cents ans. Sur ces franges du monde, où les indigènes étaient si primitifs qu'ils ne buvaient même pas de vin – c'est un grief souvent exprimé par les Romains –, la « civilisation » avait peu à voir avec les raffinements d'une haute culture. Les agents qui la répandaient étaient des gens fort ordinaires, tels notre marchand de bétail et les soldats qui lui servirent de témoins. C'étaient pour la plupart des paysans venus des régions de l'Ouest, plus peuplées, dans l'espoir de s'établir, leur temps de service terminé, tout près de l'endroit où ils avaient servi, et d'y gagner bien leur vie comme agriculteurs. Chez ces gens-là, la civilisation romaine, cela consistait à savoir à peu près lire et écrire, autant qu'il en fallait pour être soldat (mais leur parler n'avait qu'un rapport lointain avec la langue qui s'enseignait dans les écoles de rhétorique) ; à créer les éléments de confort et d'agrément –

thermes, arènes – qui rendraient plus supportables les tristes hivers du nord ; enfin à jouir des privilèges du pouvoir, accessibles, ici sur la frontière, non seulement aux riches mais aussi aux simples gens, soldats, commerçants, vétérans établis autour des camps de leur ancinne légion.

Cependant, au-delà des aspects matériels de la vie à la romaine, l'élite provinciale – les aristocrates dans leurs villas, les professeurs de rhétorique dans leurs écoles, à Bordeaux, Lyon, Trèves ou ailleurs, les cadres de l'administration romaine dans leurs bureaux – continuait de cultiver, pour l'essentiel, les valeurs traditionnelles de la civilisation romaine. La première et la principale de ces valeurs était la justice, le droit romain. La « piété » en était une autre, à laquelle ils adhéraient fortement, cette *pietas* de la tradition romaine, qui est l'obéissance et le dévouement à la famille, à la religion et au devoir. Il y avait enfin un grand amour pour les lettres latines (sinon grecques). Dans les provinces, les élites oisives cultivaient et encourageaient les lettres : c'était une manière de participer à ce qui était l'essence de la civilisation romaine et aussi, de plus en plus, une façon de se persuader que cette essence ne disparaîtrait jamais. Aucune de ces valeurs ne sera jamais complètement abandonnée dans les provinces occidentales de l'Empire.

La conquête des vastes provinces d'Occident s'était faite au hasard, et c'étaient les aléas de la politique romaine, plutôt qu'une intention délibérée, qui en avaient tracé les frontières administratives. A l'intérieur de la Gaule, qui était divisée en quatre provinces (la Narbonnaise, province administrée par le sénat romain ; la Lyonnaise, l'Aquitaine et la Belgique, toutes trois administrées par l'empereur), les cités administratives étaient des foyers d'où la romanisation rayonnait dans les campagnes gauloises qui les entouraient. Avec leurs thermes, leurs monuments et leurs théâtres, et aussi leurs écoles et leurs temples, ces villes fournissaient au personnel administratif les agréments essentiels à la vie civilisée, tout en attirant la population gauloise dans l'orbite romaine. Comme dans les autres parties de l'Empire, les cités avaient une vie administrative propre, avec pour centre le sénat local, ou *curia* ; y siégeaient les personnages importants de la cité, parmi lesquels on élisait les magistrats chargés des diverses fonctions publiques, ou « décurions ». L'administration municipale dans son ensemble n'était directement responsable que de peu de chose, outre l'entretien des routes et des ponts, mais, individuellement, les membres de la curie supportaient le poids de diverses autres charges publiques, ou *munera*, tels que la levée des impôts et redevances, l'entretien des chevaux nécessaires pour le service de la poste impériale, ou la réception des magistrats romains en visite.

S'il y avait bien dans toute la Gaule des ateliers métallurgiques et textiles avec une production traditionnelle, gauloise, de belle qualité, et, aussi, un peu plus tard, des manufactures de céramique et de verrerie dont la production imitait celle d'Italie ou celle des régions orientales de l'Empire, dans leur écrasante majorité les provinces gauloises et germaniques restaient agricoles. Le quadrillage romain des divisions entre champs fondait l'organisation de l'espace rural ; vu du ciel, il se lit encore dans maintes régions du sud de la France. Dans la plus grande partie de la Gaule, on produisait principalement des céréales ; cependant la viticulture, introduite par les Romains, se développait si bien que Domitien (empereur de 81 à 96) tenta de limiter sa croissance pour protéger les vins italiens. Mais pour l'essentiel, la production économique gauloise n'entrait guère en concurrence avec le reste de l'Empire. On pouvait faire fortune en Gaule, mais en produisant pour le marché local, puis, de plus en plus, pour les armées romaines stationnées sur la frontière avec la Germanie et qui, de la mer du Nord au Danube, dépendaient de la Gaule pour leurs fournitures en hommes et en matériel.

Toutes les villes avaient un rapport étroit avec la campagne environnante, où les notables avaient leurs domaines et leurs villas. Ces propriétés, cultivées par des esclaves importés des régions frontières et aussi par des paysans gaulois libres, couvraient parfois des milliers d'hectares et formaient la base économique des riches familles sénatoriales qui dominaient la vie des provinces. L'aristocratie locale était constituée par ceux qui s'étaient illustrés et enrichis au service de l'Empire, et aussi par quelques indigènes, Gaulois qui avaient grimpé dans la hiérarchie militaire ou civile et réussi à prendre une épouse dans l'élite romaine du lieu. Pour monter ainsi dans l'échelle sociale, il fallait adopter la religion romaine et acquérir une éducation classique. Il arrivait ainsi qu'aux deux extrémités du spectre social, la société gauloise se trouvait entraînée dans l'orbite romaine : en bas, les paysans des villages et des hameaux étaient intégrés dans les systèmes agricoles romains, tandis qu'en haut, les élites gauloises s'efforçaient de donner à leurs fils la culture classique qui leur ouvrirait l'accès aux agréments de la vie à la romaine.

La présence militaire romaine était visible à travers tout ce monde romanisé. Après l'échec de la révolte de Vercingétorix, en 52 avant notre ère, les provinces gauloises avaient dans l'ensemble accepté, et même avec empressement, leur intégration dans l'Empire. Cependant, à mesure qu'on s'avançait vers le nord et l'est, vers le Rhin et le Danube, l'influence des *castra*, des camps fortifiés, augmentait au détriment de celle des cités et des villas. A la différence de la Gaule, les provinces de Germanie supérieure et inférieure étaient administrées directement par les généraux qui y étaient stationnés ; preuve qu'on ressentait bien la menace que faisaient peser sur la *romanitas* les peuples d'au-delà du Rhin (*romanitas* est un mot au sens très large, qui couvre tout ce qui se rapporte à Rome). Là-bas, l'armée était omniprésente : ce n'est pas par hasard que, dans l'achat de bétail dont nous avons parlé plus haut, les deux témoins sont des centurions ; or, cette armée omniprésente dépendait des régions plus peuplées de la Gaule, tant pour son recrutement que pour ses fournitures en objets manufacturés qu'on ne produisait pas sur place, armes et vêtements par exemple. Sur le Rhin comme sur le Danube, les légions et les établissements de vétérans qui bordaient le fleuve assuraient la sécurité des commerçants romains qui (tel Secundus) faisaient affaire avec les barbares, et ils protégeaient les structures agricoles romaines qui se formaient derrière la frontière contre les révoltes locales et contre les raids des jeunes barbares désireux d'acquérir gloire et butin. La présence des légions avait une fonction plus importante et écartait une menace plus grave : celle d'invasions barbares massives et organisées qui eussent pu atteindre les zones peuplées de la Gaule et les provinces du Danube.

Pendant les cinq siècles et plus que dura la présence romaine en Europe occidentale, la Grande-Bretagne, la Gaule et la Germanie demeurèrent, pour les intérêts romains, des régions marginales. L'Empire était méditerranéen avant tout, et il le resta tout au long de son existence; en Occident, les provinces vraiment importantes étaient l'Italie, l'Espagne et l'Afrique du Nord. De toute manière, pour la culture, l'économie et la population, le centre de gravité de l'Empire était en Orient : c'étaient les grandes cités de l'Est, Alexandrie, Antioche, Éphèse, et plus tard Constantinople. L'Occident ne pouvait s'enorgueillir que d'une seule vraie cité, mais c'était la plus grande : Rome. Dans les premiers siècles de l'Empire, Rome put se permettre le luxe de maintenir la *romanitas* dans ses provinces occidentales. Ces régions entretenaient les armées du *limes*, leur fournissant hommes et armes, et la classe sénatoriale du lieu, lui permettant ce « loisir », cet *otium* indispensable pour mener une vie civilisée et cultiver les lettres, mais on ne peut pas dire qu'elles aient joué un rôle important dans la vie économique et culturelle de l'Empire.

En Occident, c'était la frontière septentrionale longeant le Danube qui était la plus menacée. Alors qu'en Angleterre, la garnison permanente ne comportait que trois légions, alors que quatre légions seulement montaient la garde le long du Rhin, il y en avait onze le long du Danube, et cette disproportion était justifiée. La grande plaine de Pannonie, qui s'étend des steppes de l'Asie centrale jusqu'aux Alpes, est en Europe l'une des grandes routes empruntées par les invasions; quant au Danube, que suit cette route, c'est moins un obstacle qu'un pont d'eau vers les Balkans et l'Italie. C'est pourquoi les provinces qui s'étendaient des Alpes à la mer Noire – Rhétie, Norique, Pannonie supérieure et inférieure, Dacie, Mésie supérieure et inférieure – constituaient une ligne de défense absolument vitale pour la partie septentrionale de l'Empire. S'il y avait bien eu, en Germanie supérieure et en Rhétie, quelques tentatives d'empiétement (qui furent vite repoussées, mais qui n'auguraient rien de bon, au cas où on serait obligé de dégarnir la frontière), jusque bien avant dans la seconde moitié du IIe siècle la présence des armées romaines le long du Rhin et du Danube avait découragé les tribus de la « Germanie libre » d'entreprendre toute invasion.

C'est précisément une telle réduction des forces romaines qui se produisit dans les années 160, lorsque l'attention de Marc Aurèle, l'empereur-philosophe qui régna de 161 à 180, fut accaparée par une situation militaire préoccupante dans la partie orientale de l'Empire. Pour continuer la guerre contre les Parthes, l'empereur fit venir en Orient des troupes stationnées sur le Rhin et sur le Danube. Il n'en prit pas beaucoup – trois légions seulement, semble-t-il, venues de régions très éloignées l'une de l'autre –, mais ce fut assez. Pendant la guerre contre les Parthes, diverses tribus barbares d'au-delà du Danube (on les appelait les Marcomans) entreprirent un processus de rassemblement et de préparation militaire qui allait bientôt menacer l'Empire.

Au prochain chapitre, nous examinerons ce processus du point de vue des barbares. Vu de Rome, le rapide changement qui affectait le monde barbare n'aurait guère eu d'importance s'il n'avait produit les guerres contre les Marcomans ; ces guerres commencèrent en 166, lorsque plus de six mille barbares traversèrent le Danube et se mirent à dévaster la riche plaine de Pannonie. Leur première attaque fut repoussée, mais non sans peine : la poussée barbare était puissante ; de plus une épidémie décimait l'armée romaine, sans doute une forme de variole, que les légions avaient rapportée de Parthie et qui ravageait alors les provinces romaines. Quand l'ordre fut restauré, Marc Aurèle entreprit de préparer une grande offensive destinée à rejeter les barbares bien au-delà du Danube et à établir une frontière plus facile à défendre dans les montagnes au nord du fleuve, mais les mouvements des tribus barbares le devancèrent. En 170, une énorme armée de Marcomans et de Quades traversait le Danube, se frayait un chemin à travers la Pannonie, pénétrait en Norique, et atteignait finalement l'Italie, lançant des raids contre les villes d'Aquilée et d'Oderzo, juste au nord de l'actuelle Venise. Marc Aurèle et après lui son fils Commode finirent par les battre et les soumettre ; mais les barbares avaient touché l'Italie : jamais plus l'Empire ne serait pareil.

L'Empire romain du IIIe au Ve siècle

L'histoire politique du Bas-Empire est bien connue; il suffira ici d'en donner une brève esquisse, à laquelle on pourra ensuite se référer au cours de l'examen plus systématique auquel nous allons soumettre la société occidentale de ce temps. La pression des barbares le long du Danube et celle des Parthes en Orient accentuent l'instabilité propre à l'Empire, et ouvrent une période de troubles politiques et économiques qui dure environ quatre-vingt-dix ans, de l'assassinat de Commode, en 192, à l'arrivée au pouvoir de Dioclétien, en 284; on l'appelle « la crise du IIIe siècle » ou « le temps des troubles ». L'armée fait et défait les empereurs les uns après les autres, à la recherche d'un chef capable à la fois d'enrichir les soldats et de les mener à la victoire au Nord et en Orient, contre les tribus germaniques et contre les Parthes, de nouveau menaçants. De violents conflits opposent les candidats à l'Empire et leurs armées respectives; l'inflation est galopante, l'insécurité générale. Les réformes imposées par Dioclétien, soldat dalmate sorti du rang pour commander la garde impériale et finalement revêtir la pourpre, mettent un terme à cette période troublée.

Empereur de 284 à 305, Dioclétien parvint à éliminer les menaces externes et internes par une série de campagnes victorieuses et par une diplomatie habile. Pour administrer plus efficacement un si vaste empire, il prit comme associé son lieutenant, Maximien, lui conférant le titre d'auguste et la charge de gouverner l'Occident. Vers 292, il compléta ce dispositif par l'adjonction de deux associés plus jeunes, Galère et Constance, qui reçurent le titre de césars et furent désignés comme les successeurs des augustes. Ni cette division de l'Empire entre l'est et l'ouest ni le système de la tétrarchie, du « pouvoir à quatre », ne se prolongèrent, mais ils ouvrirent la voie d'une séparation entre l'Orient et l'Occident qui, au cours des siècles suivants, allait progressivement s'accentuer dans la politique, la société et la culture.

Il fallut à Dioclétien plus de dix ans pour replacer toutes

les parties de l'Empire sous le contrôle de ses armées. Il s'efforça également de réorganiser les structures administratives et économiques. Dans ce but, il répartit l'Empire, à l'ouest et à l'est, entre plusieurs préfectures, et, à l'échelon en dessous, entre une centaine de provinces (ce qui doublait approximativement le chiffre antérieur); il sépara l'une de l'autre les bureaucraties militaire et civile, et il renforça la seconde pour lui permettre de faire face au nombre croissant d'affaires judiciaires et financières qu'elle avait à traiter; une bureaucratie que nous examinerons bientôt de plus près.

Dioclétien fut beaucoup moins heureux lorsqu'il tenta de réorganiser l'économie par un contrôle des prix et des salaires et par une réforme monétaire. La paix qui régna sous son gouvernement accrut la prospérité, surtout dans les villes, mais l'augmentation des impôts, nécessaire pour financer ses armées et une bureaucratie plus importante, drainait une part considérable des ressources de l'Empire.

Enfin, Dioclétien entreprit de persécuter les chrétiens : c'est, de tous ses programmes, celui qui réussit le plus mal, mais aussi le plus connu. Sur l'instigation, sans doute, de Galère, le césar d'Orient, Dioclétien publia en 303 un édit qui ordonnait que tous les exemplaires des Écritures fussent livrés aux autorités et brûlés et que les lieux de culte fussent détruits; les chrétiens n'avaient plus le droit de s'assembler, ils étaient privés du droit de cité; les évêques et les prêtres étaient arrêtés et emprisonnés. La « grande persécution », plus vigoureuse en Orient qu'en Occident, se solda par un échec, encore que ses effets aient été ressentis pendant longtemps dans la communauté chrétienne.

A la fin du IIIe siècle, la secte chrétienne, qui à l'origine était un mouvement de réforme à l'intérieur du judaïsme, s'était répandue dans toutes les cités de l'Empire. Ses membres, unis sous la direction de leurs évêques, appartenaient à toutes sortes de métiers et de catégories sociales, mais ils avaient en commun des croyances et des rites privés, quasi secrets, qui formaient un contraste frappant avec ceux de leurs voisins. Leur monothéisme radical et exclusif, leur foi en une éternité bienheureuse pour les rares élus, et en un enfer perpétuel pour le reste de l'humanité, l'insistance avec laquelle ils affirmaient que seuls leurs coreligionnaires atteindraient le salut promis, tout cela était bien fait pour leur valoir l'animosité du reste de la société. Pourtant, d'autres facteurs jouaient en leur faveur ; la fermeté de leur foi en leur Dieu, l'efficacité des histoires de miracles accomplis par eux et les arguments convaincants par lesquels leurs prêtres et prêcheurs reliaient ces manifestations de pouvoir au contenu de la foi chrétienne étaient des éléments qui contribuaient à répandre le christianisme en milieu urbain et attiraient l'attention de ceux à qui un supplément de pouvoir était le plus nécessaire : les nouvelles élites nées des bouleversements du IIIe siècle, et qui voulaient monter encore plus haut.

En 305, Dioclétien et Maximien abdiquèrent et furent remplacés par les césars, Galère et Constance. Cependant, le principe d'une succession réglée par la loi fut, à travers tout l'Empire, contesté par l'armée, pour qui la succession était un droit héréditaire. En 306, après la mort de Constance, de nouvelles guerres intestines éclatèrent, qui se prolongèrent jusqu'en 312, date à laquelle Constantin, fils de Constance, l'emporta près du pont Mulvius (dans les faubourgs au nord de Rome) sur son rival en Occident, Maxence, fils de Maximien, qu'il tua dans la bataille. Plus tard, Constantin attribua cette victoire au Dieu des chrétiens et, en l'espace d'un an, lui-même et son collègue oriental, Licinius, avaient garanti au christianisme ainsi qu'à toutes les autres religions une parfaite tolérance.

Constantin n'était pas homme à se contenter d'une moitié d'empire ; dès 324 il envahit l'Orient ; à la bataille de Chrysopolis, il vainquit Licinius et son césar, qu'il fit tous deux exécuter. Peu après, il décida de reconstruire la ville de Byzance, qui se trouvait sur le Bosphore et commandait donc les détroits, d'une grande importance stratégique, entre la Méditerranée et la mer Noire. A la ville superbement restaurée et enrichie il donna son propre nom, l'établissant comme un mémorial de la victoire définitive remportée par le Dieu chrétien. A l'origine, Constantinople ne devait être rien de plus qu'une résidence impériale, comme Trèves ou Milan à l'ouest, Sardique ou Nicomédie à l'est, mais très vite elle devint « la nouvelle Rome », la cité capitale de l'Empire chrétien.

La dynastie fondée par Constantin fut déchirée par les rivalités internes, et celle de Valentinien, un soldat pannonien qui prit le pouvoir après la mort de Julien (363), connut le même sort. Valentinien réserva son attention à la partie occidentale de l'Empire, alors menacée par les Alamans et les Francs, laissant l'Orient à son frère Valens. En 373, les Huns apparaissent sur les rivages de la mer Noire, et la pression s'accentue aux frontières de l'Empire, en sorte qu'à l'est comme à l'ouest les deux empereurs sont de plus en plus dépendants de leurs généraux, ordinairement des barbares sortis du rang pour avoir bien servi l'Empire. Lorsque en 378, l'empereur Valens est vaincu et tué par les Goths à la bataille d'Andrinople (c'est là un événement décisif dont nous reparlerons), Théodose, son successeur, conclut avec les Goths un traité qui les autorise à s'établir à l'intérieur des frontières de l'Empire : dangereux précédent. Bien que l'Orient ait connu, vers 400, un renversement de tendance, et une réaction contre les généraux barbares, on prenait de plus en plus l'habitude de compter sur eux et sur leurs soldats ; en Occident, la longue crise militaire et le délabrement des finances publiques contribuaient à accroître l'influence de ces individus et de leurs armées. Quand, en 476, le roi Odoacre, un officier de la tribu des Scyres, déposa l'empereur Romulus Augustule, et quand, quatre ans plus tard, il cessa de reconnaître Népos, le candidat à l'Empire, le titre d'empereur avait depuis longtemps perdu toute signification en Occident, car il dépendait désormais presque entièrement du bon vouloir de rois barbares dont le pouvoir réel se trouvait renforcé par les titres romains que leur conférait l'empereur d'Orient. Aux yeux des empereurs de Constantinople, ces chefs étaient plus légitimes que tel ou tel « Romain », Syagrius par exemple, défait par les Francs en 486, ou son contemporain Ambroise Aurélien, personnage semi-mythique dont la résistance aux Saxons, en Grande-Bretagne, devait donner naissance à la légende du roi Arthur.

La transformation de la société en Occident

La barbarisation de l'Occident n'avait pas attendu les établissements germaniques de la fin du IVe siècle ou ceux du Ve siècle, ni les crises du IIIe siècle, ni même les guerres contre les Marcomans. Elle était plus ancienne que l'implantation de peuples barbares, avec leurs us et coutumes, à l'intérieur de l'Empire. Pour commencer, l'Occident avait toujours été fondamentalement gaulois et germain ; du IIIe au Ve siècle, à mesure que déclinait le monopole italien de la politique et de la culture, les traditions indigènes refaisaient peu à peu surface. Ce processus n'était d'ailleurs pas particulier à l'Occident ; il était encore plus sensible en Orient, où la culture latine était, de la même façon, une greffe étrangère ; mais, en Orient, ce qui renaissait sous la culture romaine déclinante, c'étaient des formes de haute culture plus anciennes, tout particulièrement grecques, alors qu'en Occident, on voyait réapparaître et s'affirmer la tradition celtique ou germanique.

La barbarisation de l'Empire n'était qu'un aspect des changements rapides qui affectèrent la société, la culture et le gouvernement romains aux IIIe et IVe siècles. Sous la double influence de facteurs internes (les épidémies, la chute du taux de natalité, l'instabilité de l'État, l'échec à passer d'un système économique fondé sur le travail intensif, principalement servile, à un autre, plus efficace, mercantile ou proto-industriel) et de facteurs externes (la pression sans cesse croissante sur des frontières trop étendues), il fallait à l'Empire romain trouver un nouvel équilibre. Le résultat de cette transformation, tel qu'il apparut à la fin du IIIe siècle et au début du IVe, fut un monde très différent, mais un monde qui pouvait vivre.

De même qu'à travers tout l'Empire romain l'armée avait été l'agent principal de la romanisation, de même, à partir du IIIe siècle, elle fut l'agent principal de la barbarisation. Or, cette transformation interne de l'armée était liée de près à un autre phénomène contemporain : la militarisation de l'administration et de la société en général ; de sorte qu'au moment même où l'armée se barbarisait de plus en plus, elle devenait l'agent et le modèle d'organisation le plus universel dans l'Empire.

MILITARISATION

Plusieurs facteurs avaient fait des légions romaines qui protégeaient les frontières un agent efficace de la romanisation. Tout d'abord, elles étaient relativement sédentaires : souvent les légions restaient stationnées au même endroit pendant des générations, voire des siècles. Ensuite, comme même sur la frontière les activités proprement militaires étaient extrêmement rares, les soldats, qui, dans les premiers siècles de l'Empire, étaient largement recrutés dans la paysannerie italienne, avaient suffisamment de temps et d'argent pour s'investir dans l'agriculture et l'industrie locales. Enfin, comme on avait l'habitude d'accorder aux vétérans une terre dans la région où ils avaient servi, et vu le taux élevé de mariages entre vétérans ou légionnaires et femmes du pays, l'armée en vint à jouer un rôle dominant dans la vie locale.

La présence de soldats romains avait donc pour conséquence une transformation fondamentale dans l'économie et la société de la région. Les besoins de l'armée – fournitures militaires, terres pour les vétérans – constituaient le facteur déterminant dans l'organisation des campagnes. Chaque légion possédait une bonne quantité de terres, qu'elle pouvait faire cultiver par des soldats-fermiers, donner à des vétérans, ou encore vendre ou louer à des civils. Près des camps surgissaient, comme de juste, les établissements civils qu'on voit toujours apparaître autour des cantonnements. On les appelait *cabanae*, au sens propre « cabarets » ou magasins à vins, claire indication sur leur rôle principal. Ces établissements primitifs fournissaient les soldats en vins et en femmes ; bientôt, ils servirent aussi d'ateliers-boutiques et d'auberges, et ils offrirent toutes sortes d'autres agréments et services.

Aussi longtemps que les légions reçurent régulièrement des recrues paysannes originaires des provinces romanisées, la « romanité » de cette présence militaire, quoique modeste, fut assurée. Cependant, depuis l'époque d'Hadrien (empereur de 117 à 138), les recrues furent envoyées dans les légions de leur province natale. Comme les soldats défendaient ainsi leur propre sol, leur nombre et leur efficacité s'en trouvèrent peut-être augmentés : c'était en tout cas le but recherché ; mais cette réforme encouragea aussi la montée du régionalisme et du particularisme dans tous les domaines : la religion, l'art, la langue et, de plus en plus, l'identité politique. Au IVe siècle, le service militaire était devenu, comme les autres métiers, une obligation héréditaires, en sorte que les légions et les unités auxiliaires étaient alors, dans une large mesure, des entités qui s'autoperpétuaient. C'était dans les populations locales que les vétérans et les soldats prenaient une épouse (aux soldats, il est vrai, le mariage fut théoriquement interdit jusqu'en 197, mais bien avant cette date ils fondaient des familles). C'est ainsi que le long du *limes*, des générations de soldats-fermiers et de notables locaux se trouvèrent de plus en plus étroitement enserrés dans des réseaux de coutumes et de traditions locales, non romaines. Cependant, jusqu'au IIIe siècle, comme cette catégorie de la population ne jouait encore qu'un rôle mineur dans la vie intérieure de l'Empire, l'effet de cette évolution ne se fit guère sentir au-delà des régions frontières.

Dans la Rome impériale, le gouvernement de l'État avait longtemps ressemblé à une partie de bras de fer entre le sénat, l'armée et, bien entendu, l'empereur ; mais, jusqu'à la mort de Commode (192), ces trois institutions étaient demeurées principalement italiennes. Plus de la moitié des sénateurs étaient originaires d'Italie, et ceux qui ne l'étaient pas venaient, sauf exception, des provinces les plus fortement latinisées – l'Espagne, l'Afrique et la Gaule narbonnaise. En outre, comme il leur fallait investir une part considérable de leur fortune en terres situées en Italie, participer régulièrement aux séances du sénat et obtenir une autorisation pour sortir des frontières italiennes, comme enfin le taux d'intermariage était très élevé, les familles sénatoriales d'origine provinciale s'italianisaient rapidement, au moment même où, à l'autre extrémité de l'échelle sociale, les familles militaires se provincialisaient. L'importance du sénat tenait à des facteurs institutionnels, économiques et sociaux. Tout d'abord, la tradition constitutionnelle obligeait l'empereur à choisir des sénateurs pour commander toutes ses légions, excepté celle d'Égypte, et pour gouverner certaines provinces frontières très importantes. En second lieu, s'il y avait bien au sénat un puissant noyau héréditaire, à chaque génération il s'ouvrait à un certain nombre de nouveaux venus qui, de même que les familles sénatoriales anciennes et bien établies, possédaient d'immenses richesses, principalement foncières. C'était surtout vrai en Occident, où même en temps de crise la pauvreté du trésor impérial faisait souvent contraste avec la fortune privée des sénateurs. Enfin, grâce à des réseaux de propriétés foncières et de clientèles politiques qui couvraient tout le monde romain, l'influence des sénateurs atteignait les derniers recoins de l'Empire. Lorsqu'on le traitait mal, le sénat pouvait se transformer, même en face du plus ambitieux empereur, en un adversaire infiniment dangereux.

Jusqu'au IIIe siècle, la force militaire par laquelle l'empereur exerçait son pouvoir résidait encore, pour l'essentiel, dans la garde prétorienne, ce corps d'élite, fort d'environ dix mille hommes, qui servait l'empereur et les siens – et aussi, parfois, l'imposait ou l'éliminait. Les prétoriens étaient obligatoirement citoyens romains et, comme les sénateurs, ils furent jusqu'à la fin du IIe siècle majoritairement italiens. Eux aussi contribuaient donc à conserver à l'Empire son caractère centraliste et latin.

Rien d'étonnant que jusqu'à cette époque les empereurs aient tous appartenu à des familles italiennes de rang sénatorial. Quels qu'aient pu être les différends qui opposaient l'empereur, le sénat et l'armée, si durs, si sanglants et si impitoyables qu'ils aient été, les adversaires adhéraient au même système de valeurs culturelles, sociales et politiques.

Le règne de Septime Sévère (193-211), général en chef de l'armée du Danube qui fut proclamé empereur par ses troupes, marque un tournant important dans l'histoire romaine. Les défenseurs des provinces, et surtout des provinces occidentales, accédaient au premier rang : le pouvoir impérial passait aux mains de ceux qui avaient sauvé l'Empire, les armées du *limes* et leurs généraux. Aux yeux de la vieille aristocratie sénatoriale italienne et des habitants des régions plus civilisées et plus densément peuplées, ce fut une période de désastres et de crise. L'un après l'autre, des généraux en chef venus des provinces, souvent pleins de mépris pour le sénat, étaient élevés à la pourpre par leurs armées et se disputaient l'hégémonie, pour ordinairement finir assassinés lorsqu'ils s'étaient révélés incapables de l'emporter sur des ennemis intérieurs ou extérieurs, ou encore d'enrichir suffisamment leurs partisans. Les tentatives du sénat pour contrôler le choix de l'empereur étaient sans cesse tenues en échec par la tendance des armées provinciales à considérer la succession comme héréditaire, particulièrement lorsque le nouvel empereur était issu de l'armée.

Cependant, pour les gens de la frontière, et particulièrement pour les militaires stationnés en Pannonie, cette époque était en âge d'or. Les légions d'Occident avaient montré leur force et leur vitalité. Quand les Sévères cherchaient à consolider leur pouvoir, c'est vers les modèles et le personnel de leurs armées de frontière qu'ils se tournaient.

Au départ, Septime Sévère, ancien sénateur, était disposé à collaborer avec le sénat. C'est l'opposition sénatoriale qui l'amena à s'appuyer sur son armée provinciale, que lui-même et ses successeurs récompensèrent de diverses manières : fortes augmentations de solde, dons ou primes spéciales, droit de mariage. L'empereur finança ces largesses par la vente des vastes domaines qu'il avait confisqués à l'opposition sénatoriale. Son fils, que la postérité connaît sous son surnom militaire, Caracalla, accentua encore cette politique favorable à l'armée : il augmenta la solde de moitié. Pour financer cette augmentation, il recourut à deux mesures. Tout d'abord, comme son père avant lui, il dévalua le denier, monnaie d'argent qui servait à payer les soldats; en l'espace de quelques dizaines d'années, cette politique produisit un effondrement total de la monnaie impériale. Ensuite, il doubla la taxe de succession de cinq pour cent due par tous les citoyens romains et, pour étendre l'assiette de cet impôt, il accorda la citoyenneté romaine à tous les hommes libres de l'Empire. Cette dernière mesure ne fit guère qu'entériner une situation de fait : la distinction entre citoyen et étranger n'avait plus grande importance. Cependant, l'édit de Caracalla renforçait la position des non-Italiens : désormais, de l'Arabie à la Grande-Bretagne, chacun pouvait se considérer comme romain à l'égal des Italiens, avec les mêmes droits et les mêmes possibilités. Comme l'augmentation de la solde, il tendait aussi à renforcer la position des gens de la périphérie aux dépens de ceux qui occupaient le centre de l'Empire, et c'étaient avant tout les soldats et les vétérans qui étaient le mieux en mesure de bénéficier de ces changements.

Il en résulta une militarisation croissante de l'Empire, et en particulier des provinces, où depuis longtemps l'administration civile se compliquait d'une quantité de statuts et de juridictions empiétant les uns sur les autres. Pour la première fois, officiers et même simples soldats disposaient d'un revenu considérable qui venait enrichir les *canabae* et les communautés civiles situées le long du *limes*. C'est ainsi que la Pannonie, qui venait à peine de se relever des guerres contre les Marcomans, connut une extraordinaire floraison architecturale. A Aquincum, par exemple, la vieille *canaba* se vit accorder le statut de *colonia*, ville coloniale, et pour s'accorder à cette nouvelle dignité, ses vieilles huttes de bois et de torchis furent remplacées par des maisons de pierre, bien rangées dans un quadrillage de rues pavées. Ces nouvelles demeures disposaient d'hypocaustes – chauffage à air chaud –, elles avaient l'eau courante, grâce à de grands travaux d'adduction d'eau, et elles étaient décorées de fresques élégantes. La ville s'entoura de murs et se dota d'un nouveau forum, à vrai dire plus pour la montre que pour l'utilité réelle, car l'ancien forum suffisait aux besoins. Carnuntum, elle aussi élevée au rang de colonie, se transforma de la même manière. On y construisit des thermes grandioses, avec une salle à colonnes de 143 mètres sur 103, et un mur de près de 25 mètres de haut.

Cet essor de la construction, tant publique que privée, s'accompagnait d'une nette augmentation dans la production de biens de luxe, et même en général d'objets fabriqués sur place, signe que pour la première fois le pays était assez prospère pour faire vivre un artisanat local, dont le travail, il est vrai, n'atteignait généralement pas la perfection des produits gaulois, rhétiques, syriens ou italiens qu'il copiait.

Tous ces signes de prospérité étaient en relation directe avec l'élévation de la condition et des revenus des soldats.

En développant la prospérité économique des provinces frontières, l'armée en vint à jouer un rôle de premier plan même dans les affaires quotidiennes de la vie civile. Dans les provinces, les curies locales sont de plus en plus dominées par les officiers et par les vétérans, auxquels leurs primes de retraite permettent d'atteindre le niveau de ressources nécessaire pour en faire partie. La séparation physique entre camps militaires et établissements civils s'efface : le relâchement de la discipline, et aussi la nécessité de défendre les civils les amènent à se confondre. De plus en plus, à mesure que le temps des Sévères, où l'on dépensait sans compter, fait place à une époque d'anarchie militaire, des paysans désespérés par la pression fiscale sans cesse croissante recourent au banditisme armé, ou même à la résistance organisée. Pour venir à bout de ces « brigands », on n'a pas d'autre ressource que l'armée : les soldats maintiennent la paix dans les provinces en combattant les bandes de hors-la-loi qui, au IIIe siècle, semblent surgir de partout. C'est ainsi que les soldats se transforment peu à peu en policiers, tandis que les généraux jouent un rôle important dans la levée des impôts et l'administration de la justice au sein d'une société de plus en plus hostile.

Cette crise, qui avait pour conséquence d'accroître le rôle joué par l'armée, c'est de l'armée, ironiquement, qu'elle était issue. Parce que les Sévères ne pouvaient pas compter sur le soutien du sénat, il leur fallait d'une part trouver le moyen de remplacer les sénateurs à la tête des armées, et d'autre part augmenter constamment la solde pour s'assurer la faveur des soldats. Pour financer ces dépenses, il fallait procéder à de nouvelles confiscations de propriétés sénatoriales, qu'on jusitifiait par des complots réels ou imaginaires, et à une dévaluation drastique de la monnaie d'argent. Tout naturellement, l'opposition du sénat ne faisait que se renforcer, tandis que la stabilité financière de l'Empire se trouvait très dangereusement menacée. L'instabilité politique exacerbait toutes ces difficultés : ayant pris goût à leur rôle de faiseurs d'empereurs, les soldats des provinces s'y consacrèrent avec enthousiasme, assassinant l'un pour promouvoir l'autre à un rythme effrayant. Entre la mort de Sévère Alexandre (235) et l'avènement de Dioclétien (284), il y eut au moins vingt empereurs plus ou moins légitimes, et d'innombrables prétendants, usurpateurs et corégents. Pendant cette période, le règne le plus long fut celui d'un prétendant, Postumus, qui régna neuf ans sur la Gaule, la Grande-Bretagne, l'Espagne, et même quelque temps sur l'Italie du Nord.

Lorsque Dioclétien rétablit l'ordre, ce fut pour renforcer encore le rôle joué par l'armée. On lui fait honneur d'avoir séparé les administrations civile et militaire, mais sous son règne et celui de ses successeurs le service civil fut réorganisé selon un modèle militaire, ce qui n'est guère surprenant si l'on considère qu'aux IIIe et IVe siècles, c'était habituellement le service dans l'armée qui menait aux hautes fonctions civiles : nombreux étaient les administrateurs ambitieux qui avaient commencé leur carrière à l'armée, ou qui du moins y avaient passé une partie de leur vie. Au début du IVe siècle, l'organisation et les structures militaires, et avec elles le système de valeurs culturelles et politiques du soldat sont devenus le principal modèle ordonnant la société romaine. Seulement, ces soldats ne sont plus les paysans italiens d'autrefois : ce sont, de plus en plus, les barbares mêmes qu'ils sont supposés combattre.

BARBARISATION

Déjà Marc Aurèle avait estimé nécessaire d'utiliser des esclaves et des barbares pour combattre d'autres barbares : il avait incorporé dans l'armée romaine des groupes de guerriers germains résidant le long du *limes*. Cependant, s'il fut le premier à les y faire entrer en telle quantité, l'incorporation des barbares dans les armées romaines n'était pas une nouveauté. Les citoyens étaient seuls habilités à servir dans les légions et les cohortes prétoriennes, mais il y avait longtemps qu'on utilisait des étrangers dans les troupes auxiliaires. Aux IIIe et IVe siècles de notre ère, la situation se modifie : la pression sans cesse plus forte sur les frontières de l'est et du nord et les fréquentes luttes civiles font croître les besoins en soldats; affaiblie par les épidémies et par la chute du taux de natalité, la population de l'Empire ne peut suffire au recrutement : ce sont les barbares qui, de plus en plus, comblent les vides.

Les premiers barbares à être intégrés dans l'armée romaine furent recrutés dans les tribus voisines. Les Romains s'étaient toujours efforcés d'exercer une influence sur les chefs des tribus barbares proches du *limes*, les amadouant par toutes sortes de faveurs (citoyenneté romaine, présents, soutien militaire et économique), de façon à s'assurer la tranquillité des peuplades qu'ils gouvernaient et de s'en servir comme tampon contre des tribus plus hostiles. On concluait des traités, qui d'ordinaire prévoyaient principalement de l'or pour les chefs et des céréales pour leur peuple. En retour, Rome se voyait garantir des recrues. Dans la seconde moitié du IIIe siècle, cette pratique prit une ampleur extraordinaire : on vit des unités romaines, formées de soldats recrutés tout au long des frontières de l'Empire, porter le nom de peuples barbares. Rien qu'en Orient, nous trouvons des unités de Francs, de Saxons, de Vandales, de Goths, de Sarmates, de Quades, de Chamaves, d'Ibères, d'Assyriens et d'autres encore. Ordinairement, ces barbares étaient recrutés dans l'armée, servaient pendant un certain temps, puis s'en retournaient chez eux : c'étaient les travailleurs immigrés de l'Antiquité. Pour ces gens-là, l'expérience militaire était une occasion de s'enrichir et d'apprendre le monde romain de première main. Cependant, l'introduction de ces troupes étrangères n'allait pas sans causer certaines tensions et certaines luttes : assez souvent, les tentatives de recrutement forcé débouchaient dans des résistances et des révoltes contre les Romains et les chefs barbares manipulés par eux. Ce fut en partie pour éviter de telles révoltes, qui résultaient, croyait-on, de la mauvaise influence exercée sur les peuplades susceptibles de fournir des recrues par les tribus hostiles de la « Germanie libre », qu'on se mit, au IIIe siècle, à installer des groupes de barbares à l'intérieur des frontières de l'Empire.

Les premiers barbares à s'installer sur le territoire romain – on les appelait *laeti* – furent de petits groupes de réfugiés ou de prisonniers de guerre, qu'on assigna soit à des préfets romains, soit à des propriétaires fonciers, et qu'on établit avec leurs familles dans des régions dépeuplées de la Gaule ou de l'Italie. Ces gens remplissaient une double fonction. D'une part, ils remettaient en culture des régions qui avaient été abandonnées à la suite d'épidémies, en raison de la chute du taux de natalité, ou encore parce que la population libre avait fui l'impôt. D'autre part, comme eux-mêmes et leurs enfants étaient assujettis à l'obligation militaire, ces communautés produisaient, sous l'œil attentif de Rome, des recrues pour ses armées.

Très différentes de ces communautés de *laeti* étaient les unités de barbares libres qu'on appelle *foederati*. A partir de la fin du IVe siècle, ces « fédérés » commencèrent à dominer l'armée, et en particulier les unités d'élite, appelées *comitatenses*, qui, depuis Constantin (vers 300), étaient en garnison non aux frontières mais à l'intérieur ou aux abords des principales cités provinciales. Ces unités, qui pouvaient être très rapidement déployées pour combattre des envahisseurs en tout point du *limes*, ou pour arrêter leur avance s'ils avaient réussi à franchir la frontière, constituaient donc une importante innovation stratégique. Cependant, leur proximité avec les communautés romaines chargées de les nourrir et de pourvoir à leur équipement accéléra l'assimilation du soldat barbare et du civil romain.

Ces unités de *foederati* avaient leurs propres généraux, lesquels, bien qu'ils fussent souvent issus de familles ayant servi Rome depuis plusieurs générations, ne devaient leur commandement qu'à leurs troupes barbares. L'exploration archéologique de divers types d'établissements barbares dans l'Empire tend à montrer que si les *laeti* étaient intentionnellement isolés de la population romaine du lieu, et encore plus des « Germains libres », les *foederati*, au contraire, se trouvaient en contact étroit non seulement avec la population locale, qu'ils avaient tendance à dominer en raison de leurs fonctions militaires, mais encore avec les tribus restées au-delà du Rhin ou du Danube.

Aux IVe et Ve siècles, les chefs de ces groupes fédérés, que les historiens appellent « Germains impériaux », s'élèvent au sommet de la hiérarchie militaire romaine. Il n'y a là rien de surprenant, si l'on considère le rôle majeur joué par les soldats germains, et la tradition bien établie qui veut que la carrière des armes mène aux hautes fonctions. Dès le règne de Constantin, nous voyons un Franc nommé Bonitus devenir général romain ; à mesure qu'on avance dans le IVe siècle, les Francs fournissent une part plus importante du commandement dans l'armée d'Occident ; bientôt ce sont des gouverneurs quasi indépendants qui font et défont les empereurs : Arbogaste, Bauto, Richomer sont commandants militaires (*magistri militum*) sous Gratien et Valentinien II ; les deux derniers ont même le titre de consuls. Le panégyrique officiel prononcé en 385 en l'honneur de Bauto, Franc païen venu d'au-delà du Rhin, à l'occasion de son consulat, fut rédigé à Milan, capitale impériale, par un jeune rhéteur plein d'avenir – le futur saint Augustin.

Ces généraux germano-romains étaient tout le contraire de barbares illettrés et incultes. Ils appartenaient aux milieux les plus élevés et les plus civilisés de l'Empire ; certains se trouvaient à l'aise avec des personnages de la plus haute culture, tel Ambroise, évêque de Milan ; ils correspondaient avec un Libanius, illustre rhéteur. Certes, ils étaient païens, mais leur paganisme n'était pas celui des « Germains libres » : c'était plutôt celui de l'aristocratie sénatoriale, comme le montrent les relations de Richomer avec l'écrivain Symmaque. Après avoir acculé Valentinien II au suicide en 392, c'est un rhéteur, un certain Eugène, qu'Arbogaste proclame empereur, en partie parce que les deux hommes adhèrent au même système de valeurs, celui de la culture païenne antique. En 394, Arbogaste et son homme de paille sont battus par l'empereur Théodose, chrétien orthodoxe, mais cette victoire de l'orthodoxie doit beaucoup aux efforts d'un autre groupe de barbares, les Wisigoths, qui sont ariens, et de leur chef Alaric (en 410, mécontent du prix payé par Théodose pour ses services, Alaric mettra Rome à sac). A la fin du IVe siècle, des catégories telles que barbares/romains, païen/chrétien sont bien plus complexes qu'on ne l'imagine généralement.

La dernière phase de l'entrée des barbares, la plus décisive et la plus mal comprise, voit l'installation sur le territoire romain de peuples entiers, *gentes* ; le processus avait commencé avec Alaric et les siens. Un facteur précipita le mouvement : en 373 apparurent les Huns, qui détruisirent une confédération relativement stable de peuples barbares vivant sous domination gothique autour de la mer Noire. Ces Goths, dont nous parlerons plus longuement dans le prochain chapitre, vivaient en étroite symbiose avec l'Empire depuis plus d'un siècle, tantôt servant dans les armées impériales, tantôt les combattant. Le royaume des Greutunges (plus tard Ostrogoths) fut détruit, et leur roi, Ermanaric, se sacrifia à son dieu en un suicide rituel. Après quoi, le peuple très hétérogène sur lequel il avait régné fut pour l'essentiel absorbé dans la confédération dominée par les Huns. Voyant s'effondrer leur royaume et sur le point de mourir de faim, les Tervinges (plus tard appelés Wisigoths) abandonnèrent leur roi Athanaric et, sous la direction des généraux pro-romains Fritigerne et Alavivus, demandèrent à l'empereur Valens l'autorisation de pénétrer dans l'Empire, en échange de quoi ils serviraient dans l'armée. Croyant ainsi résoudre ses problèmes d'effectifs militaires, Valens leur donna son accord, promettant de les établir dans des régions abandonnées de la Thrace.

Les conséquences de l'incorporation dans l'Empire d'un peuple entier furent désastreuses, dans l'immédiat comme dans le long terme. Au départ, on sépara en trois le groupe des Goths : quelques-uns furent immédiatement envoyés en renfort à la frontière orientale ; d'autres furent établis en campement à Andrinople (Adrianapolis) pour l'hiver, tandis que la plus grande partie était envoyée en Thrace, où les autorités romaines du lieu entreprirent de faire fortune en profitant de leur situation désespérée : on les força à vendre leurs propres compatriotes en échange de viande de chien (un chien pour un Goth). Les conflits ne manquèrent pas d'éclater et furent exacerbés par l'arrivée d'Ostrogoths, de Goths qui, mécontents, avaient quitté Andrinople, et d'autres qui avaient été vendus comme esclaves. Une rébellion s'ensuivit. A la surprise générale (et apparemment les Goths ne furent pas les moins étonnés), lorsque Valens tenta d'écraser les rebelles, le 9 août 378 à Andrinople, c'est l'armée romaine qui fut détruite, et l'empereur lui-même fut tué dans la bataille ainsi que plusieurs généraux.

Les Goths, rejoints par divers autres groupes de barbares, firent route vers Constantinople ; cependant, ce qu'ils voulaient, c'était des vivres, non du butin ; ils étaient de toute manière bien incapables de s'emparer d'une ville solidement fortifiée. Les divers groupes finirent par se combattre entre eux et, en 382, Théodose signa un traité en bonne et due forme avec les Wisigoths : il les établissait en Thrace, le long du Danube ; ils étaient autorisés à garder leurs propres chefs, et ils combattraient sous leur commandement en tant que *foederati*. Cet accord ne dura guère : peu après la défaite d'Arbogaste, les Wisigoths, conduits par leur roi Alaric, faisant mouvement une fois de plus, mirent Rome à sac en 410 ; finalement, en 418, ils s'installèrent dans le sud-ouest de la Gaule.

Un peuple entier (certains l'évaluent à plus de deux cent mille personnes) s'était donc établi à l'intérieur de l'Empire ; ce précédent créait un modèle qui servit plus tard lorsqu'il fallut absorber d'autres peuples barbares : tribus qui avaient fui de ce côté-ci du Danube ou du Rhin, ou qui avaient envahi l'Empire et avaient vu leur marche arrêtée, s'ils n'avaient pas été complètement battus. Il y avait les Ostrogoths, les Vandales, les Burgondes, les Suèves (*Suebi*), et plus tard les Lombards (*Longobardi*). Traditionnellement, on a considéré que ce processus consistait simplement à assigner aux barbares des terres désertes ou des propriétés confisquées. On a souvent vu dans l'installation des Wisigoths, des Burgondes et des Ostrogoths une extension du principe de *l'hospitalitas*, système par lequel les soldats étaient pris en charge par la population civile et se voyaient attribuer le tiers du bien auquel ils étaient attachés. Une telle procédure ne pouvait guère se mettre en place sans produire un vaste bouleversement dans les structures économiques et sociales des régions où les barbares étaient ainsi installés. On a récemment avancé une autre interprétation : les barbares, a-t-on suggéré, se voyaient offrir non des terres, mais bien une part dans l'impôt foncier, de sorte que les propriétaires demeuraient en possession de leur bien[3]. On peut penser que la réalité se situait entre ces deux modèles extrêmes et variait considérablement d'une région à l'autre. Les auteurs du temps sont clairs : ils parlent de terres assignées à des Goths et à d'autres barbares. Réduire systématiquement ces témoignages à des exagérations ou des métaphores rhétoriques, c'est détourner le sens des textes. Inversement, à en juger par le témoignage de l'archéologie, il apparaît que les guerriers barbares s'installaient dans des régions très peuplées (en Gaule, en Italie) et d'ordinaire n'occupaient pas physiquement les terres qui leur avaient été attribuées. Ils tendaient à résider dans les villes ou les points stratégiques aux marges de la région, recueillant les loyers ou taxes des domaines qui leur avaient été alloués, exactement comme le faisaient quantité d'aristocrates romains. Il est possible que des fonctionnaires romains, soucieux de maintenir au moins l'apparence du gouvernement impérial, ait parfois interprété de tels arrangements en termes d'impôts. Il se peut aussi que le tiers des impôts généraux, traditionnellement levé au profit de l'administration centrale, ait été attribué aux barbares fédérés. Mais il n'est pas du tout certain que les Romains qui payaient, et les barbares qui recevaient, aient établi une telle distinction entre impôt et loyer. Quoi qu'il en soit, il est clair qu'aux IVe et Ve siècles le système fiscal de l'Empire romain subit d'importants changements, qui affectèrent directement sa capacité à pourvoir à la défense des frontières et à maintenir sa structure sociale.

L'IMPÔT

L'entretien de l'armée entraînait des frais énormes, qu'on ne pouvait couvrir qu'au prix d'une refonte complète des méthodes utilisées par l'État pour lever l'impôt. En dépit de sa richesse, l'Empire ne sut jamais développer un système d'emprunt sur les revenus à venir, par l'intermédiaire de quelque chose qui eût ressemblé à des bons d'État : il faudra pour cela attendre le Moyen Âge. Les empereurs s'efforcèrent de faire face à leurs dépenses considérables et sans cesse croissantes par une transformation radicale du système fiscal – transformation qui eut des conséquences étendues, non seulement sur l'économie, mais aussi sur les structures sociales et politiques.

Traditionnellement, le revenu annuel du gouvernement impérial levé dans les provinces se composait des divers types de tribut (*tributum*) ; il s'agissait apparemment de « contributions » directes que les curies locales étaient autorisées à lever pour faire face aux obligations de la communauté envers l'État. Il semble qu'on ait en grande partie laissé à chaque cité le choix des méthodes pour lever cette contribution : le gouvernement provincial se contentait de fixer le montant total dû par la cité. En raison du prestige qui s'attachait à la démonstration d'un patriotisme local, souvent ces contributions étaient, en temps de prospérité, presque entièrement prises en charge par les riches, qui jouaient ainsi leur rôle de notables, *curiales* ou décurions, membres de la curie locale. De la même façon, quantité de services publics assurés par l'État romain dépendaient des contributions volontaires des riches assumant des fonctions publiques, et du labeur des pauvres travaillant aux routes et autres constructions. Ce système convenait aux notables locaux, car il les signalait à l'attention de la communauté locale dans laquelle ils jouaient un rôle dominant. Il était également avantageux pour le gouvernement central, qui épargnait de l'argent et de la main-d'œuvre en utilisant la richesse et les services des magistrats locaux. Il comportait pourtant une faille. Les notables pouvaient utiliser leur prééminence pour obtenir du gouvernement central une diminution temporaire des contributions exigées. Lorsque cela se produisait, par exemple sous le règne de Marc Aurèle, l'empereur, ne pouvant emprunter, n'avait plus qu'une solution : dévaluer pour combler le déficit. Cependant, en un temps où les besoins augmentaient et où l'inflation sévissait, ces contributions fixes étaient bien loin de couvrir les exigences de l'armée romaine. Certes, à la fin du IVe siècle, par le jeu de la dévaluation, le salaire réel des soldats et des fonctionnaires civils s'était réduit à la moitié de ce qu'il était à la fin du IIe siècle ; mais le nombre sans cesse croissant des personnels civils et militaires, les inégalités de la perception, la baisse de la population, enfin les destructions causées par les pillages et les guerres, tout cela laissait les finances impériales en piteux état.

Lors de la crise du IIIe siècle, la dévaluation de l'argent et les énormes ponctions opérées sur le trésor pour faire face aux besoins militaires imposèrent plusieurs réformes du système fiscal. La première fut, sous Dioclétien, l'institution de l'annone, un impôt en nature, essentiellement sous forme de produits agricoles, qui, comme le *tributum*, était levé par l'administration locale. Pour assurer une meilleure répartition de cette taxe, on élabora au IVᵉ siècle un nouveau système, fondé sur une évaluation par personne, et non plus par communauté. Chaque citoyen se voyait attribuer une responsabilité fiscale indiquant sa capacité à payer l'annone. Cet assujettissement était calculé selon une mesure appelée *jugum*, fondée sur la quantité de terres arables, et selon une *capitatio*, que certains historiens interprètent comme une capitation (un impôt par tête), alors que d'autres y voient une simple « responsabilité fiscale » attachée à un individu ou à un bien. A l'origine, l'évaluation était assise sur la fortune personnelle de l'individu, mais, à la fin du IVᵉ siècle, tout le système reposait sur les parts de la valeur de la terre [4]. En dernière analyse, tout l'effort du système fiscal romain tendait à obtenir que ces paiements lui soient versés en or ou par l'intermédiaire des riches. Les fermiers libres locataires, appelés *coloni* parce qu'ils n'étaient pas propriétaires de la terre, furent astreints à cultiver telle terre bien définie afin de payer les impôts dont ils étaient redevables. Leur propriétaire se trouva de plus en plus en situation de collecteur d'impôts et se vit accorder en conséquence un pouvoir considérable sur la personne de ses locataires afin d'assurer les rentrées fiscales.

Au début, l'évaluation de l'impôt fut périodiquement mise à jour et la levée confiée, comme auparavant, aux magistrats curiales du lieu. Cependant, à mesure que décroissaient la population et la productivité agricole, que tel ou tel individu puissant obtenait des exemptions de sa part personnelle de contribution, et qu'augmentaient les besoins de l'armée impériale, le système engendra des inégalités graves et totalement insupportables. D'autre part, on en vint à considérer l'évaluation comme un ensemble d'unités abstraites correspondant à des rentrées fiscales potentielles qui pouvaient être transférées d'un rôle fiscal à l'autre.

Les conséquences qu'engendra le système aux IVᵉ et Vᵉ siècles entraînèrent un changement du rôle joué par les élites locales dans l'administration de l'Empire. Responsables d'une contribution annuelle qu'ils ne parvenaient pas à lever, certains *curiales* étaient menacés de ruine. Le prestige et l'importance du service public volontaire déclinèrent. Alors que certains individus riches parvenaient par divers moyens, légaux ou non, à alléger leurs impôts personnels, la charge fiscale qui pesait sur les responsables de la communauté civique ne cessait de s'alourdir. Il en résulta tout naturellement que la curie locale cessa de fonctionner comme centre de la vie publique, et que disparut le prestige traditionnellement attaché au service public. Si lourde était la charge qui pesait sur les *curiales* qu'il fallait les contraindre à accepter cette fonction et leur interdire d'esquiver leurs devoirs en fuyant la ville. Les individus qui acceptaient, parfois même avec empressement, de prendre en charge la collecte des impôts (on en trouvait toujours) espéraient manifestement se remplir les poches en pressurant les populations. A mesure que déclinait l'importance, si vitale, de la communauté locale, l'administration provinciale intervenait plus directement dans la collecte de l'annone et, pour la première fois, le bras puissant des agents du fisc impérial atteignait les individus trop faibles pour avoir obtenu les privilèges qui protégeaient les puissants. Le déclin du service public volontaire, conséquence directe du poids de l'impôt, ne fit qu'accélérer la prolifération de la bureaucratie impériale, laquelle à son tour accrut les besoins de l'État et donc les impôts.

Gagnante : l'aristocratie foncière

En Occident, les principaux bénéficiaires de cette transformation furent les grands propriétaires fonciers qui, appartenant à l'ordre sénatorial, forts de leurs relations avec le pouvoir central et de leurs milices privées, restaient virtuellement à l'écart du fardeau fiscal sans cesse plus lourd. L'Occident montrait donc ce paradoxe : certains individus étaient immensément riches, mais le trésor impérial était désespérément vide. On a estimé que, au milieu du ve siècle, le revenu annuel total de l'Empire d'Orient tournait autour de 270 000 livres-or, dont 45 000 livres pour l'armée. Au même moment, le budget total de l'Empire d'Occident était d'environ 20 000 livres-or, chiffre ridicule quand on sait que le revenu annuel d'un riche sénateur italien atteignait facilement 6 000 livres. Pour de tels individus, l'amour de la *romanitas*, c'était essentiellement la fidélité à une tradition culturelle élitiste et l'attention jalouse à préserver des immunités et des privilèges de classe. Depuis longtemps, de telles préoccupations l'avaient emporté sur le souci de préserver le pouvoir impérial, qu'ils considéraient, au mieux, comme une menace pour leur autonomie. Il fallait s'opposer aux barbares dans la mesure où Constantinople pouvait se servir d'eux pour mettre au pas les riches privilégiés ; il fallait les accueillir à bras ouverts, quand eux et leurs rois contribuaient à préserver les privilèges de l'aristocratie sénatoriale. Au milieu du Ve siècle, à la cour du roi des Burgondes, un grand propriétaire gallo-romain taquine un saint homme qui, il y a longtemps, a prédit la chute de l'Empire romain : eh bien, dit l'aristocrate, l'Empire tient toujours, n'est-ce-pas ? Son aveuglement ne doit pas surprendre : l'Empire en tant que réalité politique avait cessé d'exister en Burgondie ; mais comme le statut du personnage n'en avait pas été affecté, il ne s'était pas aperçu de sa disparition [5] !

Ce Gallo-romain qui n'avait pas compris qu'il ne vivait plus dans l'Empire romain est représentatif d'une aristocratie relativement neuve, dont l'origine remonte, au plus, à l'époque de Constantin. Le IVe siècle fut, en Occident, une période particulièrement prospère pour ceux qui jouissaient de la faveur impériale. Au départ, il s'agissait principalement de l'aristocratie romaine et barbare qui entourait l'empereur en sa cour de Trèves. Résidence impériale et siège du préfet des Gaules jusque dans les années 390, Trèves, au milieu du siècle, soutient la comparaison avec Rome ou Constantinople : on en fait allégoriquement leur égale. Célébrée par Ausone et d'autres poètes latins, la cité constitue pour les élites romaines et germaniques un centre essentiel d'interaction et d'assimilation. C'est en ce lieu que bien des chefs francs ou alamans entrèrent pour la première fois au service de Rome, et c'est de là qu'on renvoyait chez eux les « Germains impériaux » pour qu'ils règnent sur leurs tribus en assurant leur coopération avec Rome.

Si riche et brillante qu'elle fût, Trèves devait principalement son importance à son statut de centre administratif. Sa prospérité déclina lorsque, dans les dernières années du IVe siècle, l'empereur Honorius transporta sa résidence à Milan puis à Ravenne. Vers 395 Stilichon, commandant des armées, décida d'installer la préfecture à Arles. Les familles que la faveur impériale avait amenées au pouvoir suivirent l'empereur et le préfet vers l'est et le sud. Le déclin de la ville s'accéléra lorsque, à quatre reprises entre 410 et 435, elle fut mise à sac par les barbares (mais non détruite, apparemment).

En Occident, d'autres familles tenaient leur pouvoir non de la seule faveur impériale, mais aussi de leurs propres ressources locales : celles-là étaient installées plus loin du *limes*. Dans la vallée du Rhône, en Aquitaine, le long de la Méditerranée, ces grandes familles – les Syagrii, les Pontii, les Aviti, les Apollinares, les Magni, d'autres encore – étendaient leur réseau d'intermariages, de relations de clientèle, de propriétés foncières. C'est ici que la civilisation romaine avait plongé ses racines les plus solides et les plus profondes ; les membres de ces grandes familles allaient continuer les traditions romaines bien au-delà de la chute du pouvoir impérial en Occident.

Le processus de transformation du pouvoir local dont il vient d'être question avait depuis longtemps contribué à produire, à l'intérieur de l'Empire, une identité régionale de plus en plus marquée. Dès le IIIe siècle, l'aristocratie gauloise avait montré qu'il ne lui déplaisait pas de voir le pouvoir politique passer aux mains de prétendants à l'Empire qui étaient des enfants du pays, avec cette conséquence que les armées avaient réussi à proclamer une série d'empereurs gaulois. D'ailleurs, si Stilichon avait quitté Trèves pour installer la préfecture dans la basse vallée du Rhône, c'est bien parce qu'il craignait les usurpateurs issus de ces régions plus que les barbares d'au-delà du Rhin.

La forme de culture qui définissait le mieux cette aristocratie s'écartait de plus en plus de celle de l'Empire d'Orient. A l'est, la résurgence de la culture grecque, perçant à travers le vernis latin, aboutissait à un nouvel essor de la philosophie et, dans l'élite qui se christianisait, aux hérésies et aux querelles doctrinales. En Occident, les IVe et Ve siècles voient l'abandon progressif de toutes les études grecques sérieuses et, avec elles, le recul de la philosophie au profit de la rhétorique. L'enseignement, qui reste le domaine exclusif des écoles laïques de grammaire et de rhétorique, a pour fonction de procurer aux jeunes aristocrates la culture générale et les talents oratoires nécessaires pour jouer un rôle dirigeant dans la bureaucratie impériale. Dispensé par des rhéteurs nommés et payés par l'État, cet enseignement est exclusivement littéraire, c'est-à-dire païen. L'Église ne prend aucune part à l'instruction de ses membres : il n'y a pas en Occident d'écoles de théologie comme il en existe à Alexandrie ou à Antioche, par exemple. Chrétiens ou païens, les jeunes aristocrates ne cessent d'être liés les uns aux autres par un héritage culturel commun, qui est la condition indispensable pour faire carrière dans la bureaucratie impériale ; et qui est aussi, dans une société de plus en plus stratifiée par l'hérédité des métiers, l'une des rares possibilités de mobilité sociale extérieure à une armée, nous l'avons vu, de plus en plus barbare.

Cet apprentissage dans la tradition littéraire et rhétorique de Rome est le véritable ciment de la société aristocratique romaine. Dans le monde du IVe siècle et du début du Ve, valeurs chrétiennes et valeurs païennes sont quasi indiscernables. Le véritable clivage passe entre l'élite cultivée et tout le reste de la population. C'est la culture, non la religion ou l'organisation politique, qui sépare l'élite romaine des barbares de plus en plus présents autour d'elle.

Certains des aristocrates les plus notables, renonçant presque complètement à jouer un rôle dans les affaires publiques, mènent une vie de plaisir au milieu d'un luxe incroyable ; d'autres se consacrent à la littérature. Ainsi la carrière publique de Symmaque, surtout connu comme écrivain et défenseur des anciens usages de la Rome païenne, ne dure pas plus de trois ans. Cependant, la vieille tradition du service public n'a pas totalement disparu et, à mesure que s'érode en Occident le pouvoir politique central, comme aussi celui des curies locales, certains membres de l'aristocratie sénatoriale en viennent à jouer un rôle comparable dans les deux institutions qui s'y substituent : la cour des rois barbares et l'Église. Le Romain installé à la cour burgonde dont il a été question plus haut est un cas typique : de tels personnages fournissaient les savoir-faire administratifs indispensables aux rois barbares, confrontés à la tâche complexe d'établir leur peuple à l'intérieur du monde romain. Ce n'était pas nouveau : même avant de franchir les frontières de l'Empire, les rois barbares avaient eu près d'eux de tels conseillers. Certains sont nommément connus : ainsi Cassiodore et Boèce, à la cour du roi ostrogoth qui régnait sur l'Italie, ou les patriciens de la cour burgonde. Quantité d'autres Romains, qui sans aucun doute dirigeaient les services fiscaux et administratifs des rois barbares, sont restés anonymes, mais on trouve les traces de leur intervention dans l'élaboration des codes de lois barbares qui, pour leur forme et même souvent pour leur contenu, dépendaient du droit romain tardif; de même on peut retrouver dans les procédures et les documents administratifs royaux l'influence de l'administration provinciale romaine de la fin de l'Antiquité.

Au niveau local, c'est par le biais des fonctions épiscopales que l'aristocratie comble le vide du pouvoir créé par la désintégration de l'administration civique. Aux IVe et Ve siècles, c'est surtout vrai en Gaule, où les évêques viennent de la plus haute aristocratie; ce l'est moins en Italie ou en Espagne, où ils sortent de familles importantes, mais non les plus importantes : reflet, peut-être, de la vigueur conservée par d'autres formes d'autorité locale de l'autre côté des Pyrénées et des Alpes.

A la fin du IIIe siècle, l'organisation de l'Église, en ses lignes fondamentales, est depuis longtemps et très fermement établie, et avec elle l'indiscutable priorité de l'*episcopus,* de l'évêque. L'évêque est nommé après consultation de la communauté locale et sacré par un autre évêque; mais une fois en place, il est installé à vie, et il faudrait pour le démettre un synode d'évêques de la région. Il exerce donc un pouvoir autocratique, ordonne ses prêtres, diacres et diaconesses, admet de nouveaux membres dans la communauté, excommunie ceux dont il désapprouve la foi ou les mœurs, et exerce un contrôle absolu sur les finances du diocèse. Ordinairement, sa juridiction correspond à une division territoriale de l'administration civile. Son domaine est essentiellement urbain, et, en règle générale, chaque cité a son évêque. En théorie, l'autorité de l'évêque s'étend à la campagne environnante, mais comme la christianisation de l'Europe rurale fut un processus extrêmement lent, qu'on ne peut dire formellement achevé avant le Xe siècle, le centre du pouvoir épiscopal, c'est la cité.

Bien entendu, avant Constantin le pouvoir réel de l'évêque varie considérablement, surtout en Occident, où il n'est guère respecté en dehors de la communauté chrétienne. Depuis l'époque de Constantin, la faveur impériale change radicalement cette situation. Pour la première fois, le statut d'évêque comporte assez de pouvoir pour que l'aristocratie s'y intéresse comme à un moyen de préserver ou d'étendre sa puissance. Les évêques se voient accorder par l'empereur des subventions et des exemptions ; on leur attribue même des pouvoirs de magistrats romains, traditionnellement réservés aux gouverneurs de province. Leur richesse s'est considérablement accrue, grâce aux dons que leur font des personnes pieuses, et principalement les grandes dames qui, aux IVe et Ve siècles, ont joué un rôle extrêmement important, mais très longtemps méconnu, dans l'essor de la chrétienté occidentale. La religion fournissait aux femmes l'un des rares moyens à leur disposition pour sortir de leur monde privé et habituellement subordonné pour pénétrer dans la sphère publique. Bienfaitrices, pèlerines, et, de plus en plus fréquemment, vierges consacrées à Dieu, les femmes pouvaient prétendre à un statut qui leur était autrement refusé dans le monde antique, entièrement dominé par les hommes.

Cependant, au IVe siècle le choix d'aristocrates pour des fonctions ecclésiastiques était encore exceptionnel. Lorsque Paulin, riche sénateur gaulois, abandonne sa carrière et ses biens pour embrasser la vie religieuse (il finira évêque), il fait scandale ; lorsque Ambroise, fils d'un préfet du prétoire, accepte son élection au siège de Milan, pourtant de première importance, c'est un choix tout à fait inhabituel.

Mais au Ve siècle, et particulièrement en Gaule, la présence d'aristocrates dans les fonctions ecclésiastiques est devenue presque la règle. La plupart des évêques sont issus de la classe sénatoriale ; ordinairement, on ne les choisit pas dans le clergé, mais parmi les laïcs qui se sont déjà montrés bons dirigeants et habiles administrateurs. L'élection à l'épiscopat devient le couronnement d'un *cursus honorum* qui, pour le reste, n'a rien à voir avec l'Église. Rien de surprenant donc si, chez ces évêques, le système de valeurs ne diffère en rien de celui de leur classe et de la société laïque dans laquelle ils ont si longtemps fait carrière. Leurs épitaphes ou leurs éloges funèbres les louent avant tout pour la réputation et la gloire qu'ils ont gagnées dans le siècle : ce sont là les valeurs traditionnelles de la société romaine païenne plus que des vertus vraiment chrétiennes. Absolument dépourvus de toute formation religieuse ou cléricale, la plupart des évêques occidentaux se désintéressent presque complètement des questions de théologie ou de spiritualité.

Pourtant, le choix de tels personnages reflète sans doute assez fidèlement les besoins de la communauté qu'ils vont diriger. Les curiales ont perdu toute capacité à traiter efficacement avec les agents du fisc impérial, de plus en plus exigeants; depuis la lointaine Constantinople, l'empereur nomme dans les provinces des généraux barbares; les notables locaux sont souvent plus riches et plus puissants que les autorités civiles : les communautés locales ont donc besoin de nouveaux courtiers du pouvoir qui soient en état de les protéger et d'intercéder pour elles. En Orient, où les valeurs religieuses et politiques sont différentes, on voit croître l'importance sociale et politique de l'« homme de Dieu », de l'ascète qui, vivant en dehors de la société séculière, peut servir de protecteur et d'arbitre, en raison même de sa neutralité. Son statut spirituel lui confère prestige et pouvoir dans les affaires de ce monde. En Occident, c'est un peu l'inverse : on prend, pour en faire des chefs dans l'Église, des hommes qui ont déjà obtenu prestige et pouvoir dans le siècle. L'Occident a bien lui aussi quelques « hommes de Dieu », mais, en général, l'épiscopat gallo-romain veille soigneusement à ce que le prestige et l'autorité de ces ascètes soient étroitement subordonnés à l'évêque. Le moyen le plus sûr, dans cette perspective, est de promouvoir le culte des saints morts plutôt que celui des saints vivants. Depuis le ve siècle au plus tard, le culte des martyrs et des hommes de Dieu, fermement contrôlé par les évêques, est au centre de la religion populaire en Occident, et les propagandistes épiscopaux se plaisent à souligner, dans les œuvres qui retracent la vie et les miracles de ces saints personnages, leur soumission à la hiérarchie. Ainsi, sans rejeter l'importance des « amis de Dieu », les évêques gallo-romains parviennent à récupérer leur pouvoir pour renforcer leur propre hégémonie sociale et religieuse.

La vertu qui paraissait cardinale à ces évêques occidentaux ne plongeait pas ses racines dans les traditions chrétiennes de spiritualité ou d'ascèse : c'était la *pietas,* cette vertu centrale qui, depuis les débuts de l'Empire, s'identifiait avec le rôle patriarcal de l'empereur, *pater patriae,* et depuis Constantin avec toute haute fonction. Cette tendance essentiellement conservatrice ne fit que renforcer le pouvoir de l'aristocratie sénatoriale, qui seule pouvait fournir de tels personnages, et d'où sont par conséquent issus presque tous les évêques gaulois. Dans les cités de Gaule, le siège épiscopal tend à être occupé, génération après génération, par les rejetons de la même puissante famille sénatoriale, qui se servent de cette fonction pour promouvoir les intérêts de leur clan. Bien avant que tout vestige d'autorité séculière romaine ait disparu d'Occident, il est légitime de parler de « seigneuries épiscopales », et d'y voir l'un des traits les plus durables du paysage politique occidental [6].

Peu à peu, cependant, sous l'influence de certains personnages exceptionnels, tel Hilaire d'Arles, ou des traditions monastiques orientales introduites en Gaule par le monastère fondé dans l'île de Lérins, sur la côte provençale, les valeurs ascétiques répandues dans la chrétienté orientale commencent à pénétrer la tradition épiscopale, du moins en théorie sinon toujours en pratique. La fonction épiscopale s'est si étroitement identifiée avec l'aristocratie gallo-romaine que lorsqu'au Ve siècle ces valeurs nouvelles modifient la conception qu'on se fait de cette fonction en Occident, le regard que l'aristocratie porte sur elle-même s'en trouve lui aussi modifié. Puisque l'épiscopat est désormais à ses yeux une institution qui lui appartient et la caractérise, et puisque l'épiscopat change, l'aristocratie change elle aussi : elle se met lentement à se redéfinir et à redéfinir sa *romanitas* en termes de valeurs chrétiennes.

Perdants : tous les autres

Rien d'étonnant si, dans un tel contexte, le statut de l'aristocrate gallo-romain qui vivait à la cour burgonde a si peu changé qu'il n'a pas remarqué la disparition de l'Empire romain. On n'est pas surpris non plus d'apprendre que le saint homme dont il se moque est venu à la cour pour intercéder en faveur des pauvres gens. Les faibles et les petits avaient été victimes du fisc impérial, ils sont maintenant victimes de l'aristocratie sénatoriale. Eux non plus n'ont sans doute pas remarqué la chute de l'Empire romain : qu'il s'appelle percepteur d'impôt ou intendant du domaine, celui qui leur réclamait leur fermage n'avait guère changé, de régime en régime, ou même d'un siècle à l'autre. Car, nous le verrons, les impôts introduits au IVe siècle continuent d'être perçus, avec de légères variantes, jusqu'au VIIIe siècle.

L'économie de l'Empire était, on le sait, essentiellement fondée sur l'agriculture, surtout en Occident. Traditionnellement, en dehors de l'Italie et de l'Espagne, le gros du travail agricole était accompli non par des esclaves mais par des fermiers libres appelés *coloni*. La raison en était peut-être que les esclaves coûtaient trop cher, ou que leur travail était relativement peu productif ; beaucoup plus sûrement, on employait des colons libres parce que, à la différence des esclaves, ils étaient astreints au service militaire : il était donc avantageux pour l'Empire d'entretenir cette vaste réserve de recrutement.

Lorsque, parfois, on utilisait des esclaves au travail de la terre, on les installait d'ordinaire sur des lopins qu'ils cultivaient et pour lesquels ils payaient un fermage. Souvent il était interdit de les vendre indépendamment du lopin qu'ils occupaient. Ils avaient le droit d'acheter eux-mêmes de la terre, et pouvaient la transmettre à leurs enfants. Ils se mariaient souvent dans les couches inférieures de la société libre.

Dans le courant du IIIe siècle, les différences de statut entre le *colonus,* fermier libre, et le *servus*, serf-esclave, s'amenuisèrent au point de quasiment disparaître. Sous Dioclétien, les paysans non propriétaires furent enregistrés sous le nom de leur propriétaire avec la ferme qu'ils cultivaient ; ils étaient donc attachés au lieu où ils payaient la *capitatio* et l'annone. Une telle situation était avantageuse pour les propriétaires, qui s'assuraient ainsi des réserves de main-d'œuvre, et pour l'Empire, qui se servait des propriétaires pour assurer la collecte de l'impôt. A la fin du IVe siècle, dans beaucoup de provinces de l'Empire, la seule différence entre *coloni* et *servi* est que les premiers conservent une personnalité juridique, d'ailleurs sévèrement limitée : ils sont attachés au sol où ils sont nés, n'ont pas le droit de s'en éloigner, et doivent considérer leur propriétaire comme leur maître et leur patron.

Les paysans propriétaires libres n'avaient pas complètement disparu à la fin de l'Antiquité, mais ils étaient devenus de plus en plus rares. Dépourvus de la protection d'un patron puissant, ou de la faveur impériale, ils étaient les victimes les plus ordinaires des percepteurs d'impôts ; certains témoignages littéraires permettent de croire que leur condition était souvent peu différente de celle des *coloni*.

L'individu qui ne pouvait se soustraire à ces impôts n'avait guère le choix, s'il voulait survivre. En Gaule, à partir de la fin du IIIe siècle, il est à plusieurs reprises question d'insurrections des « Bagaudes », groupe hétérogène de gens du pays poussés à bout par les impôts. Ils font peser une menace assez grave pour justifier de longues opérations militaires. On les voit réapparaître en 417, 435-437, 442, 443 et 454. Il s'agit souvent de révoltes de masse, qu'on ne peut réprimer que par un grand déploiement militaire ; dans certains cas, ce ne sont pas simplement des insurrections inorganisées, mais bien de véritables mouvements séparatistes : les chefs de la rébellion chassent les fonctionnaires et les propriétaires romains, et mettent en place une armée et un système judiciaire. Cependant, ces révoltes n'avaient pas d'avenir : elles furent cruellement réprimées par l'armée impériale dans toute sa force ; ou encore, comme pour les Bagaudes d'Aquitaine, dans les années 440, on utilisa les Wisigoths pour les anéantir.

Plus heureux que les Bagaudes, les évêques étaient, grâce à leurs origines sociales et politiques, en mesure de représenter et de protéger les communautés locales. A la fin du

IVᵉ siècle, Germain d'Auxerre, qui avait été général avant de devenir évêque, est l'exemple le plus remarquable de ces évêques-intercesseurs issus de l'aristocratie. A deux reprises, alors qu'on imposait à la Gaule une contribution particulièrement élevée et que certains prenaient les armes sous le nom de Bagaudes, il fit le voyage d'Arles pour obtenir une diminution de l'impôt ; les rebelles furent écrasés et leur chef tué ; Germain, au contraire, obtint l'adoucissement qu'il demandait. Dès lors il n'est pas étonnant que pour le même motif on ait demandé son intercession depuis l'Armorique (la moderne Bretagne) et même depuis la Grande-Bretagne : et lui, sans hésiter, allait trouver le préfet à Arles, ou même il entreprenait le voyage de Ravenne, où résidait la cour impériale. Peu à peu, de tels évêques héritèrent du rôle des Bagaudes, dont ils christianisèrent la mémoire, et dont ils firent quelque chose qui ressemble assez à des martyrs chrétiens [7].

Une autre voie était ouverte aux hommes libres qui voulaient obtenir un allégement d'impôts : ils pouvaient se placer sous la protection (*patrocinium*) d'un homme riche et puissant, sénateur ou notable, qui, grâce à son pouvoir militaire ou à sa fortune, aurait plus de poids pour discuter avec les curiales locaux ou même avec les agents du fisc impérial. Ce choix, cependant, laissait l'individu à la merci de son patron, ce qui n'était pas vraiment une situation confortable.

Le troisième moyen d'échapper à l'impôt, le plus souvent employé, était simple : la fuite. Dans toute l'Antiquité tardive, le phénomène des terres abandonnées (*agri deserti*) est récurrent : des paysans, libres ou non, s'enfuient pour échapper aux exigences du propriétaire ou du percepteur d'impôts, d'ordinaire pour devenir *coloni* d'un autre propriétaire dans des conditions meilleures. A leur tour les propriétaires s'enfuient, accablés par l'impôt dont ils sont responsables pour des terres désormais abandonnées et improductives. En son point le plus haut, le phénomène a peut-être touché jusqu'à vingt pour cent des terres arables de l'Empire. Il arrivait qu'on abandonnât une terre parce qu'elle était épuisée, mais, le plus souvent, on fuyait parce qu'on était incapable de payer l'impôt et le fermage. Les conséquences de ces abandons furent catastrophiques : il fallait bien trouver ailleurs les impôts dus par les terres désertées, et la charge pesant sur les terres cultivées n'en était que plus lourde. En outre, si l'on introduisit dans l'Empire des barbares par peuples entiers, c'est justement parce qu'on voulait remettre en culture de vastes campagnes abandonnées.

Fuite devant l'impôt, soumission à des propriétaires assez puissants pour protéger paysans et artisans contre les excès de la fiscalité : de tout cela il résulte une privatisation croissante de l'Occident. A la fin du Ve siècle, la société est bien près de se transformer en une sorte de tiers monde, composé d'une part d'aristocrates riches, autonomes, qui sont presque des institutions publiques à eux tout seuls, et d'autre part de leurs dépendants, attachés à la terre, soumis économiquement et politiquement à leurs patrons. Dans ce monde, ni l'élite, qui a réussi à se séparer culturellement, socialement et politiquement des institutions de l'Empire, ni les masses, qui se sont protégées contre l'Empire en se soumettant aux élites, n'ont grand-chose à perdre lorsque les royaumes barbares romanisés se substituent à l'Empire romain barbarisé.

CHAPITRE II

LE MONDE BARBARE
JUSQU'AU VIᵉ SIÈCLE

Des tablettes de cire, semblables à celle sur laquelle fut enregistrée la transaction entre notre bouvier germain, Stelus, et le marchand romain Gargilius Secundus : c'est très probablement le seul type de document écrit avec lequel lui-même et ses contemporains barbares aient jamais été en contact. Si l'on excepte les runes, ces étranges caractères gravés sur la pierre ou le bois, ordinairement pour des motifs rituels, il faudra des siècles avant que les descendants de Stelus utilisent l'écriture, et bien plus de temps encore avant qu'ils n'enregistrent par écrit leurs pensées et leurs vies dans leur propre langue. C'est pourquoi, lorsque les historiens tentent de comprendre le monde barbare de la fin de l'Antiquité, ils sont invariablement obligés de recourir aux sources écrites laissées par les voisins civilisés avec lesquels les barbares ont été en contact : les Grecs et les Romains. Mais cette méthode est aussi dangereuse qu'elle est incontournable : en décrivant le monde barbare, les ethnographes et les historiens antiques avaient des objectifs et des conventions qui leur étaient propres, et qui n'ont pas grand-chose à voir avec ce qu'on appellerait aujourd'hui l'ethnographie descriptive. Confrontés à un monde tribal organisé selon des principes radicalement différents des leurs, les auteurs antiques cherchent à imposer un ordre à ce qui leur apparaît chaotique ; et l'ordre qu'ils choisissent, c'est la tradition ethnographique grecque bien établie dans laquelle s'inscrivait, au moins depuis Hérodote, la description des « barbares ».

Si donc les auteurs classiques, lorsqu'ils observent les barbares, n'introduisent ordinairement pas de distorsions intentionnelles ou de contre-vérités flagrantes dans le détail de leurs descriptions, il reste que pour rendre compréhensible ces peuples étrangers, ils recourent à l'*interpretatio romana*; autrement dit, ils les inscrivent dans des catégories culturelles et sociales propres à la culture gréco-romaine. Que ce soit par curiosité ou par crainte, avec une intention moralisatrice ou missionnaire, ils placent leurs données dans des structures préétablies et décrivent leur sujet à l'aide d'un vocabulaire et d'images traditionnels qui correspondent à leurs besoins.

Cette tendance à lire le monde barbare à l'aide d'une grille « civilisée » est particulièrement marquée chez les savants romains qui, depuis Pline l'Ancien (23-79) et Tacite (55-116/20), utilisent, pour décrire le vaste monde d'au-delà du *limes,* tant leur expérience personnelle que celle de leurs prédécesseurs grecs. Les Romains n'étaient pas essentiellement des créateurs, c'étaient des organisateurs. Leur réussite la plus remarquable consista à introduire des structures, une forme, une régularité dans le riche chaos qu'ils avaient trouvé chez les peuples conquis. Ainsi, en architecture, ils répandent et répètent des formes simples – la voûte, l'arcade – pour enclore et organiser de vastes espaces; en politique, et c'est leur chef-d'œuvre, ils imposent une structure et des règles de fonctionnement à un immense empire polyethnique. Lorsqu'ils portent leur regard vers le monde barbare, ils entreprennent là encore une œuvre d'organisation, intellectuelle d'abord, par une description qui surimpose à ce monde autrement incompréhensible l'ordre et les valeurs de Rome; politique ensuite, à mesure que les efforts de leurs diplomates, de leurs soldats, et aussi l'attrait de leur culture font peu à peu entrer les barbares dans l'orbite romaine.

Aux yeux du Romain civilisé, s'écarter de la cité et de ses formes culturelles et politiques, c'est aussi s'éloigner du monde des hommes pour entrer dans celui des bêtes. L'homme est un animal « politique », autrement dit un animal particulièrement adapté à la vie dans la *polis,* la cité.

Cette attitude est particulièrement visible chez Tacite ; alors même qu'il cherche à faire passer un message moral (l'influence corruptrice de la civilisation romaine sur certaines tribus germaniques), plus il s'écarte de Rome, plus les peuples décrits apparaissent sauvages et proches de la bête. Tout au bout, il y a les Finnois (*Fenni*), qui ne connaissent ni armes ni chevaux ; ils se nourrissent d'herbe, s'habillent de peaux de bêtes et dorment à même la terre. Chez eux, le travail n'est pas spécialisé selon les sexes, et ils n'ont même pas de religion. Ils sont véritablement à l'extrême bord de ce qui est encore humain aux yeux des Romains. Au-delà des Finnois, ajoute Tacite, « le reste maintenant est fabuleux ; Hellusiens et Oxiones porteraient une face, des traits d'hommes et un corps et des membres de bêtes ; je le laisserai en suspens comme non établi »[1].

Il n'est donc pas surprenant que, chez les auteurs romains, les descriptions des barbares soient souvent très semblables, jusqu'à paraître monotones : par leurs vertus comme par leurs vices, les barbares se ressemblent entre eux et ressemblent aux animaux plus qu'aux Romains. Ils sont généralement grands, blonds, et ils sentent mauvais ; leur existence n'est pas régie par des lois fixes et écrites, mais par des coutumes imprévisibles et dépourvues de sens. Ce sont des guerriers féroces et redoutables, mais, en temps de paix, ils sont paresseux, querelleurs et inconstants. Leur manque de foi envers les étrangers est proverbial ; leur goût pour la boisson et les querelles intestines les amène à se détruire eux-mêmes. Leur langue est plus proche du cri animal que du discours humain, leur musique et leur poésie sont rudes, sans règle ni mesure. Païens, leur religion n'est qu'un reflet confus de la religion romaine pervertie par la superstition ; chrétiens, c'est encore une version grossière et hérétique de la vraie foi.

Les barbares viennent du Nord, cette « matrice des peuples », en flots apparemment inépuisables, poussés par le besoin de trouver de nouvelles terres pour une population sans cesse croissante. D'une certaine façon, les barbares se ressemblent tant qu'on pourrait croire qu'ils sont un seul et même peuple : il n'en vient jamais de nouveaux, ceux qu'on détruit ou disperse sont chaque fois remplacés à l'identique.

Néanmoins, les historiens et les ethnographes romains s'efforcent vaillamment de classer, de décrire, d'assigner à ces hordes chaotiques des lieux et groupements spécifiques – travail d'Hercule, mais bien fait pour plaire à des Romains. On trouve donc dans la littérature latine des descriptions extrêmement détaillées des divers peuples germains et scythes, classés par origine, langue, mœurs et religion. Une fois encore, dans la meilleure tradition romaine, l'ordre a remplacé le chaos.

L'approche romaine du barbare n'a rien qui doive surprendre : les méthodes, les catégories, les stéréotypes et les intentions de cette littérature sont intimement liés à la culture classique. Ce qui est peut-être plus étonnant, c'est la pérennité de l'image ainsi créée par les Romains : peu de constructions antiques ont eu la vie plus longue que la représentation qu'ils ont donnée du barbare en général, et du Germain en particulier. L'héritage de l'ethnographie antique est double. Tout d'abord, et dans notre perspective c'est le plus important, cette image continue de dominer l'historiographie des tribus germaniques à la fin de l'Antiquité et au haut Moyen Âge. Au début des manuels médiévaux, on trouve souvent des cartes fondées sur la *Germanie* de Tacite, ou encore sur la description des tribus germaniques que César a introduite dans ses *Commentaires sur la guerre des Gaules;* les auteurs font de vaillants efforts pour établir des correspondances entre les peuples barbares des grandes migrations et telle ou telle tribu du temps de Tacite. Bien plus : les historiens tendent à considérer que la description des tribus germaniques proposée au Ier siècle de notre ère par Tacite s'applique directement à la société des Goths, des Burgondes et autres barbares qui envahissent l'Empire aux IVe et Ve siècles, et ils s'efforcent de décrire le développement des institutions politiques et sociales des royaumes barbares selon un schéma tiré de ces pratiques tribales plus anciennes : c'est comme si on utilisait une description de la Nouvelle-Angleterre au XVIIe siècle pour rendre compte de l'Amérique d'aujourd'hui. De la même façon, l'image qu'ont proposée les auteurs antiques des mœurs, du caractère barbare et de la « barbarie » en général sert trop souvent d'explication pour justifier le phénomène de la conquête et de l'établissement des royaumes barbares au début du Moyen Âge.

Le second aspect de cet héritage antique est plus pernicieux : les descriptions gréco-romaines ont exercé une profonde influence sur l'image qu'on se fait assez généralement de l'Allemagne moderne en Europe et en Amérique. Au XIXe siècle, l'image fantastique d'une société germanique réglée par un communiste « primitif », où la liberté est l'objet d'un culte quasi religieux, a profondément influencé la réflexion des sciences sociales à leur début. Dans les années trente, les idéologues nazis ont cherché à établir un rapport entre l'établissement du IIIe Reich et les tribus de la *Germanie*, considérant la période des migrations comme partie intégrante de l'histoire « de la nation et du peuple germaniques ». Ces tentatives pour utiliser le passé mythique de la Germanie à des fins de propagande ont été résolument rejetées après la guerre ; cependant, aujourd'hui encore, ceux qui n'ont pas oublié les guerres des cent cinquante dernières années et qui continuent à éprouver quelque hostilité et suspicion envers l'Allemagne et les Allemands contemporains recourent souvent, pour expliquer l'histoire récente de l'Allemagne, au stéréotype antique du Germain féroce, paresseux, querelleur, ivrogne et perfide.

Il faut fermement refuser ces deux tentations. On doit prendre soigneusement en compte, lorsqu'on interprète les sources antiques, les préoccupations et les traditions de l'ethnographie gréco-romaine, et confronter ces sources avec les témoignages recueillis par les archéologues. L'historien doit montrer la plus grande prudence lorsqu'il utilise les précieuses indications des auteurs antiques, et garder à l'esprit le système par lequel les observateurs grecs et romains cherchent à les structurer. De plus, lorsqu'on traite du monde barbare, il faut absolument renoncer à l'inscrire dans une « histoire de l'Allemagne » au sens moderne ; on n'a pas le choix : le contexte du monde barbare, c'est l'Antiquité tardive. En cela, il n'appartient pas plus à l'histoire de l'Allemagne qu'à celle de la France, de l'Italie ou même des États-Unis d'Amérique.

La société barbare avant la migration

Si, oubliant les auteurs romains, nous utilisons les données archéologiques – matérielles, physiques – pour tenter de reconstruire le monde de Stelus, notre bouvier germain, nous nous trouvons sur un terrain très déconcertant et quasi inconnu. Pour commencer, non seulement nous ne trouvons pas trace des innombrables divisions tribales du monde germanique, mais en outre nous avons grand-peine à séparer clairement les Germains des Celtes et des Slaves. Ce que les auteurs antiques appellent collectivement « les Germains », c'est un mélange complexe de peuples divers, dont certains parlaient sans nul doute des idiomes appartenant au groupe de langues indo-européennes qu'on appelle germaniques, mais où il y avait aussi des Slaves, des Celtes, des Finnois, constamment absorbés et se reconstituant en nouveaux groupes sociaux. Comme pour la période la plus ancienne de la civilisation « germanique » les données linguistiques font défaut, il est plus sage de se tourner vers les archéologues. Pour eux, la société germanique naît avec certains peuples de l'Âge du fer, qui apparaissent à partir du VIe siècle avant notre ère dans le nord de l'Europe centrale et le sud de la Scandinavie. Le tout premier âge de cette société, qu'on appelle « Jastorfkultur », est contemporain des cultures de Hallstatt et de la Tène, cultures du premier Âge du fer, situées plus au sud et à l'ouest, et dont elle se distingue à peine. Dans notre perspective, ses principales caractéristiques sont l'importance de l'élevage (en quoi elle ressemble aux sociétés celtiques et slaves voisines) et la maîtrise du fer (en quoi elle s'en distingue quelque peu).

LA CULTURE GERMANIQUE

Comme la forme et les dimensions des établissements germaniques varient selon le climat et la topographie de la région, il est difficile d'en donner une description générale. D'ordinaire, sauf au bord de la mer, ils sont situés à l'orée de grandes clairières naturelles cultivées de manière extensive. Les Germains des tribus installées au bord de la mer du

Nord et de la Baltique, entre Rhin et Oder, habitent des maisons de bois, assez grandes, faites de quatre rangées de poteaux, dont les deux rangées internes divisent l'habitation en trois pièces parallèles. Ces pièces n'abritent pas seulement la famille, mais aussi le précieux bétail, dont la chaleur animale élève la température en hiver. Dans ce type de construction, qui est le plus caractéristique des tribus germaniques, les humains occupent une grande pièce séparée du reste par une cloison pourvue d'une porte. Derrière cette porte, on trouve une double rangée de stalles pour les bêtes, séparées par un couloir central. Le nombre de bêtes qu'une maison peut abriter varie considérablement : douze, parfois; ailleurs, jusqu'à trente ou davantage [2].

Plus avant dans les terres, dans la Westphalie d'aujourd'hui et dans la région comprise entre l'Elbe et la Saale, l'habitat des peuples germaniques est très différent. Ici (comme l'a montré la fouille d'un village à Harth bei Zwenkau, près de Leipzig) la demeure traditionnelle est une sorte de petite construction rectangulaire, déjà bien connue à l'Âge du bronze. Ici encore, des rangées de poteaux verticaux forment l'armature des murs, mais il n'y a pas de poteaux internes; la maison a d'ordinaire entre cinq et sept mètres de long et seulement trois à quatre mètres de large. Autour de ces maisons, on trouve diverses constructions : de grandes maisons de deux pièces, qui ont parfois jusqu'à soixante mètres carrés; des maisons étroites, de vingt-cinq mètres carrés; de petites constructions presque carrées d'environ douze mètres carrés, qui servaient sans doute d'entrepôts ou d'étables. Enfin, certaines sociétés germaniques de la région Elbe-Oder (ainsi à Zedau près d'Osterburg) édifient de petites constructions semi-enterrées, ordinairement de douze mètres carrés environ, sans doute principalement utilisées comme entrepôts.

Quelque forme que prennent les habitations, elles étaient généralement groupées en petits villages qui, combinant culture et élevage, avec en plus la pêche, là où elle était possible, produisaient tout ce dont on avait besoin. Un village mis au jour près de Leipzig se compose de deux des grandes maisons décrites ci-dessus et de six maisons plus petites avec leurs dépendances.

La culture principale était l'orge, suivi par le froment et l'avoine. On produisait aussi des fèves et des pois en assez grande quantité. Les régions côtières cultivaient le lin, pour l'huile plus que pour la toile, qu'on utilisait peu. Les champs étaient divisés en parcelles individuelles, de forme grossièrement rectangulaire, et dont les dimensions variaient considérablement. Leur organisation et leur structure nous permettent de croire qu'on pratiquait la rotation des cultures intensives pour permettre au sol de se reposer. Là où la terre était depuis longtemps cultivée, on l'améliorait en lui ajoutant de la chaux, et parfois du fumier ; il arrivait aussi qu'on abandonnât un sol épuisé pour ouvrir ailleurs une clairière, par défrichage et brûlis.

Le labour s'opérait de deux façons, toutes deux remontant apparemment à l'Âge du bronze. Le plus souvent on se contentait d'égratigner le sol avec une charrue très simple. Cet instrument grossier consistait essentiellement en un coutre qui entaillait la terre, et en un manche de bois pour le guider tandis qu'il était tiré par des bœufs. Il n'avait pas de versoir pour retourner et aérer la terre ; il fallait donc labourer deux fois à angle droit pour préparer le sol convenablement.

Outre cet instrument assez léger, on utilisait pour labourer certains champs une charrue plus lourde, capable de retourner la terre et donc d'aérer suffisamment le sol argileux et dense de l'Europe du Nord. De tels outils ne sont pas parvenus jusqu'à nous (ce qui est naturel, puisqu'ils étaient en bois, avec juste un peu de fer pour le coutre). Cependant, l'examen attentif de certains champs celtiques et germaniques et l'analyse de leurs couches superficielles et profondes montrent que le sol a été travaillé d'une manière qui suggère l'emploi de tels instruments.

On moissonnait à la faucille, en recul, en somme, sur le monde celtique, où l'on utilisait la faucille et la faux, mais les faucilles en fer des paysans germains étaient peut-être plus efficaces que les outils de bronze ou de silex des Celtes. Le grain, non séparé de la balle, était souvent légèrement rôti pour faciliter la conservation ; puis on l'engrangeait dans des greniers en bois, surélevés et soigneusement scellés avec de la terre. Lorsqu'on avait besoin du grain, on le séparait de la balle par battage. Puis on l'écrasait à l'aide d'une simple meule à main, telle qu'il en existait depuis des millénaires. Du temps de Stelus, sous l'influence de leurs voisins celtes et romains, certaines tribus germaniques d'entre l'Elbe et le Rhin s'étaient peu à peu mises à utiliser des meules tournantes, plus évoluées et plus efficaces. Le grain moulu, la farine était mélangée pour former une sorte de gruau, ou une pâte qu'on cuisait sur des plateaux de terre glaise : on en faisait des sortes de galettes. Une part importante de la récolte céréalière était mise à fermenter; on en tirait une bière forte et épaisse qui apportait un complément nutritionnel important, et qui surtout jouait un rôle majeur dans le système des relations sociales.

La culture des céréales était essentielle à la survie de la société germanique : dans son *Histoire Naturelle*, Pline a eu raison de voir dans les nourritures céréalières l'élément fondamental de l'alimentation des Germains [3]. Cependant, aucun prestige social ne s'attachait à la culture du sol; la conservation, la mouture et la préparation des céréales étaient l'affaire des femmes – signe évident du statut inférieur qu'on accordait à ces tâches dans une société dominée par les hommes. Ce qui, dans l'agriculture, intéressait avant tout les hommes, particulièrement dans les zones côtières relativement ouvertes, c'était l'élevage, et surtout l'élevage des bovins. César l'avait noté : « L'agriculture les occupe peu, et leur alimentation consiste surtout en lait, fromage et viande [4]. » Sans aucun doute il avait tort sur le plan de l'alimentation réelle, mais sa remarque rend bien compte de la manière dont les peuples germaniques percevaient leur propre culture. Le prestige social se mesurait au nombre de têtes de bétail qu'on possédait : c'était le signe qui marquait le plus clairement la richesse et le statut d'un individu. La langue témoigne encore aujourd'hui du rôle fondamental joué par le bétail comme indicateur de richesse dans les sociétés traditionnelles : en anglais, le mot *fee* (honoraires, droit d'entrée), qui vient du « fief » médiéval, trouve son origine dans le terme germanique *fihu* (en allemand *Vieh*), qui veut dire bétail, et de là richesse en général. Remarquons que les mots anglais *cattle*, *chattel*, *capital*, mots d'origine latine, connurent à la fin de l'Antiquité une évolution analogue et correspondante à partir du bas latin *captale*, qui signifiait propriété en général, ou plus spécifiquement bétail.

Outre les bovins, les contemporains de Stelus élevaient aussi, par ordre d'importance décroissante, des porcs, des moutons, des chèvres et des chevaux; et, plus tardivement introduites, des poules et des oies. Selon l'imagerie traditionnelle, le Germain passe son temps à chasser : ce sont pourtant les animaux domestiques qui fournissent la quasi-totalité de la viande qu'il mange. Dans les sites archéologiques mis au jour, le gibier ne fournit jamais plus de huit pour cent de tous les ossements animaux retrouvés; le pourcentage moyen des restes d'animaux domestiques frôle les quatre-vingt-dix-sept pour cent. Le sanglier et le cerf étaient le principal gibier chassé. Les bovidés sauvages (bison d'Europe, auroch) étaient sans doute chassés pour la peau et les cornes autant que pour la viande. Cependant, s'il y a si peu d'ossements d'animaux sauvages dans les villages fouillés, c'est peut-être qu'on chassait par plaisir – pour s'exercer à la guerre – ou pour éliminer des animaux qui soustrayaient au bétail une part de sa nourriture, plutôt que pour se procurer un complément de viande.

A considérer l'importance accordée à l'élevage du gros bétail, on n'est pas surpris de constater que les anciens peuples germains organisaient cet élevage de façon très systématique. Il est probable que Stelus, comme beaucoup de ses contemporains, se débarrassait par abattage, vente ou échange d'à peu près la moitié de ses bêtes avant qu'elles n'aient atteint l'âge de trois ans et demi. Cette moitié-là formait dans son troupeau la partie d'accroissement; la taille du troupeau demeurait donc à peu près constante. Stelus gardait l'autre moitié environ dix ans, pendant lesquels ses vaches produisaient du lait et des veaux. Puis, il se débarrassait de ces bêtes devenues vieilles et peu productives : il les abattait, les échangeait ou les vendait aux Romains.

Les porcs, qui trouvent aisément leur nourriture dans les forêts, étaient particulièrement adaptés aux régions d'Europe les plus boisées; aussi, à mesure qu'on s'éloigne des plaines côtières, la part des porcs dans l'élevage augmente et celle des bovins décroît. Les porcs étaient eux aussi l'objet d'un soin attentif : vingt-deux pour cent environ étaient abattus dans leur première année, vingt-huit dans la deuxième, trente-cinq entre deux et trois ans ; ils avaient alors atteint un poids moyen d'environ cinquante-cinq kilos.

Toutes les parties des animaux étaient utilisées. On en tirait de la nourriture, des vêtements, un abri ou des ustensiles divers. On mangeait la viande crue, rôtie, cuite au four ou bouillie. On la conservait fumée, séchée, ou salée lorsqu'on avait du sel. Le lait se consommait frais, ou caillé pour la conservation. Le beurre était une nourriture, mais aussi, une fois rance, un assaisonnement, un médicament, et une sorte de brillantine – la pratique de s'oindre les cheveux de beurre provoquait le dégoût des Romains, qui préféraient s'enduire d'huile d'olive.

L'artisanat

A la différence des Celtes, les peuples germaniques des premiers siècles de notre ère ne produisaient qu'une céramique assez grossière, fournissant récipients et ustensiles. La glaise, presque partout disponible, était façonnée à la main, sans l'aide d'un tour ; on en faisait des objets d'usage courant (vases, pots de toutes sortes, louches, pesons). Ces objets étaient ornés de dessins géométriques assez simples, incisés ou imprimés à l'aide d'un rouleau qui répétait le motif à mesure qu'on le faisait rouler sur l'argile humide. Les Celtes connaissaient depuis longtemps le four de potier, mais les poteries germaniques étaient apparemment cuites sur des feux de bois. Il semble que ces objets, usuels plutôt qu'ornementaux ou significatifs d'un statut, aient été, comme la culture céréalière, l'œuvre des femmes.

C'étaient aussi les femmes qui filaient, tissaient et fabriquaient les vêtements. C'est un domaine sur lequel nous sommes assez bien renseignés : les vêtements portés par les corps qu'on a retrouvés fort bien conservés dans le milieu anaréobie des marais de la région Weser-Ems, du Schleswig-Holstein, du Jutland et des îles danoises sont, eux aussi, en très bon état de conservation. Dans certains cas, les hommes ainsi retrouvés dans les marais avaient eu des funérailles ordinaires, mais dans d'autres, il s'agit, semble-t-il, d'exécutions ou de sacrifices rituels. Les vêtements sont faits de laine filée et tissée à la main sur de petits métiers. Les dessins et les styles sont extrêmement variés : cette variété servait apparemment à différencier les statuts sociaux, peut-être aussi les diverses sociétés. Les peuples installés à l'embouchure du Rhin étaient réputés pour la finesse de leurs laines, qui étaient connues même dans l'Empire romain.

En général, les femmes portaient de longues tuniques sans manches, retenues sur l'épaule par des fibules (broches). La partie inférieure de la robe était souvent plissée, assez large, et retenue par une ceinture. Leur vêture comportait en outre une blouse, des sous-vêtements et un foulard. Les jeunes filles s'habillaient volontiers d'une jupe courte en lainage et peut-être d'une sorte de veste de fourrure. Les hommes portaient des pantalons, des blouses et des capes, ainsi que des tuniques de fourrure. Les pantalons étaient longs, et même parfois à pieds ; ou encore ils s'arrêtaient au genou, et se complétaient de molletières. La blouse était portée au-dessus du pantalon et serrée par une ceinture. La cape, grand rectangle de lainage orné de dessins, était retenue à l'épaule par une fibule. Des chaussures de cuir, un bonnet et, en hiver, une cape de fourrure complétaient le costume.

Avec la forme de la coiffure et celle de la barbe, le vêtement était un important indicateur d'identité sociale. Cependant, aucun prestige social ne s'attachait à sa production. Chez les Germains de l'Antiquité, la technique artisanale la plus importante et la plus avancée était la métallurgie. Au Ier siècle avant J.-C. et au Ier siècle de notre ère, la production du fer croît de façon spectaculaire dans le monde germanique. La matière première est aisément accessible : dans tout le nord de l'Europe, on trouve à la surface du sol ou à faible profondeur du minerai de médiocre qualité ; les grandes forêts fournissent le charbon de bois. Chaque village, chaque établissement ou presque a son propre centre de production et ses forgerons qui fabriquent des outils ou des ornements en fer. Ces hommes (car, comme l'élevage, la métallurgie est une activité masculine) construisent de petits fourneaux en terre, grossiers mais efficaces, dans lesquels ils fondent le minerai sur des feux de charbon de bois, atteignant, à l'aide de soufflets, la température nécessaire (1 300 à 1 600 °C). Les fours ne pouvaient contenir qu'un litre de minerai, et, avec le meilleur minerai disponible, ne produisaient pas plus de cent cinquante à deux cent cinquante grammes de fer à la fois. Le processus était long et exigeait une grande habileté technique. Il ne demandait pas moins de huit étapes, dont trois à des températures différentes, qu'il fallait soigneusement contrôler. Cependant, si les quantités étaient faibles, comparées à la production bien plus considérable que permettaient les techniques en usage dans le monde civilisé d'alors, la qualité était tout à fait remarquable. Dans les mains de forgerons habiles et expérimentés, le fer était battu, plié, travaillé, transformé en un acier de toute première qualité. Les forgerons germains excellaient dans la fabrication des glaives : les lames à cœur d'acier doux, pour la flexibilité, sous un revêtement d'acier dur, qui conservait son tranchant, fournissent un excellent exemple de leur maîtrise technique. Les épées des soldats romains étaient d'une qualité bien inférieure.

Cependant, si les Germains étaient capables de produire des objets de grande qualité, c'était en très petit nombre : jusqu'en plein Moyen Âge, le monde germanique resta pauvre en fer, et surtout en armes de fer. Les objets qui, comme les glaives longs, requièrent une grande quantité d'acier étaient extrêmement rares, de même que les lances à fer large qui devinrent plus tard des armes caractéristiques de la Germanie. Les pointes de flèches en fer et les glaives courts à un seul tranchant étaient plus répandus. La bosse centrale des boucliers était souvent en fer elle aussi. Le fer servait essentiellement à fabriquer de petits objets décoratifs et des outils pour travailler le bois, principale matière première pour les instruments de la vie quotidienne. La qualité variait selon la maîtrise du forgeron, mais le gros de la production était sans doute médiocre.

La production agricole et artisanale des Germains visait à satisfaire les besoins d'une économie de subsistance, non à alimenter un commerce. Certes, les biens circulaient à l'intérieur du monde germanique et entre les Germains et leurs voisins, mais cette circulation était, pour l'essentiel, non commerciale. Entre les individus et les groupes, l'échange pacifique des biens prenait principalement la forme de dons, volontaires en apparence, mais en réalité obligatoires et réglés par une norme. Le don était un moyen d'acquérir prestige et pouvoir, en sorte que le gagnant, dans un tel échange, c'était non le receveur mais le donneur, qui montrait sa supériorité et mettait l'autre en situation d'obligé.

Un autre mode de circulation des biens et du bétail, celui qu'opéraient la razzia et la guerre, générait un prestige encore plus grand. Ce phénomène constituait le caractère le plus spécifique du monde germanique et jouait un rôle décisif dans la détermination du statut individuel. La razzia se pratiquait entre tribus ou, à l'intérieur des tribus, entre clans hostiles; le butin consistait essentiellement en esclaves et en bétail. C'étaient la razzia et la guerre qui fournissaient au monde germanique ses buts, ses valeurs et son identité; l'économie et la société étaient structurées à cette fin.

Société

Les divers groupes dont il a été question n'auraient jamais pensé à se considérer comme un « peuple », auquel aurait pu convenir un nom collectif. Le nom de « Germains » leur fut imposé par les Gaulois. Le terme moderne *Deutsch* signifie le « peuple »; il est apparu à la fin du IXe siècle. Néanmoins, les historiens ont longtemps cherché à décrire les « Germains » comme une entité et à trouver des critères objectifs pour les classer en sous-ensembles. Fondées exclusivement sur des critères linguistiques empruntés à une période plus tardive, postérieure à la migration, les premières tentatives de ce genre à l'époque moderne divisent le monde germanique en trois catégories : les Germains du Nord, parmi lesquels les peuples de Scandinavie; les Germains de l'Est (Goths, Burgondes et Vandales); et les Germains de l'Ouest, notamment Francs, Saxons, Bavarois et Alamans. Ces subdivisions sont peut-être pertinentes pour les linguistes travaillant sur l'époque postérieure aux migrations (encore que, même sur ce plan, elles soient loin de faire l'unanimité); mais elles sont de peu d'utilité pour comprendre les différences qui séparent les peuples germaniques des Ier et IIe siècles de notre ère. On a tenté d'établir des distinctions plus pertinentes à partir des données archéologiques, comparées avec celles, plus tardives, de la linguistique : on reconnaîtrait ainsi des éléments permettant de différencier les tribus de l'Elbe (établies entre Elbe et Oder) ; les tribus du Rhin-Weser (qui vivent le long de ces deux fleuves, plus près du *limes*) ; et les tribus riveraines de la mer du Nord. Cette division semble coïncider avec certaines affinités culturelles et religieuses qui se manifestent parfois par la constitution de confédérations assez vastes regroupant, pour tel ou tel objectif, certains peuples à l'intérieur de ces sous-ensembles. On aurait tort cependant de considérer ces groupes comme des entités sociales, ethniques ou politiques : les structures réelles de la société germanique sont bien plus fluides et plus complexes.

Les vestiges matériels des établissements germaniques fournissent d'importantes indications sur la structure sociale. Les peuples germains, on l'a vu, vivent volontiers en villages d'importance réduite. On a voulu voir chez eux une forme d'organisation égalitaire, un communisme primitif ; or, dès le Ier siècle avant J.-C., les sociétés germaniques manifestent une large disparité de richesse et de statut, et des traces non négligeables de ce qu'on pourrait appeler une aristocratie remarquablement homogène.

La classe la plus nombreuse est celle des hommes libres ; leur statut social est principalement déterminé par le nombre de têtes de bétail qu'ils possèdent ; leur liberté est confirmée par leur participation à la guerre. A l'intérieur d'un même village, il y a parfois de très importantes différences dans le nombre d'animaux possédés, donc dans la richesse. Ainsi, dans un site fouillé près de Wesermünde (République fédérale), certaines maisons peuvent contenir au plus douze bêtes, d'autres jusqu'à trente-deux. Ailleurs, la disposition du village (de petites constructions groupées autour d'autres beaucoup plus considérables) semble indiquer que certains individus avaient sans doute des dépendants qui habitaient les petites maisons entourant celles du chef.

La société germanique comprenait aussi des esclaves, qui

étaient habituellement des prisonniers de guerre. Ordinairement, l'esclave vit en ménage dans une maison à lui ; son maître exige de lui une certaine quantité de biens : aliments, bétail, tissus. Cependant, certains esclaves sont employés comme bergers-bouviers ou domestiques.

La société germanique est incontestablement patriarcale ; chaque parentèle s'organise sous la direction d'un chef masculin. La maisonnée obéit au père de famille, qui a autorité sur tous ses membres – son épouse, ou parfois ses épouses, ses enfants, ses esclaves. Les peuples germaniques pratiquent une polygynie de ressources : sont polygynes ceux qui sont assez riches pour cela ; les autres n'ont qu'une épouse.

La maisonnée fait partie d'un groupe parental plus vaste qu'on appelle clan (en allemand *Sippe*). Ce cercle plus large, dont les historiens ont beaucoup de mal à déterminer les limites et la composition, ne comprenait sans doute pas plus de cinquante ménages, et s'étendait non seulement aux agnats (famille paternelle), mais aussi aux cognats (famille paternelle *et* maternelle). Les principes unificateurs essentiels étaient apparemment, du point de vue interne, la perception partagée d'une relation, renforcée par une « paix » d'un caractère particulier (tout conflit violent à l'intérieur du clan était un crime pour lequel aucune compensation ou réparation n'était possible), par un tabou de l'inceste, et peut-être par certains droits de propriété. A l'extérieur, le principe unificateur fondamental était l'obligation pour les membres d'un clan de participer aux conflits qui opposaient ce clan à d'autres, et donc de partager la responsabilité des actions par lui entreprises. Ces conflits interclans semblent avoir été le facteur décisif dans la constitution de la parenté clanique et la détermination de ses limites.

Quoique fondamentale, la parenté clanique était instable, travaillée par un processus ininterrompu de division et de transformation. Comme cette parenté était principalement définie par l'obligation de paix à l'intérieur et de guerre à l'extérieur, toute rupture de la paix interne était susceptible d'entraîner la fondation d'un nouveau clan, comme aussi tout refus de se soumettre à l'obligation de secours mutuel. De même, comme de tels groupes étaient bilatéraux, des mariages au sommet amenaient parfois l'absorption de petits clans par d'autres plus vastes et plus puissants.

La même instabilité, encore accentuée, caractérise l'entité qui englobe les clans : la tribu. Cette formation sociale a été la principale victime d'une utilisation non critique des idées gréco-romaines sur la tribu, idées héritées tant de l'ethnographie grecque que des traditions des Romains relatives à leurs propres origines tribales. La tribu germanique est un groupe sans cesse mouvant de gens liés par des perceptions, traditions et institutions communes. Lorsque ces éléments se modifient, les tribus changent elles aussi ; elles s'agrandissent aux dépens d'un autre groupe, ou elles se divisent pour former de nouvelles tribus, ou encore elles sont absorbées par des tribus plus puissantes. C'est pourquoi, tout au long de l'histoire tribale des peuples germaniques, la tribu est un processus plutôt qu'une structure stable, et l'ethnogenèse (la formation de la tribu) est constante : son rythme s'accélère à certains tournants de l'histoire, mais il ne s'interrompt jamais.

Selon Tacite, les peuples germaniques croyaient descendre du dieu Tuisto, dont le fils Mannus était leur ancêtre à tous. Cette croyance en un ancêtre commun apparaît dans les noms mêmes de la tribu : *Stamm* en allemand moderne, *Theoda* en vieux haut allemand, *ethnos* en grec, *gens* en latin, tous noms dérivés d'une racine marquant la parenté, et qui donc mettent l'accent sur la relation biologique, généalogique à un commun ancêtre. La croyance en un ancêtre mythique commun, et donc en une « pureté du sang » également mythique, constitue un important facteur d'identité tribale et fonde plusieurs autres caractéristiques majeures de la tribu. En ce sens, la tribu n'était pas autre chose qu'un clan ou une famille à grande échelle, partageant des valeurs communes et une « paix » commune, qui amenaient naturellement ses membres à coopérer.

Outre la certitude d'avoir même origine, les membres d'une tribu avaient en commun des traditions culturelles. Bien que certains historiens aient longtemps considéré la langue comme la plus importante de ces traditions partagées, il n'est pas du tout sûr que le langage ait constitué un facteur d'unification majeur pour les tribus des premiers temps. D'autres traits culturels ont, semble-t-il, joué un rôle plus considérable : le vêtement, la coiffure, la parure, les types d'armes, la culture matérielle, les rites religieux, enfin une histoire orale partagée. Tous ces éléments n'avaient pas seulement pour fonction de distinguer les tribus les unes des autres ; ils mettaient aussi en évidence les hiérarchies sociales à l'intérieur d'une tribu.

Un ancêtre mythique commun et des traditions culturelles partagées formaient la base d'une communauté de loi, et surtout d'une alliance de paix. La survie de la tribu dépendait de cette paix et du sentiment de non-agression qui rendait possible une coopération. La paix était préservée et incarnée par une « loi » tribale, c'est-à-dire un ensemble de coutumes régissant les relations des clans entre eux et réglant le déroulement de leurs querelles. Le mot allemand *Frend,* ami, est étroitement lié au mot *Frieden,* qui veut dire paix. Les membres d'une même tribu sont des amis ; ils ont en commun une « paix », ou pacte de « loi » traditionnelle. Cependant, à la différence de la « paix » à l'intérieur du clan, la « paix » de la tribu n'est pas mise en cause par une violente dispute ; en fait, c'est justement à coup de disputes et de vengeances que les clans règlent leurs conflits à l'intérieur de la tribu. Plutôt que d'interdire ou de décourager la violence entre les clans, la « loi » tribale établit les règles auxquelles ces conflits doivent obéir et les limites de temps et de lieu qui les circonscrivent. C'est ainsi que la violence entre clans est interdite durant les grandes fêtes religieuses, les assemblées tribales d'hommes libres et les expéditions militaires. Le contrevenant court le risque de passer en jugement devant la tribu elle-même, d'être banni ou même exécuté. Une fois qu'il est déclaré hors-la-loi – c'est-à-dire, littéralement, non protégé par la « paix » coutumière de la tribu –, n'importe qui peut le tuer sans courir le risque d'une vengeance.

Enfin, la tribu constitue une communauté politique. Si le clan reste la structure sociale essentielle, les nécessités d'une action unifiée, particulièrement sur le plan militaire, entraînent à former des entités politiques plus vastes. Les limites de ces entités politiques ne coïncident pas forcément avec celles des groupes partageant les mêmes traditions culturelles, mythiques et « juridiques ». Ainsi, plusieurs tribus peuvent avoir en commun des traditions rituelles sans partager les mêmes institutions politiques; réciproquement, des groupes culturellement différents peuvent s'unir temporairement pour une campagne militaire.

Dans chaque tribu, l'instance politique suprême est l'assemblée des guerriers libres. Cette assemblée, ou *Thing,* tient lieu de tribunal suprême pour les individus qui ont enfreint une règle fondamentale du pacte tribal; c'est aussi une occasion de se rencontrer et de renforcer les liens entre les membres de la tribu; c'est encore, souvent, le premier acte d'une campagne militaire. L'organisation et la direction de cette assemblée, et d'ailleurs de la tribu elle-même, varient considérablement d'une tribu à l'autre et selon les époques. Dans certaines tribus, les hommes libres venus de certaines régions *(gaus)* obéissent à un « prince », choisi par les guerriers, et/ou issu d'une grande famille. Ce « prince » conduit ses guerriers au combat et dirige en temps de paix une unité territoriale plus ou moins définie à l'intérieur de la tribu.

A la tête de certaines tribus, on trouve un personnage dont le titre peut être traduit, mais fort mal, par le mot français « roi ». Il semble qu'avant la migration, les tribus germaniques aient eu (mais non pas toutes) deux sortes de rois, l'un essentiellement religieux, l'autre militaire. Le premier est ce que les sources appellent le *thiudans.* Ce roi est, semble-t-il, choisi dans la famille royale, autrement dit celle à laquelle s'identifient le plus étroitement les traditions ethniques, historiques et culturelles de la tribu. C'est ce roi qui, chez Tacite, est choisi *ex nobilitate,* en raison de sa noble origine. On peut penser qu'il est lié de près à la tribu traditionnelle, « installée », relativement stable, qui, si elle est en guerre avec ses voisins, jouit au moins d'un certain équilibre au milieu de cette violence. Le *thiudans* est étroitement associé au dieu germain (ou plutôt indo-européen) Tiwaz, protecteur de l'ordre social et garant des lois, de la fertilité et de la paix.

Les fonctions du *thiudans* varient selon les différents peuples germaniques. Chez certains, son rôle est essentiellement religieux; ailleurs, il préside aux assemblées, ailleurs encore il exerce un commandement militaire. Cependant, ce type de roi est parfois complètement absent. Dans d'autres tribus, c'est un chef militaire de rang non royal qui commande les armées : Tacite l'appelle *dux* (général). Choisi pour ses exploits guerriers, c'est lui, non le roi, qui assure le commandement de la tribu en guerre. On reviendra plus longuement sur le rôle de ce chef militaire.

Le *comitatus*

La tribu, on l'a vu, est faite d'entités familiales ou quasi familiales unies par des croyances communes et des liens sociaux. En vif contraste avec cette structure unifiante, un autre groupe social, coupant au travers des unités familiales et tribales, constitue un facteur de force tribale et en même temps d'extrême instabilité. C'est la bande de guerriers que Tacite appelle *comitatus* et que la science allemande moderne nomme *Gefolgschaft*. La guerre, on l'a vu, est l'activité essentielle des Germains – elle détermine de façon décisive leur prestige et leur richesse. Il s'ensuit que, dans la société germanique, certains jeunes gens particulièrement avides de gloire (mais non pas tous, il s'en faut) se joignent à des chefs connus pour leur valeur guerrière et forment des troupes de guerriers d'élite combattant à cheval. Ces jeunes gens se lient par un pacte étroit à leur chef, qui les entretient, les équipe, les conduit à la victoire et partage avec eux le butin. Réciproquement, ils lui sont totalement dévoués, et considéreraient comme déshonorant de ne pas combattre jusqu'à la mort s'il était tué au combat.

Ces *comitatus* ne constituent pas l'unité militaire fondamentale de la tribu. Au contraire, ce sont des sociétés de guerriers individuels, organisées pour combattre et piller sans relâche. De plus, si le *comitatus* participe parfois aux guerres de la tribu, ses propres expéditions ne sont pas des guerres tribales. Ce sont plutôt des raids au coup par coup, susceptibles de mettre en danger la paix à l'intérieur de la tribu ou la trêve armée avec les tribus voisines. Ces bandes de guerriers constituent donc, à l'intérieur d'une structure tribale déjà trop fragile, un facteur déstabilisant ; mais elles sont aussi, pour la formation de nouvelles tribus, un noyau potentiel. En effet, les jeunes guerriers qui le suivent procurent au chef un prestige et un pouvoir proportionnés à leur nombre ; or, les tensions internes à la tribu amènent parfois une sécession : le groupe de guerriers avec ses dépendants forme une nouvelle tribu.

De toute évidence la nature même de cette société, sa structure militaire, ses groupes de parenté peu solides, son organisation centrale faible, ne pouvaient que produire une constante instabilité. Les conflits à l'intérieur de la tribu étaient la règle. L'unité ne se maintenait que le temps d'une guerre commune contre d'autres tribus, guerre qui occupait les guerriers et consolidait le prestige des princes, ou encore grâce à des rituels religieux et sociaux qui tendaient à renforcer la solidarité entre membres de la tribu. Parmi ces rituels, l'échange matrimonial des filles jouait un rôle essentiel : il tendait à unir les clans, et donc à prévenir les conflits ou à y mettre fin. Autre rituel social tendant à éliminer les conflits : les expressions de solidarité qui accompagnaient banquets et beuveries. Ces réjouissances jouaient un rôle très important dans la société tribale de village : partager la nourriture, et surtout la boisson, était un geste essentiel pour maintenir le fragile lien social. Cependant, ces mêmes banquets et beuveries donnaient parfois lieu à des querelles destructrices, et les disputes d'ivrognes pouvaient réveiller de vieilles rancunes et provoquer de nouveaux conflits.

Dans ces conditions, rien d'étonnant si les tribus semblent apparaître et disparaître très vite. Instables par nature, ces unités se transforment sans cesse : les clans se disputent et provoquent une sécession ; les bandes de guerriers essaiment pour établir une nouvelle tribu ; affaiblies par des divisions internes, certaines tribus sont conquises et absorbées par d'autres. Cependant, tant que ce processus ne concerne que des peuples germaniques, celtes et slaves, qui se situent tous au même niveau d'organisation matérielle et sociale, cette instabilité s'accompagne d'une sorte d'équilibre ; un équilibre qui sera rompu par le contact avec Rome.

L'INFLUENCE DE ROME SUR LES PEUPLES GERMANIQUES

Bien qu'ils fussent intimement liés à leurs voisins celtes et slaves, dont il est souvent impossible de les distinguer, les peuples germaniques n'étaient pas, au Ier siècle de notre ère, totalement isolés du monde romain. La présence romaine se manifestait de diverses façons, extrêmement significatives. Pour commencer, dans le couloir large d'une centaine de kilomètres qui longeait le *limes,* des échanges commerciaux très actifs entre Romains et barbares faisaient pénétrer les produits romains dans le monde germanique. On constate que, dans cette bande frontière, toutes sortes de marchandises romaines étaient en usage et, comme l'indiquent des transactions semblables à celle de Stelus avec le marchand romain, les bergers-bouviers germains se trouvaient peu à peu pris dans l'économie monétaire du monde classique.

Si les produits ordinaires des manufactures provinciales romaines ne s'introduisaient pas bien avant dans l'arrière-pays de la « Germanie libre », il n'en allait pas de même des produits de luxe : ils étaient, semble-t-il, appréciés par les élites du monde germanique tout entier. Dans tout le nord de l'Europe, du Rhin jusque au-delà de l'Oder, les archéologues ont trouvé des tombes remarquablement semblables, contenant des armes, des bijoux et des objets précieux d'origine romaine. Ces tombes dites « de Lübsow » indiquent bien le prestige dont jouissaient, chez les grands de ces régions, les produits de luxe venus de Rome et le mode de vie romain ; elles signalent aussi les ressemblances et peut-être les relations entre les élites dans tout ce pays. Nous ne savons pas comment ces marchandises de luxe sont parvenues là : par échanges commerciaux ou, plus vraisemblablement, par échanges de dons. Ce qui est certain, c'est qu'au Ier siècle de notre ère, donc bien avant les migrations, une aristocratie germanique qui se définissait par son rôle dans la guerre commençait à subir l'attraction de Rome.

Les effets produits sur la société germanique par la pénétration de la culture commerciale et matérielle romaine furent considérables. En premier lieu, l'introduction de la monnaie et l'ouverture d'un marché pour les produits germaniques (bétail, peaux, et sans doute aussi fourrures, ambre et esclaves) creusèrent l'écart entre les deux extrémités de l'échelle sociale. Ce n'est pas qu'avant de rencontrer Rome, ces peuples aient vécu dans une utopie forestière de communisme primitif; les différences dans la taille des troupeaux suggèrent, nous l'avons vu, une société hiérarchisée. Cependant, ces différences indiquaient des écarts de richesse allant du simple au double, ou au triple, mais pas plus; la possibilité d'accumuler des richesses monétaires et des biens de luxe venus de l'Empire accentue ces écarts entre individus et entre familles. En creusant la distance qui les sépare des hommes ordinaires de leur tribu, le phénomène augmente considérablement le pouvoir et le prestige des chefs traditionnels.

En second lieu, la volonté d'acquérir des marchandises romaines, qui ne peuvent s'obtenir que par l'échange ou par la guerre, transforme la nature des activités barbares et l'étendue des interactions entre peuples germaniques. A mesure que les tribus s'engagent plus avant dans le système commercial romain, leurs chefs se trouvent nécessairement pris dans le réseau des relations politiques romaines; c'était d'ailleurs exactement le résultat désiré par Rome. Du point de vue romain, il était hautement souhaitable que les tribus germaniques aient à leur tête des chefs bien obéis, qui puissent négocier pour leur tribu des traités les liant à Rome, et dont la loyauté personnelle serait entretenue par des présents. De même, il était utile de faire en sorte que ces tribus dépendent des Romains pour leur approvisionnement en fer, céréales et autres produits. C'est pourquoi la politique romaine visa à stabiliser (en termes romains) les structures politiques barbares et à développer les économies barbares de façon à ouvrir dans le monde germanique des marchés pour les exportations romaines.

Cette politique aboutit en fait à rendre la société germanique encore plus instable, à accentuer à l'intérieur des tribus les différences sociales et économiques, et à y créer des factions favorables ou hostiles à Rome, ce qui, assez souvent, aboutissait à l'éclatement des unités tribales. Comme une réaction en chaîne, cette déstabilisation se répandit à travers tout le monde germanique et mit en mouvement un processus tumultueux d'ethnogenèse et d'évolution sociale, lequel aboutit à ces guerres qui n'ont pas de nom dans le monde germanique, mais qui, de l'autre côté du *limes*, furent appelées « guerres contre les Marcomans ». Dans le sillage de ces guerres, des peuples entiers se créèrent, et il se forma des confédérations nouvelles. Un de ces nouveaux peuples nous intéresse particulièrement : les Francs.

Pour les Romains, les guerres contre les Marcomans n'étaient rien de plus qu'un conflit de frontières entre Romains et barbares le long du Danube. Cependant, même eux savaient bien qu'ils combattaient un grand nombre de tribus barbares, et non les seuls Marcomans et Quades (les deux confédérations tribales les plus proches du *limes*). Ces deux groupes avaient longtemps fait partie de la ceinture d'États clients de Rome qui longeait les frontières, et leurs relations avec l'Empire avaient été étroites et généralement pacifiques. Des données archéologiques d'interprétation difficile suggèrent même que, pour le style de vie comme pour la structure des fortifications militaires qu'ils construisaient, les chefs des Quades et des Marcomans étaient déjà bien avancés sur la voie de la romanisation. Ils ont peut-être habité des *villae* et des camps construits par les Romains, ou du moins à l'aide de matériaux fournis par les légions romaines. Cependant, au cours de la guerre, Quades et Marcomans reçurent le renfort de quantité d'autres groupes. Aux pourparlers de paix qui suivirent la première invasion (167), Ballomarius, roi des Marcomans, était le porte-parole d'au moins onze tribus.

La guerre en avait sans doute encore mobilisé davantage. On a trouvé dans des fouilles en Bohême et en Autriche – c'est le pays des Quades et des Marcomans – des objets datant de cette période et appartenant aux cultures germaniques du nord. Réciproquement, on a découvert jusqu'au Schleswig-Holstein, au Jutland, et dans l'île de Fyn (Danemark) des armes romaines qui furent sans doute prises comme butin par des guerriers germaniques et plus tard enterrées avec eux. Combinés, ces éléments permettent de penser que prirent part à la guerre des tribus venues de très loin, et même de Scandinavie méridionale. Ces données archéologiques semblent aussi indiquer que la pression exercée par les barbares sur le Danube avait pour origine des mouvements de peuples descendus du nord ; c'est ce que pensaient les Romains. Il apparaît donc que l'ensemble de la Germanie libre était en proie aux ruptures d'équilibre et aux tensions [5].

De ces bouleversements internes, les guerres marcomanes ne furent pas le seul effet ressenti jusqu'à Rome : toute la frontière Rhin-Danube fut touchée. En 166-167, les Longobards (Lombards) et les *Obieri* font pression sur le Danube ; en 170, les raids des *Chatti* traversent le Rhin, tandis que les Sarmates et les *Costobocii* s'agitent sur le Danube inférieur ; en 172, les Chauques de Scandinavie méridionale font des incursions sur les côtes de France ; en 174, divers groupes de « Germains » menacent la Rhétie. Il semble donc bien que le monde germanique tout entier ait été traversé par de grands bouleversements, dont les pressions exercées aux frontières du monde romain n'étaient que le lointain écho. Ce qui se produit alors, c'est une restructuration radicale du monde germanique, un processus par lequel des confédérations tribales auparavant puissantes éclatent, comme celle des Marcomans, tandis que d'anciennes tribus disparaissent ou subissent une réorganisation complète, et que se forment de nouveaux peuples ou de nouvelles confédérations, tels les Francs et les Alamans. Au cours de ces transformations, plusieurs groupes auparavant subordonnés à des entités plus vastes prennent soudain un grand développement et forment de larges confédérations : c'est le cas des Goths ; les chefs conduisent leur peuple dans des régions nouvelles, en général vers le sud et l'est, tandis que de petites tribus cherchent à se protéger en s'amalgamant avec d'autres pour créer de nouveaux peuples. C'est ainsi que les dernières décennies du IIe siècle constituent, dans l'histoire du monde germanique, la période où l'ethnogenèse est la plus active.

LES NOUVELLES SOCIÉTÉS GERMANIQUES

Les troubles de la fin du IIe siècle changèrent radicalement la structure des tribus germaniques, de celles qui jouxtaient le *limes* comme des peuplades si lointaines que les Romains n'avaient qu'une vague idée de leur existence.

Dans cette période de guerre ininterrompue, le rôle de

l'activité militaire à l'intérieur des tribus, déjà important, devient essentiel. Pour survivre, la tribu n'a d'autre choix que de se militariser totalement – de se transformer en armée. Cette transformation accroît l'importance des chefs de guerre non royaux à l'intérieur des tribus germaniques. On leur avait traditionnellement confié la conduite des guerres, mais leurs tentatives – souvent soutenues par les Romains – pour transformer leurs fonctions militaires limitées en un commandement plus étendu et plus durable s'étaient toujours heurtées à l'opposition déterminée de leurs tribus. Maintenant que la guerre organisée ne s'interrompait plus et envahissait tous les aspects de l'existence, leur statut se trouvait grandement renforcé. Lorsqu'ils étaient vainqueurs, ces chefs de guerre (qu'on appelle *reiks,* d'un mot emprunté au celtique) pouvaient prétendre que la victoire était le signe de la faveur divine, ajoutant ainsi à leur prestige une aura religieuse, même si à l'origine ils n'étaient pas nécessairement de race royale comme l'était le *thiudans.*

Sous le commandement de ce *reiks,* ou *Heerkönig* (littéralement « roi d'armée »), comme l'appellent les historiens allemands, l'identité et la composition de la tribu, qui avait toujours été un groupe essentiellement instable, subit une nouvelle évolution. L'abandon des anciens lieux de peuplement réduit l'importance des traditions agraires de la communauté, et, du même coup, celle des cultes adressés aux dieux de la fertilité, tel Tiwaz. Beaucoup de tribus germaniques lui préfèrent alors Woden, ou Oden, dieu de la guerre et divinité tutélaire des rois guerriers, pour qui il est celui qui donne la victoire, et par elle une justification nouvelle, religieuse, à leur statut. Le nouveau culte convient mieux à la nature très mobile et rapidement changeante de la tribu.

Les victoires créent de nouvelles traditions, centrées autour du roi guerrier et vainqueur, considéré comme l'agent de Woden (et souvent son descendant). La nature du groupe s'en trouve transformée. Même si la tribu garde son ancien nom, son identité est désormais liée à celle de son chef de guerre. Tous ceux qui combattent à ses côtés sont membres de sa tribu, quelles qu'aient été leurs origines ethniques, linguistiques, politiques ou cultuelles. Tous les autres sont ou des ennemis ou des esclaves.

Cependant, le commandement militaire, si brillant qu'il soit, ne peut suffire à transformer le pouvoir charismatique d'un chef de guerre en une royauté institutionnalisée et durable. Au *reiks* qui veut se hausser, lui et sa famille, au-dessus des autres clans aristocratiques de sa tribu polyethnique, il faut plus de richesses, d'honneurs et d'appuis qu'il n'en peut rassembler à lui seul. Les chefs barbares ont donc besoin de Rome et de l'empereur, qui, même pour les habitants de la « Germanie libre », est l'unique grand roi, celui dont le soutien est ardemment convoité.

Sur les frontières nord de l'Empire, en Orient comme en Occident, ces chefs de guerre ont recherché l'appui financier et politique qu'apportait l'alliance avec Rome. Il leur fallait des magistratures et des titres romains pour légitimer leur statut, non seulement aux yeux de leur propre peuple, mais aussi dans leurs rapports avec les autres tribus; ils avaient besoin du blé et du fer romains pour nourrir et équiper leurs guerriers; de l'or et de l'argent romains pour faire la preuve symbolique de leur rang élevé par le superbe étalage de ces métaux précieux. Tout cela, Rome était toute prête à l'offrir, pour les raisons qu'on a dites au chapitre premier, mais non sans compensation. Ce dont Rome avait le plus besoin, les barbares pouvaient le lui fournir : des soldats pour ses armées. Seigneurs de la guerre et empereurs romains travaillèrent ensemble pour créer le nouveau monde barbare.

L'Empire d'Orient et les Goths

On ne saurait mieux illustrer ce processus qu'en examinant la lente création du peuple goth, cette tribu barbare crainte et respectée entre toutes par les autres barbares comme par les Romains. C'est pourquoi, au lieu de fournir un tableau général de tous les barbares qui pénétrèrent dans l'Empire, nous examinerons avec quelque détail les étapes successives de l'ethnogenèse gothique. Dans les légendes qu'ils développèrent après leurs étonnantes victoires dans l'Empire et leur établissement en Italie et en Espagne, tout se passe comme si un seul peuple avait d'un bloc émigré de

Scandinavie vers l'Orient pour s'installer autour de la mer Noire ; cependant, tel que l'a brillamment retracé leur plus récent historien, l'Autrichien Herwig Wolfram, leur passé réel est bien différent. On voit, fait de gens dont les origines ethniques, culturelles et géographiques sont extrêmement variées, se former un peuple, le peuple goth ; parallèlement, au cours de ce processus, on voit se transformer la notion même de ce qu'est un Goth [6].

Au Ier siècle de notre ère, les gens qui se donnent le nom de Goths, ou *Gutonen* (d'un mot qui, comme bien d'autres noms de tribus très archaïques, signifie sans doute simplement « le peuple »), habitent une zone comprise entre l'Oder et la Vistule et sont étroitement alliés à trois autres groupes celto-germains, et souvent dominés par eux : les Vandales, les Lugiens et les Rugiens. Pour la religion et la culture matérielle, ils sont à peine différents des autres groupes barbares auxquels ils sont liés, mais, à en croire Tacite, dès le Ier siècle leur roi est exceptionnellement puissant : il combine, semble-t-il, le pouvoir du *reiks* et le prestige religieux du *thiudans*. Ce roi, avec les guerriers qui l'entourent, est porteur d'une tradition et d'une organisation guerrière efficace, susceptible d'attirer autour de lui des combattants non goths. En à peine plus de cinq générations, cette petite tribu dépendante devient l'une des plus grandes puissances du monde barbare. C'est, pour une grande part, l'onde de choc déclenchée par son installation sur la rive droite de la Vistule qui, au IIe siècle, engendre le vaste bouleversement que les Romains appellent guerres contre les Marcomans.

A la fin du IIe siècle et au IIIe siècle, certains porteurs de cette tradition « gothique » commencent peu à peu à s'infiltrer au sud et à l'est et finissent par arriver sur les bords du Dnieper, près de l'actuelle ville de Kiev. Ce n'est pas que le peuple goth tout entier ait d'un bloc émigré vers cette région ; bien plutôt, les divers peuples pontiques, sarmates, slaves et germains qui habitaient déjà sur les rives du Dnieper sont organisés par les chefs goths en une puissante confédération sous le commandement militaire des rois goths. La constante expansion du peuple goth reconstitué le met alors en conflit direct et violent avec Rome : en 238, les Goths, que les Romains appellent Scythes, leur appliquant le nom des anciens habitants de la région, se mettent, sous la direction de leur roi Cniva, à razzier et piller les provinces orientales de l'Empire qui entourent la mer Noire. Les guerres qui s'ensuivent sont bien plus désastreuses pour l'Empire que ne l'avaient été le conflit avec les Marcomans. Les Goths pénètrent profondément à l'intérieur du territoire romain; en 251, l'empereur Dèce et son fils, qui tentaient de les empêcher de se retirer avec leur butin, sont tués tous les deux. C'est avec d'énormes difficultés que les empereurs Claude II (mort en 269) et Aurélien parviennent à arrêter l'assaut des « Scythes » et finalement, en 271, à les vaincre.

Les Romains exploitèrent cette victoire avec l'efficacité qui les caractérise : le royaume goth unifié fut presque complètement détruit. Mais si la victoire est parfois le facteur décisif dans la création d'un peuple, la défaite peut elle aussi jouer ce rôle. Sur les ruines de la confédération gothique se développent deux « nouveaux » peuples goths : à l'est du Dniester, la famille royale des Amales recrée autour d'elle un royaume goth plus petit, tandis que sur le Danube inférieur se forme une société territoriale gothique, décentralisée mais très dynamique, sous le commandement de familles aristocratiques qui portent une part de la vieille tradition gothique, et dont la principale est la dynastie des Baltes. En 332, Ariarich, le Balte qui commandait cette confédération polyethnique – on les appelait les Tervinges –, avec le titre de « juge », qu'il avait préféré à celui de roi, conclut un traité (*fœdus*) avec Constantin (c'était le premier d'une longue série de *fœdera*), s'assurant ainsi la tranquillité et le soutien nécessaires pour consolider un État territorial inclus dans la sphère d'influence de l'Empire.

BALTES ET TERVINGES

La société et la culture du peuple tervinge reflètent le mélange complexe de groupes divers qui le composent. La formule gothique du pouvoir – une structure politique construite autour de puissants chefs de guerre – était facile à étendre, en sorte qu'un petit groupe d'aristocrates suffisait pour organiser en confédération « gothique » une vaste population de nations guerrières. Le « peuple goth », c'est donc à peine une tribu, si l'on entend par là un groupe apparenté par l'origine ; c'est plutôt une constellation politique de groupes plus petits, ou *kunja*, aux origines culturelles, linguistiques et géographiques différentes, commandés chacun par son *reiks*, et ayant un culte commun. Ces *reiks* installent le siège de leur pouvoir dans des forteresses au milieu de la campagne plutôt que dans des villages ou des villes, bien qu'il ait certainement existé des villages dans cette région. Le *reiks* gouverne sa région avec l'aide de son *comitatus*, le groupe de guerriers qui l'entoure ; et les villageois, mêmes libres, sont pour l'essentiel exclus de la vie politique. On est loin de l'organisation du pouvoir décrite par Tacite, où la participation des hommes libres était étendue, et cet écart a au moins une bonne raison. Les Goths tervinges ne sont pas des « Germains » au sens où l'entend Tacite ; ils constituent une société proche-orientale. Ce qui fait l'unité de la confédération gothique, c'est l'armée, principalement composée d'infanterie avec un petit groupe de cavaliers d'élite, et ce sont les traditions portées par la dynastie balte.

Après la conclusion du traité avec Rome, les Goths tervinges se comportèrent en général comme des alliés fidèles. Ils entreprirent des expéditions contre leurs voisins barbares au profit des Romains, et ils furent nombreux à servir dans l'armée romaine, seuls ou en groupes, pour des périodes de durée variable. En fait, jusque vers 400, les généraux goths sont parmi les plus importants *magistri militum* de la partie orientale de l'Empire. La très haute qualité des bijoux, des vases et des objets décoratifs produits à cette époque dans l'État tervinge montre à quel point l'artisanat et les traditions artistiques gréco-romaines étaient appréciés et imités par l'aristocratie gothique. L'influence des valeurs et des structures impériales romaines dans cet État-frontière fut si profonde que l'admiration et l'imitation s'étendirent aux formes institutionnelles romaines, soumises, cependant, à une réinterprétation qu'on pourrait appeler *interpretatio barbarica*, sur le modèle de l'*interpretatio romana*, mieux connue et dont il a été question plus haut. L'exemple le plus frappant de cette réinterprétation nous est fourni par un médaillon qui fait partie d'un trésor trouvé à Szilágysomlyó (en Roumanie) : c'est une copie d'une médaille commémorative romaine portant l'image des empereurs Valentinien Iᵉʳ et Valens (qui régnèrent ensemble de 364 à 375) ; la légende porte : « *Regis Romanorum* » (Rois des Romains). C'est sans doute la traduction latine du terme *thiudans*. Pour les Goths, l'empereur est un roi, le plus grand roi : autrement dit, ils lui attribuent la fonction qui est essentielle (quoique ambivalente) dans leur propre système politique.

Cependant, l'admiration pour Rome et l'empressement à collaborer avec elle n'étaient pas sans soulever des réserves dans la confédération tervinge. On peut parler, au sein de l'aristocratie, de factions favorables et défavorables à l'alliance, puisque, à diverses reprises, des chefs goths tentèrent de consolider ou de rehausser leur position à l'intérieur de la ligue, soit en cherchant l'appui de Constantinople, soit en s'efforçant d'unir les Tervinges dans un mouvement antiromain. De l'autre côté du Danube, l'Empire aussi avait ses factions, qui recherchaient l'appui des Goths pour faire avancer leurs propres ambitions politiques. Sous le commandement du grand chef balte Athanaric (qui régna de 365 à 376-81), les relations entre l'Empire et les Tervinges furent particulièrement tendues. Son père avait été otage à Constantinople ; bien que l'empereur lui eût fait élever une statue dans la nouvelle Rome, il avait fait jurer à son fils de ne jamais poser le pied sur le territoire romain. Apparemment, aux yeux des « juges » baltes, les manœuvres politiques des Romains mettaient en danger le pouvoir qu'ils exerçaient sur la confédération. Athanaric combattit plusieurs fois l'empereur Valens et finit par conclure un traité (369) qui permettait aux Goths de se conduire en égaux des Romains plutôt qu'en nation fédérée.

Les conflits qui opposaient Athanaric aux Romains étaient en rapport étroit avec les difficultés internes que lui causaient ses rivaux pour le contrôle de la confédération gothique, en particulier la puissante faction proromaine commandée par les Tervinges Fritigerne et Alavivus. Cette rivalité entre le *reiks* Fritigerne et le conservateur Athanaric, qui voulait consolider l'unité de la confédération autour de l'ancienne tradition gothique, prenait principalement la forme d'une opposition et d'une persécution de nature religieuse. Parmi les groupes divers qui formaient la confédération, on trouvait nombre de chrétiens de différentes sectes : c'étaient des prisonniers de guerre ou des hommes dont la communauté avait été absorbée par les Goths. Le plus notable de ces chrétiens était Wulfila (*ca* 311-383), probablement né d'un père goth d'un rang social élevé, et d'une Cappadocienne dont les parents ou grands-parents avaient très vraisemblablement été faits prisonniers lors d'un raid goth en 257. Dans les années 330, Wulfila se rendit à Constantinople, comme membre d'une délégation gothique ; apparemment il y acquit une bonne connaissance du latin et du grec. En 341, à Antioche, il fut sacré « évêque des chrétiens du pays gète (goth) », et il rentra au pays pour répandre la foi chrétienne, déjà introduite parmi ces peuples par des missionnaires romains et grecs. Son rang élevé, la fonction officielle dont il était chargé et sa grande maîtrise des langues classiques, qui lui permit de traduire la Bible en langue gothique, furent autant de facteurs qui contribuèrent au succès de son activité missionnaire auprès des Goths.

Dans le débat théologique majeur du IVe siècle, le problème de la divinité du Christ, la position de Wulfila est un compromis entre la thèse qui finit par l'emporter et constitua l'orthodoxie, selon laquelle le Fils est consubstantiel au Père, et celle des ariens, qui lui refusaient la nature divine. Plutôt que d'accepter l'une de ces thèses dans toutes ses dimensions, Wulfila préféra passer sous silence la question de la substance du divin. C'est pourquoi, mais à tort, on le classe parmi les ariens, lui et les Goths qu'il convertit par la suite.

Si Wulfila fut le plus important et le plus efficace des missionnaires chrétiens, il ne fut pas le seul. L'orthodoxie était représentée par l'évêque de Tomes Vetranio et trouvait des partisans dans l'aristocratie tervinge. A l'autre bord, les ariens avaient l'appui du groupe d'opposants mené par le Tervinge Fritigerne, qui espérait plaire ainsi à Valens, empereur arien. Aux yeux d'Athanaric, le christianisme sous toutes ses formes était une menace pour la tradition religieuse des Goths, qui formait une base essentielle de ses succès politiques. Il entreprit donc une série de persécutions, dont la plus importante commença en 369, et qui visaient toutes les variétés de chrétiens sans distinction. C'est un élément extérieur qui mit fin à ces conflits internes : en 373, la confédération militaire sur laquelle régnait Athanaric fut détruite par l'irruption soudaine, autour de la mer Noire, des Huns venus d'Asie; l'infrastructure de l'État gothique fut remplacée par une confédération contrôlée par les Huns, elle aussi polyethnique. L'aristocratie tervinge, dans sa majorité, abandonna Athanaric et suivit Fritigerne et Alavivus, qui traversèrent le Danube et pénétrèrent dans l'Empire. En 381, Athanaric lui-même fut contraint de rompre le vœu fait à son père et de chercher refuge à Constantinople, où il fut reçu avec honneur, mais où il mourut quinze jours après son arrivée. Cette crise était le prélude à une nouvelle phase de l'ethnogenèse gothique. Désormais les compagnons de Fritigerne entrent dans l'histoire sous le nom de Wisigoths.

AMALES ET GREUTUNGES

Tandis que la dynastie balte regroupait les peuples disparates du Danube inférieur et de la mer Noire en une confédération tervinge, les survivants de la famille royale des Amales constituaient en Russie méridionale un nouveau royaume goth. Le premier à régner sur ce groupe fut Ostrogotha; il appartenait à la génération qui avait suivi la victoire romaine de 271; on peut, en un certain sens, le considérer comme le fondateur du royaume goth sous sa forme nouvelle et réduite. Comme son royaume était très éloigné des frontières romaines, on connaît très peu son histoire; on peut penser que, là aussi, il s'agissait d'une confédération polyethnique structurée selon le modèle « goth », c'est-à-dire avec en son centre une royauté militaire et une aristocratie totalement guerrière. Les Romains donnaient à ce peuple des steppes le nom de Greutunges, terme ethnique nouveau, ou de Scythes, qui était le terme utilisé par les Grecs pour désigner les peuples de ces régions. De même que la confédération occidentale avait repris, sous le contrôle politique de l'aristocratie balte, les traditions culturelles et militaires du pays, de même le royaume greutunge, quoiqu'il continuât de s'identifier avec la tradition gothique, était de toute évidence, par ses coutumes et par les groupes ethniques qui le constituaient, une société des steppes ; c'est ce qu'indique en particulier la tradition militaire des guerriers à cheval.

Le premier roi greutunge à sortir de la légende pour entrer dans l'histoire est Ermanaric, « le plus noble des Amales » – c'est le titre que lui donnera plus tard l'historiographie gothique. Il régnait sur toutes sortes de peuples conquis dans les steppes russes. Son royaume commandait les voies commerciales traditionnelles reliant la mer Noire au monde slave. Son pouvoir sur cette confédération n'était nullement assuré : quand l'arrivée des Huns, en 373, mit en pièces son royaume, il était engagé dans une compétition violente avec ses rivaux. Ermanaric se suicida – c'était peut-être un sacrifice rituel aux dieux ; la plus grande partie de son peuple fut absorbée dans la confédération contrôlée par les Huns. Quelques guerriers continuèrent la résistance pendant à peu près un an, puis ils furent vaincus eux aussi, ou encore, comme leurs équivalents tervinges, ils trouvèrent refuge dans l'Empire. C'est seulement après la défaite des Huns que les survivants de la tradition amale réapparaîtront sous le nom d'Ostrogoths.

DES TERVINGES AUX WISIGOTHS

Aux Wisigoths établis au sud de la Gaule, les quarante ans qui précèdent cette installation (376-416), pendant lesquels ils avaient conclu un traité avec l'empereur Constance III, apparaissaient semblables aux quarante ans que les Hébreux avaient passés à errer dans le désert. Cette analogie servait l'image théologique et politique que les Goths se faisaient d'eux-mêmes : ils se considéraient comme le nouveau peuple élu ; mais elle comportait aussi une part de vérité : de même que la traversée du Sinaï avait forgé le peuple hébreu à partir du groupe disparate de réfugiés qui avaient quitté l'Égypte, de même les quarante ans d'incertitude et d'errance à travers l'Empire firent sortir du groupe de réfugiés tervinges conduits par Fritigerne ce que l'histoire appelle les Wisigoths. Si la dernière étape fut possible – la création d'un royaume territorial barbare à l'intérieur de l'Empire –, c'est parce que le peuple goth, traditionnellement organisé en armée gothique, pouvait se transformer en une armée romaine, et ses chefs pouvaient acquérir légitimité et soutien en tant qu'officiers romains dûment nommés. La formation de l'État wisigothique, ce n'est pas tant l'introduction d'une société « barbare » (et encore moins « germanique »), dans l'Empire d'Occident ; c'est bien plutôt l'adaptation du « système goth » au contexte de l'organisation administrative et militaire de Rome.

Nous avons vu au chapitre premier comment les Goths de Frigiterne avaient été accueillis en Thrace, et comment leur situation désespérée les avaient amenés à oser une confrontation avec l'empereur lui-même, à Andrinople, bataille dont ils étaient sortis vainqueurs. Mais les gains de la victoire d'Andrinople durèrent peu. Les Goths avaient besoin de nourriture : à long terme, seule la collaboration avec l'Empire pouvait la leur fournir. C'est pourquoi, après avoir perdu du temps en pillages inutiles, Fritigerne conclut en 382 avec l'empereur Théodose un traité qui autorisait les Goths à s'installer en Dacie et en Thrace, avec la qualité de peuple fédéré, le droit de conserver intactes leurs structures de commandement, et l'obligation de servir l'Empire lorsque cela serait nécessaire.

Cet établissement dura peu, mais assez pour permettre l'émergence d'un chef goth énergique, Alaric, qui, bien plus que les « juges » tervinges, tels Fritigerne ou même Athanaric, avait le statut d'un véritable roi. La carrière d'Alaric est tout entière dominée par ses efforts inutiles pour obtenir de l'empereur, qui le trahit pourtant à plusieurs reprises, la légitimation et la reconnaissance de son statut de commandant suprême des armées romaines. Alaric fit sortir de Thrace son peuple à nouveau menacé par les Huns, et le conduisit dans les Balkans, en Grèce et en Illyrie. En 397, l'empereur, qui auparavant avait traité Alaric non comme un roi mais comme un tyran et un usurpateur, fut obligé de lui donner le commandement militaire de la préfecture d'Illyrie orientale – cette initiative fournirait un modèle pour les négociations futures avec les chefs de *gentes* barbares entrées dans l'Empire. Le nouveau traité dura encore moins que le précédent, et en 401 Alaric, une fois de plus, entraîna son peuple à travers l'Empire. Cette dernière expédition culmine en 410, avec le fameux sac de Rome. Cependant, c'était de nourriture qu'Alaric avait besoin, plus que de butin. Son véritable objectif n'était pas l'Italie, mais l'Afrique du Nord, objectif qui fut finalement atteint par un autre peuple barbare, les Vandales.

Alaric mourut l'année même où il s'était emparé de Rome. Son successeur, Athaulphe, finit par conclure avec l'empereur Honorius un traité par lequel il s'engageait à débarrasser la Gaule de l'usurpateur Jovinus. En 413, il conduisit en Aquitaine ses troupes de Goths, avec le statut d'armée romaine ; mais quand l'empereur refusa de remplir sa part du contrat en fournissant aux Goths la nourriture qu'ils demandaient, Athaulphe s'empara des principales villes de la région. Comme Alaric, il souhaitait ardemment être reconnu et approuvé par les Romains : en 414, il épousa Galla Placidia, fille de l'empereur Théodose, afin d'allier sa famille avec la dynastie théodosienne et de rétablir ses bonnes relations avec Constantinople. Il s'entendit aussi avec l'aristocratie aquitaine pour établir sa souveraineté territoriale non seulement sur les Goths, mais aussi sur toutes les populations de la région. Son assassinat, en 415, mit fin à ce programme. Son successeur, Walia, conduisit les Goths en Espagne, espérant, comme Alaric, atteindre l'Afrique du Nord, mais il dut s'arrêter en chemin ; finalement il fut enrôlé dans les armées romaines. Il revint alors en Aquitaine, où lui-même et ses Goths, qui étaient tout à la fois un peuple barbare et une armée romaine, établirent le royaume wisigothique de Toulouse. C'était le terme de quarante ans d'errance et l'aboutissement du long processus de formation du peuple wisigoth.

DES GREUTUNGES AUX OSTROGOTHS

Après la mort d'Ermanaric, la plus grande partie des Greutunges fut intégrée dans la confédération contrôlée par les Huns, mais un petit groupe s'échappa et se réfugia dans l'Empire ; les Romains établirent ces fugitifs en Pannonie au milieu de différents groupes de fédérés. Les sentiments des Goths envers leurs conquérants huns étaient partagés, mais ceux qui suivirent Attila le servirent fidèlement et l'accompagnèrent même en Gaule, sous la direction de trois

Goths de sang royal, trois frères, Valamir, Thiudimir et Vidimir. Les Goths absorbèrent un grand nombre de traditions propres aux Huns, adoptant leur vêtement, leurs armes, et même l'habitude de déformer le crâne des bébés. L'onomastique témoigne elle aussi des relations étroites qu'entretenaient les deux peuples : le nom même d'Attila est goth, comme celui de beaucoup d'autres Huns, et quantité de Goths portent des noms appartenant à la langue des Huns. Cependant, même passés au service des Huns, les Goths conservent leurs propres structures et parviennent à fortifier leur sentiment national autour des traditions relatives à leurs premiers rois. En 453, lorsqu'à la mort d'Attila la confédération des Huns s'effondre, le groupe émerge avec une nouvelle identité et un nouveau nom : ce sont les Ostrogoths.

Après la désintégration de la ligue dominée par les Huns, quelques-uns, parmi ce peuple ostrogoth désormais indépendant et reconstitué, suivant l'exemple de bien d'autres anciens sujets des Huns (les Gépides, les Rugiens), concluent un traité avec l'Empire : ils sont établis en Pannonie en qualité de fédérés. Les Ostrogoths, tribu militaire, ne pouvaient prospérer que dans une région où les infrastructures agricoles romaines fussent encore intactes. La Pannonie, ravagée par les conflits avec les barbares, ne pouvait les nourrir. Aussi, toutes les fois que les livraisons prévues se faisaient attendre, les Ostrogoths étaient tentés de rompre le traité et de mener des raids dans l'Empire. En 459, après une telle révolte, le jeune fils de Thiudimir, Théodoric, fut envoyé comme otage à Constantinople. Il y vécut dix ans, de huit à dix-huit ans à peu près, et apprit à connaître parfaitement le monde romain et en particulier les rouages du gouvernement impérial.

Peu après son retour, à la mort de son oncle Valamir, Théodoric fut admis à partager la royauté avec son père; bientôt il conduisit les Goths en Illyrie, comme l'avait fait Alaric au siècle précédent; mais, plus habile, il prit part avec beaucoup plus de succès aux jeux politiques de l'Empire. En 485, son alliance et sa coopération avec l'empereur Zénon lui avaient valu le titre de *magister militum* et le consulat; il avait même été adopté par la famille impériale des Flaviens. Ce qui ne l'empêchait pas d'être tout prêt à utiliser son armée contre l'empereur pour consolider ses positions.

En 488, espérant se débarrasser tout ensemble de Théodoric et du roi germain Odoacre, Zénon charge le premier d'éliminer le second. A cet effet, Théodoric rassemble une armée très hétérogène faite de barbares et de Romains, et entreprend contre Odoacre une guerre qu'il finit par gagner, et qui le laisse, à la fin de 493, seul maître de l'Italie. Le traité qui légitimait son entrée en Italie lui garantissait le pouvoir suprême dans la péninsule aussi longtemps que Zénon n'y paraîtrait pas en personne. Mais Zénon meurt, et son successeur a trop à faire pour se rendre en Italie. Théodoric reste donc libre d'imposer le système politique de son choix.

Il chercha à assurer son pouvoir en instituant un système à deux niveaux, dont chacun reposait en définitive sur des traditions romaines plutôt que barbares. Il prit même le titre officiel de *Flavius Theodericus rex*. Il ne tenta pas d'éliminer ou de remplacer l'administration impériale, qui continua de régir la population romaine de la péninsule; bien au contraire : il était Flavius Theodericus, membre de la famille impériale, et, comme tel, il représentait l'empereur et gouvernait par sa volonté.

Les barbares à qui il devait sa victoire restaient en dehors de l'administration civile romaine. Bien qu'il eût atteint le pouvoir en qualité de roi des Ostrogoths et qu'il revendiquât pour siennes les traditions de la dynastie amale, Théodoric ne chercha pas à régner en roi des Goths. Qu'ils fussent ostrogoths ou appartinssent à d'autres tribus qui l'avaient suivi en Italie, il commandait à ses compagnons barbares comme à un détachement d'une organisation totalement militaire, l'*exercitus Gothorum*, armée romaine officiellement reconnue qui incorporait tous ceux qui y servaient, quelles que fussent leurs origines.

A l'intérieur de ce système double, dont chacun des éléments aboutissait à ce roi-consul, ce Goth parfaitement romanisé, membre barbare de la famille impériale, le processus de l'ethnogenèse ostrogothique était parachevé. L'influence de Théodoric ne se limitait pas aux barbares d'Italie. Chef barbare éminent par son exceptionnelle réussite, il dominait les peuples de l'Occident unis en une confédération lâche, qui comprenait les Burgondes, les Wisigoths, et, au nord, les Alamans et les Francs.

L'Empire d'Occident et les Francs

L'ethnogenèse des peuples barbares d'Occident est moins spectaculaire que celle des Orientaux, mais en définitive les résultats en furent plus durables. Ces peuples apparurent eux aussi dans le sillage du grand bouleversement pangermanique marqué par les guerres marcomanes, lorsque, menacés par des tribus voisines belliqueuses, les peuples riverains du Rhin furent obligés de se grouper en nouvelles confédérations. Cependant, à la différence des Goths, des Burgondes, des Lombards et d'autres qui, quoique apparus au IVe siècle, sont porteurs de noms et de traditions plus anciennes, qui les relient à des peuples vivant auparavant en Scandinavie méridionale, les Francs, les Alamans et les Bavarois avaient perdu presque toutes leurs anciennes traditions tribales. Les Alamans s'attribuaient le nom générique de *Suebi* (Suèves), mais ces confédérations tribales ne constituèrent pas de *regna* (royaumes) stables avant leur entrée dans l'Empire. Leurs affaires internes n'intéressaient pas les Romains, ni même leurs empiétements au-delà du *limes*, à peine mentionnés dans les sources latines. Ces peuples ne se présentaient ni comme des envahisseurs ni comme des fédérés. Simplement, par petits groupes, lentement et presque imperceptiblement, ces guerriers-paysans franchissaient le Rhin pour servir dans l'armée romaine ou pour s'établir dans les provinces occidentales de l'Empire.

Comme les auteurs contemporains sont muets à leur sujet, pour mesurer les changements qui se produisirent dans ces communautés germaniques de la région Rhin-Weser, ce sont les données ambiguës fournies par les pratiques funéraires qui constituent notre meilleure source d'information. Vers la fin du IIIe siècle, dans des circonstances liées aux transformations militaires dont nous avons parlé, apparaissent de nouvelles attitudes dans les modes d'ensevelissement. Ainsi, dans une nécropole du IVe siècle, à Lampertheim (à l'est de Worms), les archéologues ont mis au jour cinquante-six tombes qui marquent les débuts d'un changement dans les pratiques funéraires. Ce site fournit en effet une profusion de types : crémation, ensevelissement dans des urnes, inhumation. Vingt-neuf tombes n'ont aucun mobilier ; toutes les autres, sauf trois, contiennent des objets personnels, d'ornement ou autres, mais pas d'armes. Les trois dernières sont des tombes d'hommes armés [7].

Au cours du IVe siècle, l'exception devient la règle, des deux côtés du *limes* : de plus en plus fréquemment, les morts sont inhumés dans des nécropoles disposées par rangs, et orientées est-ouest ou nord-sud. Alors qu'auparavant les tombes germaniques situées sur le territoire romain ne contenaient pas d'armes (à Rome, les armes n'étaient pas personnelles, elles étaient fournies par l'État), on trouve désormais dans de telles tombes un mobilier funéraire (armes, bijoux) de plus en plus semblable à celui des tombes de « Germanie libre ». Réciproquement, les tombes des « Germains libres » contiennent davantage de produits venus des provinces romaines, par exemple des boucles de ceinturon, sans doute rapportées au pays par des soldats rentrés chez eux après leur temps de service dans l'armée romaine. De telles tombes disposées en rangées apparaissent même dans les nécropoles des provinces romaines et à proximité des établissements romains. Il semble en fait que ces nécropoles d'un nouveau type soient apparues d'abord sur le *limes* ou à proximité, pour se répandre ensuite en « Germanie libre ». A en juger par les données archéologiques, on pourrait presque conclure que cette nouvelle coutume barbare trouve son origine à l'intérieur même du territoire romain. Bref, la militarisation de l'Empire crée à l'est et au nord de la Gaule une société de guerriers barbares de plus en plus riches, qui restent en contact étroit avec leurs parents et amis d'au-delà du *limes*, et sont mêlés de très près à la population gallo-romaine.

Cette disposition des tombes en rangées est si caractéristique et si fréquente dans presque tout le nord de l'Europe centrale que les historiens allemands s'en sont servis pour désigner la culture de tout l'Occident barbare : ils parlent de la *Reihengräberzivilisation*, de la « culture des tombes en rangées ». Comme, à une certaine époque, les historiens ont vu dans les migrations barbares des mouvements réels déplaçant des tribus entières, on a considéré cette évolution des pratiques funéraires comme une preuve que de « nouveaux » peuples étaient arrivés de Scandinavie ou d'ailleurs; aujourd'hui, cependant, on y voit plutôt le reflet des autres changements qui affectaient alors les structures sociales, politiques et culturelles des peuples déjà installés en Europe occidentale et centrale. Ces changements ressemblaient de près à ceux qui, un peu plus tôt, avaient fait des Goths une machine de guerre puissante et efficace.

Les pressions qui étaient à l'origine des guerres marcomanes amenèrent aussi la formation, chez les Germains de l'ouest, de nouvelles confédérations militaires et de nouveaux peuples. Comme à l'est, les exigences d'un état de guerre ininterrompu eurent pour effet d'accroître l'importance des chefs militaires (*duces* ou *reiks*) tandis que la militarisation de la société s'accentuait. Les nouvelles pratiques funéraires – ces guerriers enterrés avec leurs armes – sont l'indice de ce phénomène. On ne sait pas trop si les armes étaient destinées à servir au mort dans les guerres d'une autre vie, ou si simplement elles l'accompagnaient dans sa tombe comme sa propriété personnelle. Ce qui est clair, à en juger par la profusion des parures et la splendeur des armes trouvées dans ces tombes, c'est que le groupe qui avait réussi à opérer cette transformation y trouvait de singuliers avantages.

Cette « révolution des Germains d'Occident » fut si complète que, à la différence des Goths, des Burgondes et des autres barbares orientaux, qui avaient gardé à travers les formations sociales successives leur nom ancien, et avec lui le sentiment d'une identité, la plupart des tribus germaniques de l'ouest n'avaient même pas, semble-t-il, un mythe d'origine clairement défini; plus tard ils en empruntèrent un à d'autres peuples. Ainsi, les Alamans n'avaient guère de tradition historique. Leur nom signifie sans doute « le peuple » (*manni*: le peuple; *ala-*, préfixe intensif). Bien qu'ils se soient parfois attribué le nom générique de *Suebi* (Suèves), ils constituaient sans doute une confédération de petites tribus installées depuis longtemps dans la région située à l'est du Rhin et au sud du Main. Quelques raids sporadiques au-delà du Rhin et du Danube, raids dont l'importance et les effets ont sans doute été considérablement exagérés par les historiens modernes, témoignent du processus d'ethnogenèse qui a eu lieu dans ces régions depuis la fin du IIe siècle jusqu'au milieu du Ve.

Les archéologues prudents évitent de donner des noms ethniques aux restes qu'ils découvrent – les ossements n'ont pas de passeport –, mais il est certain que le matériel mis au jour témoigne de la genèse de plusieurs peuples nouveaux, y compris ceux qui, dès cette époque, se donnaient peut-être parfois le nom de Francs.

CHAPITRE III

ROMAINS ET FRANCS
DANS LE ROYAUME DE CLOVIS

Beaucoup rapportent que les Francs seraient sortis de la Pannonie et auraient d'abord habité les rives du fleuve du Rhin; puis après avoir franchi le Rhin ils seraient passés en Thuringe et là ils auraient créé au-dessus d'eux dans chaque pays et chaque cité des rois chevelus appartenant à la première et, pour ainsi dire, à la plus noble famille de leur race [1].
Le bienheureux Jérôme a écrit sur les anciens rois des Francs, dont l'histoire fut racontée d'abord par le poète Virgile : leur premier roi fut Priam, et, après que Troie eut été prise par ruse, ils s'en allèrent. Ensuite, ils eurent pour roi Friga, puis ils se séparèrent en deux groupes; le premier alla en Macédoine; le second, qui quitta l'Asie avec Friga, portait le nom de Frigii; ils s'établirent sur les rives du Danube et de la mer Océan. Ils se divisèrent une seconde fois en deux; la moitié d'entre eux entra en Europe avec leur roi Francion. Après avoir traversé l'Europe avec leurs femmes et leurs enfants, ils occupèrent les rives du Rhin, et, non loin du fleuve, ils commencèrent à bâtir la cité de « Troie » (Colonia Triana-Xanten) [2].

Ces deux versions des origines franques, la première écrite à la fin du VIe siècle par Grégoire de Tours, la seconde au VIIe siècle par le chroniqueur franc Frédégar, se ressemblent sur un point : toutes deux montrent bien que les Francs ne savaient pas grand-chose sur leurs origines et qu'ils en éprouvaient quelque honte, se comparant avec d'autres peuples antiques qui avaient un nom ancien et une tradition glorieuse. La première légende fait venir les Francs de la grande plaine de Pannonie, patrie de celui qui deviendrait le saint patron des Francs, Martin de Tours, et terre d'origine (approximative) des Goths – ces barbares qui avaient mieux que tous réussi leur migration. La légende suggère que les Francs, ayant la même origine que les Goths, sont aussi leurs égaux pour l'honneur. La seconde légende, plus tardive, modèle les origines franques sur celles des Romains : aussi anciens, et venus de la même cité héroïque, Troie, Francs et Romains peuvent se prévaloir de leurs ancêtres communs pour créer une société commune.

Ethnogenèse franque

Bien entendu, les deux légendes ne sont pas plus vraies l'une que l'autre : plus encore que les autres Germains, les Francs sont dépourvus d'histoire et d'origines communes, et même de traditions relatives à l'âge héroïque de la migration. Comme leurs voisins Alamans, ils sont encore, au VIe siècle, un peuple de création assez récente, une coalition de tribus du Rhin qui avaient longtemps gardé une identité et des institutions séparées. Le nom de Francs apparaît pour la première fois au milieu du IIIe siècle dans les sources romaines. Il désigne une série de tribus dites *Iistwaeoni*, unies par des liens si lâches que, selon certains historiens, elles n'ont jamais formé de véritable confédération ; d'autres, plutôt que de leur dénier catégoriquement toute unité, préfèrent parler d'un « essaim tribal ». Parmi ces groupes il y a les Chamaves, les Chattuaires, les Bructères, les Amsivariens, les Saliens, et peut-être aussi d'autres tels que les *Usipii*, les *Tubanti*, les *Hasi* et les *Chasuari*. Le nom de Ripuaires est beaucoup plus tardif, il n'apparaît pas avant le VIIIe siècle ; quant au terme Sicambres, qu'on trouve chez Grégoire de Tours et d'autres, c'est sans doute un souvenir des *Sigambrii* mentionnés par les auteurs classiques. Tout en maintenant leur identité, ces petits groupes se rassemblent parfois pour telle opération offensive ou défensive ; dans ce cas ils se donnent le nom de Francs, qui signifie « les braves », « les hardis » et, par extension (c'était la signification que les Francs eux-mêmes adoptaient le plus volontiers), « les libres ».

En réalité, les premiers Francs étaient rien moins que libres. Tout proches des frontières de l'Empire, relativement insignifiants et divisés, ces peuples sont, avant le VIe siècle, soumis à Rome en tant qu'États-clients; ou encore, sur le territoire romain, ils fournissent à l'armée un réservoir de soldats et d'officiers, tous généralement fidèles. A partir de la fin du IIIe siècle, il est sporadiquement question de raids ou de soulèvements « francs » ou même de pirates « francs » qui pénètrent en Méditerranée et razzient l'Afrique du Nord et la côte espagnole près de Taragonne. Mais ces bandits sont brutalement écrasés sous le règne de Constance Chlore et de Constantin, leurs chefs sont jetés aux bêtes, et un grand nombre de guerriers sont incorporés dans les armées impériales. Plus tard, ceux qu'on connaît sous le nom de Saliens seront établis en qualité de *laeti* dans une région appelée Toxandrie (Tiesterbant, près de la Campine hollandaise), pour remettre en culture cette région désertée, pour servir de tampon entre les provinces plus civilisées de l'Empire et d'autres peuples barbares encore imparfaitement soumis, et pour fournir des recrues franques à l'armée impériale.

Ce traitement brutal se révéla généralement efficace. Désormais, et pendant plus d'un siècle, malgré quelques tentatives sporadiques des factions anti-romaines pour mener des raids en territoire romain, les Francs fournissent aux armées d'Occident des troupes et des officiers fidèles. Un Arbogaste, un Mallobaude, on l'a vu, vont jusqu'à combattre d'autres Francs pour rester fidèles à l'Empire, et, en 406, quand l'Occident affronte les invasions des Vandales, des Alains et des Suèves, les Francs combattent loyalement pour tenter de repousser les envahisseurs.

Durant la longue période qu'ils avaient passée à servir Rome, avec quelques brèves rébellions et escarmouches, l'identité des Francs et les structures politiques et militaires de leur société ne pouvaient manquer de subir des changements profonds au contact des traditions romaines. Le service militaire était depuis longtemps le principal facteur de romanisation, et les tribus franques du Rhin moyen et inférieur étaient, plus que bien d'autres, affectées par ce processus. La profonde influence exercée par Rome et les transformations qui en résultent sont bien mises en évidence par telle épitaphe relevée au IIIe siècle en Pannonie pour un soldat : *Francus ego cives, miles romanus in armis,* je suis citoyen franc (ou franc par la nationalité), mais sous les armes je suis soldat romain [3]. Qu'un barbare utilise le mot *civis* pour décrire son identité, terme dépourvu de sens pour qui ne posséderait pas une certaine perception des traditions politiques et juridiques de Rome, voilà qui montre avec quelle force la société franque a été marquée par l'empreinte romaine, au point de faire partie intégrante de l'Empire. La seconde partie de l'inscription n'est pas moins significative : un « citoyen franc » est bien aussi, en effet, un « soldat romain » car, de plus en plus, c'est en servant dans l'armée romaine qu'on se découvre franc (plutôt que, de façon plus restreinte, chamave, chattuaire, bructère, amsivarien ou salien).

Les services rendus ne restaient pas sans récompense : peu à peu, au Ve siècle, on laisse les Saliens sortir de leur « réserve » toxandre pour se répandre dans des régions plus romanisées de ce qui est aujourd'hui la Belgique et le nord de la France, et aussi le long du Rhin inférieur, empiétant sur le territoire traditionnel des Thuringiens. Cette expansion est généralement pacifique ; cependant, en 428, puis de nouveau dans les années 450, le général romain Aétius est obligé de réprimer des révoltes franques menées par le chef salien Chlodion. Ces intermèdes violents n'empêchent pas, à d'autres moments, une étroite coopération : en 451, près d'Orléans, Aétius bat les Huns avec l'aide des Francs.

Au cours du Ve siècle, commandés par des chefs apparentés à Chlodion, parmi lesquels Mérovée (qui est peut-être, mais pas nécessairement, son fils), et Childéric (successeur de Mérovée, et peut-être son fils), les Saliens en viennent à dominer l'« essaim tribal » des Francs. Quelle qu'ait été la parenté exacte entre ces chefs saliens, ils appartenaient sans aucun doute à la famille princière ; comme d'autres familles aristocratiques en Germanie, ils se distinguaient par leur longue chevelure – c'est l'origine du surnom qu'ils portèrent plus tard, lorsqu'on les appela *reges criniti,* les « rois chevelus ».

Childéric, un des nombreux chefs tribaux appartenant à la famille de Chlodion, se mit à la tête des Francs en 463 au plus tard, et fut le dernier chef franc à perpétuer la tradition des « Germains impériaux », ces barbares au service de l'empereur. Nous savons qu'il a combattu à Orléans, en 463, sous les ordres du général gaulois Aegidius, contre les Wisigoths, puis de nouveau à Angers, en 469, sous les ordres du *comes* (général) romain Paul. En dépit d'une brouille qui le fit quitter la Gaule du Nord pour un exil en « Thuringe » (on ne sait pas s'il s'agit de la Thuringe transrhénane ou simplement de Tournai), Childéric demeura étroitement lié à la civilisation romaine de la fin de l'Antiquité. Certains historiens ont pensé, non sans bons arguments, qu'après son « exil » prononcé par le général romain commandant en Gaule, il a peut-être été directement subventionné par Constantinople. Les objets admirables qu'on a trouvés en 1653 dans sa tombe à Tournai, centre de son pouvoir, montrent bien la richesse et les connexions internationales que pouvait avoir, à la fin Ve siècle, un chef fédéré qui a réussi. Les armes, les bijoux et les monnaies qu'on avait enterrés avec lui à sa mort (482) venaient d'ateliers byzantins, huns, germaniques et gallo-romains. Servir Rome était encore à cette époque le plus sûr moyen d'acquérir et d'accroître richesse et pouvoir.

Cependant, le monde romain que servait Childéric était de plus en plus difficile à distinguer du sien propre. Aegidius lui-même avait coupé les relations avec Rome après le meurtre de l'empereur Mariorian (461) et s'opposait au puissant Richomer. Géographiquement isolé par les Burgondes et les Goths des régions directement contrôlées par les armées impériales, installé dans sa place forte de Soissons, Aegidius se faisait obéir moins par sa qualité de général romain que par la force des *bucellarii* barbares qui formaient son armée personnelle. Après sa mort (464), son fils Syagrius hérite de sa position, et lorsque bien plus tard Grégoire de Tours affirme qu'il fut élu *rex Romanorem,* « roi des Romains », ce titre absolument barbare reflète sans doute exactement son statut. Qu'il ait ou non porté un titre conféré par l'empereur (peut-être celui de *patricius*), le fondement réel de son autorité est qu'il avait acquis le statut de *rex* (chef militaire) de son armée barbare. Il se peut d'ailleurs qu'en 475, après la conclusion entre l'empereur Julius Nepos et les Wisigoths d'une paix par laquelle celui-ci remettait presque toute la Gaule aux seconds, Syagrius ait passé pour un traître à l'Empire. Cependant, il n'était pas le seul chef barbare à « régner » au nord de la Loire : la tombe de Childéric contient un anneau sigillaire qui porte l'inscription *Childirici regis*, « du roi Childéric ».

En Occident, la grande puissance était le royaume wisigothique. Childéric était un chef trop avisé pour lui demeurer trop constamment hostile. Le mariage de sa sœur avec le roi wisigoth tend à prouver qu'il avait établi des relations amicales avec le royaume de Toulouse, hétérodoxe (arien) mais légitime. Cependant, comme les autres chefs barbares qui l'avaient précédé au service des Romains, Childéric maintenait de bonnes relations avec la société gallo-romaine, dans le royaume de Soissons et aussi, semble-t-il, dans les territoires qu'il gouvernait directement. Païen (peut-être de tradition plus romaine que germanique), il apparaissait comme un protecteur de la *romanitas*, et donc aussi de l'Église chrétienne orthodoxe. Collaborant fréquemment avec Aegidius puis Syagrius, entretenant des relations amicales avec les évêques gallo-romains, Childéric, de toute évidence, assure ses positions non seulement à l'égard des guerriers francs qui le suivent, mais aussi au sein des structures du pouvoir romain indigène. Par tous ces moyens, il ouvre la voie à l'ascension de son fils Chlodovic, que nous appelons Clovis.

Clovis

A la mort de Childéric (482), c'est donc son fils Clovis qui lui succède à la tête des Francs Saliens. Clovis poursuit la politique de son père. Une lettre du Gallo-Romain Remi, évêque de Reims, écrite aussitôt après la mort de Childéric, montre bien que le jeune Franc est reconnu par la classe dirigeante gallo-romaine comme l'administrateur de la Belgique Seconde et que, quoique païen, on attend de lui qu'il serve la communauté chrétienne romaine.

> Une grande rumeur nous a atteint qui dit que vous avez pris le commandement de la Belgique Seconde. Il n'est pas surprenant que vous ayez commencé à être ce que vos ancêtres ont toujours été... Le don de votre faveur doit être pur et honnête, il vous faut honorer vos évêques et toujours vous incliner devant leurs conseils. Pourvu que vous soyez en accord avec eux, votre territoire (*provincia*) prospérera [4].

Ces conseils à un chef païen (administrer honnêtement, écouter les avis des évêques) ne sont aucunement une nouveauté : ils ne font que décrire la tradition des chefs germains « impériaux » au service de la *romanitas* désormais chrétienne. C'est ainsi que Clovis se comporta pendant quelques années ; ensuite, le goût du pouvoir aidant, puis la mort du puissant roi wisigoth Euric, qui laissait en Occident un vide politique, Clovis en vint à s'intéresser au royaume de Syagrius, qui incluait sans doute la Gaule Lyonnaise et certaines parties de la Belgique Seconde. En 486, avec l'aide d'autres chefs francs, Clovis entre en campagne contre Syagrius, qu'il défait en une seule bataille près de Soissons. Syagrius s'enfuit chez le roi wisigoth Alaric II, mais il est livré à Clovis, qui le fait secrètement assassiner.

D'un certain point de vue, la conquête et l'annexion du royaume de Soissons était un coup d'État : un *rex* barbare romanisé remplaçait un *rex* romain barbarisé. Tombèrent intacts aux mains de Clovis ce qui restait des *bucellarii* de Syagrius, l'administration romaine de la province, les notaires et les fonctionnaires du gouvernement provincial, de même que les terres du fisc* auparavant détenues par Aegidius et Syagrius. De même, selon notre principale source, Grégoire de Tours, qui écrit près d'un siècle plus tard, son statut fut reconnu de façon plus ou moins formelle par l'aristocratie gallo-romaine. Mais la conquête franque eut des conséquences plus durables. Certains groupes francs se trouvaient déjà installés dans le royaume de Soissons, où ils étaient peut-être demeurés après l'exil

---

* Les terres du fisc sont des terres publiques ou impériales.

de Childéric. Il se peut même que la campagne de Clovis contre Syagrius ait eu pour cause immédiate le désir de reprendre le contrôle de ces Francs. La conquête accéléra le glissement des groupes francs du nord vers le sud et, très vite, le cœur du royaume de Syagrius devint le centre du pouvoir franc. C'est ce que font au mieux apparaître les dispositions prises par Clovis pour ses funérailles. Son père avait fait de Tournai le centre de son pouvoir, et il y fut enterré. En 511, Clovis fut enseveli à Paris.

Ambitieux roi barbare consolidant son pouvoir au début du VIe siècle en Occident, Clovis ne pouvait manquer de rencontrer sur son chemin d'autres puissances. Pour commencer, il eut à s'occuper des autres peuples barbares (celtes, germains et francs) de part et d'autre du Rhin : Armoricains, Thuringiens, Alamans et Burgondes. Plus loin, c'était l'Empire romain, désormais limité à l'Orient, plus une partie de l'Italie centrale ; et encore les Wisigoths de Toulouse et d'Espagne, et les Ostrogoths d'Italie.

La chronologie du règne de Clovis est désespérément obscure ; on n'est même pas d'accord sur l'identité des peuples qu'il a, dit-on, vaincus et intégrés. Il semble qu'il ait d'abord combattu les Celtes d'Armorique, sans aboutir à un résultat clair : au mieux, il aurait obtenu une reconnaissance très limitée de la suprématie franque sur ce qui sera plus tard la Bretagne. Selon Grégoire de Tours, il soumet les Thuringiens vers 491, non, sans doute, ceux qui habitent au-delà du Rhin, mais plutôt un petit groupe qui, comme les Francs, s'était répandu sur la rive gauche du Rhin inférieur. Selon toute vraisemblance, la conquête prit beaucoup plus de temps que Grégoire ne veut nous le faire croire, et les hostilités se prolongèrent au moins jusqu'en 502. Le troisième peuple barbare combattu par Clovis fut le peuple alaman, et ce fut aussi sa plus éclatante victoire. Clovis battit les Alamans à la bataille de Tolbiac, la moderne Zülpich, au nord de Trèves, semble-t-il vers 497. Cependant, un groupe important d'Alamans réussit à s'enfuir et se réfugia dans la partie de la Rhétie qui borde la rive sud du lac de Constance et le Rhin supérieur, où l'Ostrogoth Théodoric les prit sous sa protection. Après s'être ainsi débarrassé des Thuringiens et des Alamans, Clovis entreprit, vers 500, une campagne contre les Burgondes, guerre indécise à laquelle mit fin l'intercession de Théodoric.

Comme son père avant lui, Clovis cimente par des mariages ses bonnes relations avec les royaumes goths. Il se peut même, nonobstant les dénégations de Grégoire de Tours, qu'il ait adopté leur type de christianisme (Grégoire écrit deux générations après la mort du chef barbare, et il est difficile de réconcilier l'image qu'il en propose avec les informations fragmentaires dont nous disposons sur le Clovis historique). En effet, deux historiens, l'un britannique, Jan Wood, l'autre allemand, Friedrich Prinz, ont récemment avancé l'hypothèse que Clovis avait flirté avec l'arianisme (ou quasi-arianisme) de ses voisins goths et burgondes, qu'il s'était même peut-être converti à cette croyance [5]. Voilà qui expliquerait bien des choses, et en particulier la place occupée par le chef franc dans l'espèce de ligue faiblement structurée que dominaient les Ostrogoths. Tout au long de son règne, Clovis montra une attitude respectueuse (mais non une parfaite docilité) envers le grand roi ostrogoth Théodoric, dont il donna le nom à son fils aîné, et qui non seulement protégea certains ennemis de Clovis (les Alamans), mais en outre institua une trêve temporaire entre Clovis et le roi wisigoth Alaric II.

Clovis se décida enfin à prendre le risque d'un conflit majeur avec les Goths, particulièrement dans la région située au sud de la Loire. Sans aucun doute, cette décision est liée à sa conversion au christianisme, affaire très discutée (et sans doute à jamais obscure). Cette conversion eut lieu à Reims, un jour de Noël, en 496 ou en 498, ou peut-être seulement en 506. A quelle religion renonçait-il en faveur du christianisme? On le sait mal. Selon Grégoire de Tours, il abandonnait le polythéisme, et spécifiquement les dieux romains Saturne, Jupiter, Mars et Mercure. Il ne s'agit pas nécessairement d'une *interpretatio romana*: les chefs barbares, nous l'avons vu, s'étaient depuis longtemps attachés à la religion civique de Rome. Ou encore, mais les deux explications ne s'excluent pas, son polythéisme était peut-être un syncrétisme franc, acceptant sans doute aussi des dieux celtes, un dieu de la mer, Woden, à la fois animal marin, homme et taureau, qui semble avoir été une divinité tutélaire des Mérovingiens (c'est le nom qu'on donnera plus tard aux descendants de Clovis, d'après l'ancêtre mythique de la *Sippe*, Mérovée); enfin Ingvi-Frey, dont le second fils de Clovis porte le nom. Dernière hypothèse, elle aussi non exclusive : si Wood et Prinz ont raison, Clovis a peut-être abandonné alors un arianisme qui lui avait autrefois été politiquement utile.

On n'est pas beaucoup plus assuré sur la religion qu'il adopta. Vu la nature syncrétiste de la religion de la fin de l'Antiquité, se convertir au christianisme ne signifie pas nécessairement adopter un monothéisme rigoureux. Aux yeux de Clovis, le Christ n'était peut-être qu'une divinité puissante, capable de donner la victoire, et dont il était utile de s'assurer l'alliance. En tout cas, le récit de sa conversion, tel qu'on le trouve chez Grégoire de Tours, ne contredit nullement cette hypothèse. Selon Grégoire, c'est son épouse Clotilde, princesse burgonde non arienne, qui supplia Clovis d'embrasser la religion chrétienne. Cependant, comme deux siècles plus tôt pour Constantin, autre chef païen ambitieux, c'est au milieu du combat que fut fait le choix décisif. Pressé par les Alamans à Tolbiac, Clovis promet de se faire baptiser s'il obtient la victoire. Explicitement développé par Grégoire, le parallèle avec Constantin est frappant.

Quelle qu'ait été sa nature, la conversion de Clovis n'était pas seulement l'affaire d'un individu. La religion du roi franc était une composante capitale dans l'identité et le succès à la guerre d'un peuple entier, qui tirait du roi sa cohésion et son essence même. La conversion du roi entraînait nécessairement celle de ses soldats. On n'est donc pas surpris d'apprendre chez Grégoire qu'avant son baptême, Clovis consulta « son peuple » – probablement ses plus importants partisans ; et qu'en même temps que le roi, ce sont « plus de trois mille hommes de son armée » qui se firent baptiser. Quel que soit le nombre des Francs qui furent baptisés avec leur chef, il est clair que cette conversion fut une affaire militaire : l'adoption, par un chef d'armée et par ses soldats, d'un nouveau et puissant donneur de victoires.

Les conséquences de cette conversion au christianisme orthodoxe furent incalculables, tant à l'intérieur qu'à l'extérieur. Comme les autres peuples germaniques, les Francs victorieux étaient avant tout une armée; tout en monopolisant le pouvoir militaire, ils ne constituaient qu'une toute petite part de la population totale, et manquaient généralement d'expérience dans l'administration civile et les autres activités essentielles au bon fonctionnement d'une société. Désormais, aucune barrière religieuse ne séparait l'armée des habitants indigènes de la Gaule – des paysans, des artisans, et surtout de l'aristocratie gallo-romaine et de ses dirigeants, les évêques, pour qui, comme pour les Francs, la religion était un élément constitutif de leur identité. La christianisation rendait possible non seulement une étroite coopération entre Gallo-Romains et Francs, cette coopération qui s'était depuis longtemps établie dans les royaumes goths et burgondes, mais un véritable amalgame des deux peuples, processus qui, au VIe siècle, est déjà bien avancé à tous les niveaux.

A l'extérieur, la conversion de Clovis est une répudiation de la religion professée par les Burgondes et les Goths, voisins des Francs, et constitue une menace directe pour ces deux royaumes. Ce n'est pas tant pour la raison invoquée par Grégoire (Clovis souffrait avec peine que « ces ariens occupent une partie des Gaules [6] »). C'était plutôt que, dans ces deux royaumes « ariens », on pouvait craindre que l'aristocratie gallo-romaine ne se montrât très encline à collaborer avec un prince étranger désireux d'étendre son domaine, si l'orthodoxie de ce chef était impeccable. La conversion de Clovis menaçait donc la stabilité de ses deux voisins et, à quelque moment qu'elle ait eu lieu, il faut y voir un aspect du défi lancé par les Francs à l'hégémonie gothique et à la présence burgonde en Occident.

Il est certain que la tentative de Clovis pour s'étendre vers le sud a été encouragée par la faiblesse relative qui affectait le royaume wisigothique de Toulouse après la mort d'Euric. De plus, en tant que successeur de Syagrius, Clovis partageait maintenant avec les Wisigoths une frontière mal définie, frontière que dès 498 il avait franchie avec ses Francs lors d'une brève expédition contre Bordeaux. Par la suite, ses campagnes contre les Alamans et les Burgondes l'avaient occupé ailleurs, mais en 507 il a les mains libres, et il s'en prend de nouveau au royaume wisigoth du sud de la Loire.

Sa campagne est fort bien coordonnée; y participent des guerriers burgondes et quelques contingents commandés par Chlodéric, un parent de Clovis, un Rhénan, fils du roi Sigibert de Cologne. Clovis avait conclu une alliance avec l'empereur Anastase; l'expédition s'accompagne d'un mouvement de la flotte byzantine sur les côtes italiennes, empêchant Théodoric l'Ostrogoth de venir au secours des Wisigoths. Les Goths sont vaincus à Vouillé, au nord-ouest de Poitiers; Alaric II est tué; l'année suivante, Toulouse, la capitale du royaume, tombe aux mains de Clovis et la présence gothique au nord des Pyrénées se réduit à une étroite bande côtière tout à l'est, autour de Narbonne.

Rentrant de cette glorieuse expédition, Clovis rencontre à Tours les envoyés de l'empereur Anastase; ils lui présentent un document officiel qui lui octroie le titre de consul honoraire. Cet honneur marquait apparemment la légitimation par l'empereur du royaume de Clovis, ou tout au moins l'adoption symbolique du roi franc par la famille impériale; Clovis s'en servit pour renforcer son autorité sur ses nouveaux sujets gallo-romains. Il apparut dans la basilique Saint-Martin de Tours, vêtu d'une tunique de pourpre et d'une chlamyde, ou manteau militaire, et plaça un diadème sur sa tête. Tout cela n'avait rien à voir avec le consulat romain, mais Clovis désirait sans doute donner de l'éclat à son statut royal en lui associant certains traits propres à la tradition impériale romaine. Dans une phrase célèbre et ambiguë, Grégoire affirme que, « à partir de ce jour, il fut appelé " consul ou auguste " [7] ».

Quel que fût le sens de ce rituel, Clovis se tourna bien vite vers les problèmes immédiats et pratiques : le renforcement de sa position parmi les Francs. Grâce à ses victoires, ce chef d'une confédération peu centralisée avait réussi à acquérir un pouvoir sans précédent chez un barbare au nord des Alpes. Afin d'assurer son autorité sur les Francs comme il l'avait fait pour les Gallo-Romains, il entreprit alors d'éliminer d'autres chefs francs, appartenant le plus souvent à sa propre famille. Il fut brutal et efficace. Il liquida en particulier la famille du roi Sigibert, qui commandait les Francs installés autour de Cologne; il fit exécuter Chararic, un chef salien rival, avec son fils, et il orchestra la mort de Ragnachar, roi franc de Cambrai. Au temps de Grégoire, les manœuvres cruelles mais habiles de Clovis étaient entrées dans la légende ; Grégoire a certainement utilisé comme source des chansons et des poèmes transmis oralement. Même à travers le double filtre de la légende et de sa reprise par un évêque gallo-romain, quelque chose transparaît de la personnalité de Clovis et de son adresse politique. A chaque meurtre, il prenait grand soin de récupérer non seulement les richesses de la victime, mais encore ses *leudes* – ses plus fidèles compagnons. A la fin de son règne, raconte Grégoire, il s'écriait volontiers : « Malheur à moi qui suis resté comme un pérégrin au milieu d'étrangers et je n'ai plus de parents pour m'aider si l'adversité venait [8] ! » S'il s'exprimait ainsi, dit Grégoire, ce n'est pas du tout que sa solitude lui pesât : il voulait s'assurer qu'il ne lui restait pas quelque cousin qu'il aurait oublié de tuer.

Le gouvernement de la Francie : les héritages administratifs

L'image qu'on se fait le plus souvent du pouvoir exercé par Clovis sur ses vastes conquêtes est celui d'une hégémonie établie et maintenue par la crainte et par le charisme personnel. Les anecdotes racontées par Grégoire de Tours – l'élimination des concurrents, l'affaire du « vase de Soissons », brutale vengeance exercée par Clovis sur un soldat franc qui lui avait disputé sa part de butin – renforcent cette image du conquérant barbare prompt à mentir, plus prompt à tuer. Il se peut qu'il ait été tel – sans d'ailleurs que ces traits fussent particulièrement barbares : ils pourraient caractériser les empereurs romains de la fin de l'Antiquité. Cependant, si Clovis n'avait été que cela, on s'explique mal comment il aurait pu conquérir un si vaste territoire, et surtout créer un royaume assez solide et consistant pour être transmis, même affaibli et divisé, à ses successeurs. L'hétérogénéité même des pays et des peuples conquis lui fournissait des modes multiples et complémentaires de contrôle politique, social et religieux sur lesquels fonder une continuité, une stabilité. A la différence de la plupart des autres conquérants barbares, y compris Attila et même Théodoric, Clovis avait fondé un royaume et une dynastie qui devaient durer des siècles.

Qu'Attila n'ait pas fondé de dynastie n'a évidemment rien d'étonnant. L'ascension et la chute de tels chefs charismatiques est chose courante dans l'Antiquité. Le sort du royaume de Théodoric mérite plus d'attention. La brillante réussite du prince ostrogoth comporte deux faiblesses fatales. Pour commencer, il ne tenta jamais de fondre en une seule les deux sociétés sur lesquelles il régnait, la romaine et la gothique, léguant ainsi à ses successeurs une situation instable. En second lieu, et c'est plus fondamental, l'Italie était bien trop proche de Constantinople, trop au cœur des intérêts romains, pour qu'on lui permît de se conduire à sa guise.

Théodoric avait cherché à laisser vivre presque intactes deux traditions chrétiennes, celle de la population romaine orthodoxe, et la tradition arienne, dont relevait l'armée gothique établie surtout autour de Ravenne, Vérone et Pavie. Cependant, l'attrait exercé par la tradition et la culture romaines fut trop fort, même dans sa propre famille : après sa mort, en 526, ses successeurs, abandonnant l'arianisme, s'aliénèrent l'aristocratie gothique qui y restait fidèle, tout en se livrant entre eux une lutte sans merci. Amalasuntha, veuve du fils de Théodoric et régente pendant la minorité de son propre fils Athalaric (516-534) finit par mettre au point un plan qui livrerait secrètement l'Italie à l'empereur Justinien. Son assassinat, en 535, fournit à l'empereur un prétexte pour déclarer la guerre aux Goths. Les vingt années de combats sanglants qui s'ensuivirent ruinèrent l'Italie et anéantirent les Ostrogoths.

A ce royaume ostrogoth d'Italie, si brillant, mais voué à une si prompte disparition, s'oppose le royaume de Clovis, où, dès le départ, s'opéra un amalgame bien plus complet des deux traditions, romaine et franque. En outre, pour Justinien et ses successeurs, la Gaule et la Germanie étaient trop loin de Byzance et trop périphériques pour mériter mieux qu'une attention distraite et intermittente. On laissa donc les Francs développer dans une tranquillité relative les conséquences de leur réussite.

Sans nul doute, Clovis devait une part de ses succès à l'aura charismatique qui entourait ses ancêtres chevelus et leurs origines mythiques, ainsi qu'à son habileté à persuader ses sujets que lui-même et lui seul était capable de transmettre ce charisme aux générations à venir. Cependant, il ne faudrait pas exagérer l'importance de ce facteur. Le double héritage romain des conquérants et des peuples conquis joua un rôle plus essentiel pour fonder la stabilité et la force du pouvoir mérovingien.

Au nord de la Loire, et encore davantage au sud, dans cette Aquitaine qui avait fait partie du royaume wisigoth, la population indigène avait préservé quasi intactes les infrastructures romaines de la fin de l'Antiquité. Ce n'est pas seulement qu'on continuait de parler latin, de cultiver les lettres latines, d'ordonner la vie quotidienne selon les règles du droit romain ; les structures fiscales et agricoles de la Rome tardive, ses routes, ses villes, son système commercial, quoique en grande partie privatisés, avaient survécu sans notable interruption. Les Francs héritaient de tout cela, et de ce qui restait de la bureaucratie romaine pour faire tourner la machine. Après leur victoire, les Francs de Clovis, habitués à collaborer étroitement avec les Romains, n'auraient aucune peine à les intégrer dans l'administration du pays.

Ces Francs étaient d'ailleurs profondément romanisés. Dès avant la bataille de Soissons, Clovis et ses soldats étaient familiers de la discipline romaine : servant dans l'armée depuis des générations, les Francs en savaient long sur le système romain de gouvernement et d'administration. Cet héritage romain se voit même dans ce qui passe pour une tradition franque par excellence : la loi salique. Entre 508 et 511, Clovis édicta ce qu'on appelle le *Pactus Legis Salicae,* texte capital et controversé, dont nous aurons souvent à parler dans notre description de la société franque. Le *Pactus,* dans la forme la plus ancienne que nous connaissions, compte soixante-cinq chapitres ; c'est, après la loi wisigothique, le plus ancien code écrit pour un royaume barbare. L'écriture des lois n'était certes pas une tradition barbare ; l'idée même de codifier la coutume traditionnelle, fût-ce de façon non systématique, ne pouvait naître que par le contact avec le droit romain, et il fallait de bons connaisseurs de ce droit pour la mettre à exécution. Le texte de la loi salique est en latin, et on ne croit plus du tout aujourd'hui qu'il s'agisse de la traduction d'une version antérieure écrite en langue franque et qui serait aujourd'hui perdue. La forme même du texte fait apparaître des concepts juridiques romains et des institutions judiciaires romaines. Promulguant cette loi, Clovis n'agit pas en roi barbare, mais en chef légitime d'une partie du monde romanisé. En outre, le *Pactus* ne s'applique pas seulement aux Francs : il concerne tous les *barbari* de son royaume.

Le *Pactus* ne propose pas, dans son ensemble, une législation nouvelle : la plupart de ses dispositions étaient sans doute déjà vieillies au moment où il fut promulgué. A quelques exceptions près, peu importantes, on n'y trouve rien de chrétien ; il décrit une société de simples paysans et éleveurs, non les guerriers qui ont conquis la Gaule ; certaines sections de la loi apparaissent moins comme des préceptes légaux que comme de simples listes d'amendes et de châtiments, ou encore comme des conseils de sagesse traditionnelle. L'objectif essentiel du *Pactus* est de réduire les vendettas ou vengeances familiales, en les remplaçant par des amendes ou des châtiments, ce qui est, dans les sociétés germaniques, une préoccupation ancienne, à en juger par Tacite. On voit donc que si la codification elle-même et certaines parties du *Pactus* résultent bien de l'initiative royale, pour le reste, le texte renvoie à une période bien antérieure.

Cela ne signifie pas qu'il n'y ait là que de la coutume germanique. Au contraire : les traditions plus anciennes pourraient bien être très romaines, elles aussi. C'est ce que semblent tout d'abord prouver les noms de lieu mentionnés dans le *Pactus* et son plus ancien prologue. Parce qu'il y avait chez les Francs d'interminables querelles, dit le prologue, quatre hommes importants qui étaient des « recteurs » (*rectores*) se rassemblèrent et décrétèrent la loi salique [9]. On a vu là un récit mythique sur les origines de la loi ; ou encore une référence à quatre sous-rois, contemporains de Clovis, et inconnus par ailleurs. Un peu plus loin dans le *Pactus*, il apparaît que la zone normalement occupée par les Francs va de la rivière *Liger* à la forêt *Carbonaria*, bien qu'ils se soient déjà répandus au-delà. La plupart des historiens y reconnaissent la Loire et la forêt Charbonnière (dans la Belgique actuelle, entre Sambre et Dyle). C'étaient en effet les frontières approximatives du royaume de Clovis au sud et au nord; cependant, certains continuent de penser que la *Liger* est la Lys, qui formerait la frontière nord de la Toxandrie. Récemment, un historien français, Jean-Pierre Poly, a avancé l'hypothèse que les lieux de rencontre des quatre *rectores* étaient les villages de Bodegem, Zelhem et Videm, entre la Lys et la forêt Charbonnière, donc encore à peu près sur le territoire de l'ancienne Toxandrie. Il pense en outre que les quatre *rectores* sont des « Germains impériaux » du IVe siècle, officiers de haut rang qui, en vertu de l'autorité militaire qu'il exerçaient sur leurs troupes en tant qu'officiers romains, et non pas selon un droit franc quel qu'il fût, étaient chargés de faire régner la paix, de juguler la violence et de négocier les prix du sang pour mettre fin aux vendettas familiales. Jean-Pierre Poly tend donc à conclure que, bien avant les conquêtes de Clovis, les Francs avaient intégré à leur système juridique et politique certaines notions d'origine romaine. L'activité législative de Clovis aurait consisté à puiser dans cette tradition ancienne pour la rédaction de son code [10].

La tradition juridique romaine n'était aucunement étrangère aux Francs du temps de Clovis. L'administration romaine leur était également familière, ou allait le devenir. Dès avant sa victoire sur Syagrius, Clovis, on l'a vu, avait été reconnu comme gouverneur romain légitime par Remi, évêque de Reims; après qu'il eut vaincu tous ses rivaux internes ou externes, romains ou barbares, sa légitimité avait été reconnue par l'empereur. A la cour de Clovis et de ses successeurs, on ne voyait pas seulement les officiers traditionnellement attachés à la maisonnée d'un noble franc (en l'occurrence d'un roi) : les *antrustiones* qui formaient sa suite personnelle et jouissaient de sa faveur toute particulière, avec à leur tête son *major domus,* ou maire du palais, son connétable, son chambellan, etc.; on y trouvait aussi des officiers et fonctionnaires romains. Il ne nous reste aucun document royal mérovingien antérieur à 528, mais la forme des chartes postérieures montre bien que les rois avaient intégré à leur personnel les secrétaires *(scrinarii)* et les chanceliers *(referendarii)* de l'administration romaine tardive. En outre, comme dans l'Empire et comme dans les royaumes gothiques, ce personnel administratif était séculier : ce sont les Carolingiens qui les premiers utiliseront des clercs dans la chancellerie royale.

L'administration royale mérovingienne ne pouvait se passer de l'écriture ; en effet, le système fiscal de la Rome tardive continuait de fonctionner, et constituait même un aspect fondamental du pouvoir royal : pour contrôler exactement la rentrée des impôts, il fallait des documents écrits. Si de ces documents très peu ont survécu, par comparaison avec ce que nous a laissé l'administration médiévale postérieure, c'est qu'ils étaient écrits sur le fragile papyrus, non sur le durable parchemin. Le papyrus était abondant et bon marché, et on ne se souciait pas de le conserver lorsqu'il avait cessé d'être immédiatement utile. Cependant, à en juger par les références que nous trouvons dans les sources mérovingiennes, les rois et leurs agents produisaient alors une variété d'instruments administratifs écrits telle qu'il ne s'en rencontrera plus avant le XIIe siècle.

Si les Francs et les Gallo-Romains étaient les uns et les autres héritiers d'une tradition romaine, on aurait tort de croire que c'était de la même tradition. Pour les Gallo-Romains, la *romanitas,* on l'a vu aux chapitres précédents, n'avait plus grand-chose à voir avec le gouvernement de Rome et plus rien à voir avec son armée. En l'étranglant financièrement, l'aristocratie gallo-romaine avait réduit à presque rien l'administration provinciale ; elle avait privatisé la plus grande partie de la collecte de l'impôt, des fonctions de police et même de justice. Si l'administration centrale des premiers rois francs était primitive, elle ne l'était ni plus ni moins que celle de Syagrius, dont Clovis avait hérité. Les Gallo-Romains aimaient bien Rome, mais depuis longtemps ils estimaient qu'un pouvoir central fort était une menace pour leur hégémonie familiale.

Ces aristocrates avaient l'habitude de collaborer avec l'État, à condition que les gouverneurs de province ou les rois barbares leur laissent leur autonomie et le contrôle de leurs dépendants locaux. Remi avait, on l'a vu, reconnu la légitimité politique de Clovis avant même la victoire de Soissons et la conversion ; de même, au synode d'Agde en 506, l'archevêque Césaire d'Arles avait prié à genoux pour le succès, la longue vie et la prospérité du roi wisigoth arien Alaric. Plutôt que de réclamer sa part du gouvernement central, l'aristocratie préférait laisser l'évêque, choisi par elle et en son sein, diriger ce qui restait de la *respublica*, de la sphère publique, au niveau local de la *civitas* – la cité et le territoire qui l'entourait immédiatement. Aussi, lorsque Remi enjoint à Clovis de suivre les conseils de ses évêques, il ne fait pas autre chose que le prier de suivre les avis de l'aristocratie gallo-romaine. Ce sont les grands propriétaires qui ont pouvoir sur les gens, ce sont eux qui détiennent l'autorité réelle. Ils ont le sentiment d'appartenir à un monde plus vaste, la *romanitas,* mais cette *romanitas,* c'est la culture classique, et en particulier la rhétorique, et c'est l'orthodoxie religieuse ; ce n'est pas le gouvernement de l'empereur.

Si l'aristocratie revendique le monopole de l'héritage culturel romain, c'est aux Francs qu'appartient son héritage militaire, comme il a appartenu avant eux à des générations de « Germains impériaux ». Si profondément romanisés qu'ils fussent pour la discipline militaire et la participation aux jeux du pouvoir dans l'Empire d'Occident, les Francs étaient aussi peu touchés par les traditions sociales et culturelles romaines (mis à part une très mince élite) que l'aristocratie gallo-romaine par la tradition militaire de Rome. La plus belle réussite de Clovis, parachevée par ses successeurs, c'est d'avoir, par ses conquêtes et sa conversion, commencé à réunir ces deux moitiés de l'héritage romain. Le processus fut long et difficile, mais il en sortit un monde nouveau.

Au début du VIe siècle, c'est au niveau de l'administration locale que se manifeste le plus clairement la dualité de l'héritage. Nos sources sont extrêmement réduites, mais il semble que les évêques gallo-romains continuent de représenter leur communauté, et que les vestiges de l'administration judiciaire et fiscale sont laissés intacts. Un seul changement majeur : un comte *(comes),* personnellement lié au roi, et donc « franc » en un sens, est établi dans toutes les grandes villes, avec sans doute une petite garnison. Ses responsabilités sont principalement militaires et judiciaires. Il recrute les soldats et, lorsqu'il le peut, il applique la loi royale dans la mesure où elle concerne les Francs. Sans l'aide de l'évêque et des autres notables gallo-romains, il ne peut pas grand-chose, mais cette aide ne lui est généralement pas refusée, pourvu qu'il n'alourdisse pas les impôts et ne cherche pas à intervenir dans la sphère d'influence créée par l'élite locale. En fait, il semble que le comte prenne souvent femme dans cette élite, en particulier dans les régions périphériques où les Francs sont peu nombreux. On reviendra sur cette évolution dans les chapitres suivants.

Au sommet de la hiérarchie politique, la dualité de l'héritage se manifeste dans une décision lourde de conséquences pour la Francie : en 511, à la mort de Clovis, son royaume est partagé [11]. Personne ne sait exactement pourquoi il fut divisé entre ses quatre fils, mais les hypothèses ne manquent pas : c'était peut-être un usage plus général dans les sociétés germaniques ; on le retrouve chez les Burgondes, les Goths, les Vandales et les Anglo-Saxons, qui connaissent tous une royauté polycéphale sans que nécessairement il y ait plusieurs royaumes ; peut-être était-ce prévu par la loi salique ; ou encore est-ce l'effet quasi magique du sang mérovingien. Plus vraisemblablement, la division résulte de la nature particulière, duelle, de la royauté de Clovis. Il avait réussi à régner sans partage sur les Francs, et bien qu'il ne soit pas parvenu à exterminer sa parentèle aussi complètement que le suggère Grégoire de Tours, il n'y avait pas, parmi ses parents, d'autres prétendants que les quatre fils qu'il avait eus de ses deux épouses. A en juger par d'autres traditions germaniques, plusieurs solutions étaient possibles dans ce cas. L'aîné, Theudéric (Thierry), aurait pu hériter du royaume entier ; ou encore ses demi-frères, fils de la reine Clotilde, auraient pu avoir un statut de sous-rois, tandis que Theudéric aurait régné sur une Francie unie. Cependant, comme le suggère Ian Wood, considérant la différence d'âge entre l'aîné et ses demi-frères, on pouvait sérieusement craindre que les trois plus jeunes ne perdent rapidement leur statut et même leur vie. En tout cas, c'est bien, semble-t-il, ce genre de concurrence que Clovis avait tenté d'éviter en éliminant systématiquement tous les membres de sa famille.

La division du royaume entre les quatre fils paraît une

solution plus romaine que franque. Les terres de Clovis furent divisées selon des lignes qui correspondaient à peu près aux frontières politiques romaines; chacun des quatre frères eut sa propre cour avec ses conseillers (romains, sans nul doute), établie dans une ville importante. Ces divisions reflètent les traditions particularistes de l'aristocratie gallo-romaine plus que les usages de la Rome impériale; elles ne respectent pas le tracé des provinces antiques, mais bien plutôt celui des *civitates*, unités plus petites, qui se trouvaient désormais au centre des préoccupations gallo-romaines. C'est ainsi qu'à Theudéric, dont la cour était à Reims, furent attribuées aussi les régions de Trèves, Mayence, Cologne, Bâle et Châlons, de même que les terres de la rive gauche du Rhin, récemment soumises. Clotaire eut les vieilles terres saliques situées entre la forêt Charbonnière et la Somme, avec Noyon, Soissons sa capitale, et Laon. Childebert reçut les régions côtières de la Somme à la Bretagne, avec aussi sans doute Paris, sa capitale, Amiens, Beauvais, Rouen, Meaux, Le Mans et Rennes. Le dernier fils, Chlodomer, régnait depuis Orléans sur Tours, Sens, et sans doute Troyes, Auxerre, Chartres, Angers et Nantes.

De quelle façon s'y prit-on pour découper ces parts? On ne le sait pas. Elles furent manifestement dessinées par des Romains qui connaissaient bien les recettes fiscales de chaque région, et qui, d'autre part, veillaient à conserver l'intégrité de leurs propres zones d'influence. Même pour une question si importante pour le destin du royaume franc, il est probable que les décisions furent prises par des Francs et des Romains travaillant en étroite collaboration.

Les peuples de Francie

La population du royaume de Clovis était complexe et hétérogène dans ses traditions sociales, culturelles et économiques. Non seulement les Francs différaient des Gallo-Romains, mais, en outre, chacun de ces groupes était lui-même hétérogène.

L'ÉCONOMIE RURALE ET URBAINE

La société romaine avait continué d'évoluer, de se transformer en ce monde fragmenté par régions et socialement stratifié dont il a été question au chapitre premier. Les structures sociales étaient profondément dépendantes du système économique, caractérisé par le monopole foncier détenu par une élite étroite et prodigieusement riche, entourée d'une vaste population, esclave ou libre, souvent réduite à la plus noire misère. Il en résultait une agriculture désespérément incapable de nourrir la population, et des infrastructures commerciales et artisanales fonctionnant presque exclusivement au profit de l'élite.

Ce système agricole, qui devait caractériser pendant des siècles l'économie du haut Moyen Âge, produisait, les bonnes années, de maigres surplus, et lors des mauvaises récoltes, des famines souvent catastrophiques. On a parfois imputé la responsabilité de cette fragilité économique aux invasions barbares, qui n'ont cependant guère eu d'effet ni sur la propriété foncière ni sur les techniques agricoles. Partout où la division des champs, les techniques agraires et l'organisation domaniale de l'Antiquité tardive ont survécu jusqu'au VIe siècle (et il en est certainement ainsi au nord du royaume franc, et encore davantage au sud, moins peut-être dans les régions rhénanes), les continuités sont frappantes, et les ruptures doivent moins aux invasions barbares qu'au déclin général de la population et à l'abandon des terres marginales ou trop taxées, phénomènes apparus au IIIe siècle. La pénurie de main-d'œuvre agricole demeure un problème majeur, et les mesures prises depuis Dioclétien, loin d'y remédier, ont sans doute rendu la situation encore plus intolérable. En 517, le concile d'Epao interdit aux abbés d'affranchir les esclaves sur les propriétés qu'ils ont reçues des laïcs, « parce qu'il est injuste que les esclaves jouissent de la liberté alors que les moines travaillaient la terre nuit et jour [12] ». Jusque bien avant dans le IXe siècle, rois, aristocrates, hommes d'Église, tous s'efforcent de remettre en culture des terres abandonnées et désertes.

Les techniques agricoles sont celles de la province romaine ; s'il y a un changement, il va dans le sens d'une moindre mécanisation. Les machines agricoles, telle la moissonneuse qu'on utilisait en Gaule au temps de Pline, ont disparu; les moulins à eau sont rares : on en trouve encore le long du Rhône et de la Ruiver, ainsi qu'en quelques autres endroits; les outils (charrues, faux, houes, etc.) sont principalement ou entièrement en bois. Le fer est une matière rare et précieuse : si précieuse qu'on fait souvent appel à un saint local pour retrouver un objet en fer égaré, et si le saint se montre favorable, l'heureux événement sera sans doute enregistré parmi les miracles qu'il a accomplis. Soigneusement conservés, utilisés avec parcimonie, les outils de fer servent essentiellement à fabriquer les outils de bois.

Les céréales foncées, notamment l'orge, bien connue des peuples germaniques, en viennent peu à peu à dominer la production céréalière qui, dans le monde romain, consistait principalement en blé. Ce changement reflète en partie une évolution dans le goût – les préférences des hommes du nord l'emportent sur celles des Méditerranéens –, mais aussi l'adoption d'une culture mieux adaptée : non seulement les céréales noires sont plus vigoureuses, mais en outre on peut les transformer aisément en une bière forte et nourrissante, ce qui permet de les conserver plus longtemps, alors que le blé est de conservation plus délicate.

Il y eut pourtant un secteur agricole qui s'étendit et prospéra : la viticulture. Rome avait introduit la vigne dans tout l'Empire, mais dans l'Europe du Nord elle ne fut cultivée qu'après l'expansion des institutions ecclésiastiques dans ces régions : il fallait du vin pour célébrer la liturgie eucharistique; de plus, le vin était la boisson de l'élite. Si, de plus en plus, la vigne s'étend aux dépens des cultures traditionnelles de subsistance, c'est peut-être le signe que dans les prises de décision relatives à l'agriculture, le rôle de l'aristocratie s'accroît.

A l'époque préhistorique, la grande affaire des peuples germaniques avait été l'élevage du gros bétail; son importance s'accroît encore dans le royaume franc. Tout au long du texte de la loi salique, et dans d'autres codes de l'époque, le bétail joue un rôle de premier plan; la minutie avec laquelle on traite de l'élevage des bovins renforce l'impression que ces animaux sont, comme au temps de Stelus, le fondement du prestige et de la richesse barbares.

Si, dans sa grande majorité, la population réside à la campagne, les cités de Francie n'en jouent pas moins un rôle important : elles sont la résidence de l'évêque, du comte et du roi, et le centre de l'activité économique. Il est très difficile de déterminer le chiffre réel de la population urbaine. Les seules données sont archéologiques, et comme elles sont fournies pour l'essentiel par la zone enfermée dans les murailles du IIIe siècle, bien des spéculations sont permises sur l'importance de la population suburbaine. Ainsi, pour le Paris du VIe siècle, des historiens avancent le chiffre de 20 000 habitants, et pour Bordeaux à la même époque, celui de 15 000, alors que, selon d'autres, il faudrait réduire ces chiffres presque de moitié. Ce qui est certain, c'est que l'importance culturelle, sociale et politique de ces cités était bien plus considérable que ne le laisserait supposer leur population réduite.

Les aristocrates gallo-romains avaient depuis longtemps abandonné les villes pour se réfugier dans leurs vastes propriétés rurales, où ils trouvaient autonomie et sécurité, mais certains étaient revenus en ville : dans les poèmes de Sidoine Apollinaire et dans les premières vies de saints, on voit de riches et puissants Romains installés non seulement dans les cités d'Aquitaine et de Gaule, mais même à Trèves, Metz et Cologne. Parmi les Gallo-Romains résidant en ville, le plus important reste l'évêque. Pour l'essentiel, c'est de lui et de son clergé que dépend le maintien de la vie publique : il prend en charge les fonctions civiques traditionnelles, telles que l'assistance aux pauvres et l'entretien des murailles, aqueducs, etc. L'importance de l'évêque est telle que, pendant le haut Moyen Âge, lorsqu'une ville est dépourvue de siège épiscopal, elle tend à disparaître. Pour un centre urbain, la présence de l'évêque fait toute la différence entre la vie et la mort.

Bien que nos sources soient beaucoup plus discrètes à son égard qu'à propos de l'évêque et du clergé, les cités gallo-romaines abritent un autre résident d'importance : le roi franc ou son représentant, le comte, avec la garnison qui l'entoure. La ville romaine attire l'élite franque, comme ailleurs l'élite gothique ou burgonde. C'est le lieu des plaisirs et de la bonne vie que ses ancêtres ont si longtemps désirée ;

de plus, les notables francs, entourés, comme le veut leur statut politique et leur rang social, d'une foule de dépendants, s'y sentent en sécurité. A la différence des Mérovingiens tardifs, et en tout cas des Carolingiens, les premiers rois mérovingiens et leurs représentants résident dans les villes, et y dépensent les revenus des propriétés qu'ils ont acquises, contribuant ainsi à maintenir une activité économique de commerce et d'artisanat qui restera florissante jusqu'à la fin du VIIe siècle. S'il est vrai que l'évêque et ses clercs constituent le noyau central de la continuité urbaine et que leur programme de construction en vient à dominer le paysage de la ville – la cathédrale et ses dépendances, le baptistère, les hospices et, hors les murs, les basiliques et les cimetières –, on ne saurait négliger les effets de l'initiative royale sur la vie de la cité : ainsi quand un Theudebert organise des jeux dans l'amphithéâtre d'Arles, ou quand un Chilpéric Ier construit des arènes à Paris et à Soissons.

La cité du VIe siècle n'est pas seulement la résidence de l'évêque, du roi ou du comte francs. Elle continue à jouer un rôle commercial essentiel. Malgré le pillage barbare et les luttes intestines des Gallo-Romains, malgré la dépopulation et l'archaïsation de la société occidentale, le réseau des voies romaines, terrestres et surtout fluviales, fonctionne encore. Cependant, la nature de cette circulation est bien différente de ce qu'elle avait été dans les siècles précédents, ou de ce qu'elle sera en plein Moyen Âge, lorsque la croissance des villes s'accompagnera d'une résurgence de l'activité commerciale. Pour comprendre la nature particulière du commerce dans le monde mérovingien, il nous faut commencer par mettre au clair la circulation des biens en général dans la Francie du VIe siècle.

L'état de l'économie occidentale et les variations de sa prospérité aux VIe, VIIe et VIIIe siècles ont fait couler beaucoup d'encre. D'une part les données numismatiques montrent que la monnaie d'or garde son importance jusqu'au VIIe siècle ; les sources documentaires et narratives mentionnent, jusqu'en plein VIIIe siècle, des marchands, des biens importés et la levée de taxes et de droits de douane. D'autre part, il apparaît souvent que le métal précieux était un indicateur de richesse et de rang plutôt qu'un moyen d'échange, et que l'essentiel de la circulation des biens et des objets de prestige se faisait non par le commerce mais par la guerre et le pillage, ou encore par l'échange de présents. Ainsi donc, à première vue, l'activité commerciale de la fin de l'Antiquité se poursuit et même se développe au nord ; des marchands syriens, grecs et juifs parcourent la Francie, parfois à dos de chameau, vendant leurs marchandises, tandis que des négociants de grain locaux achètent et vendent sur des marchés prospères ; mais à mieux y regarder, on découvre une société archaïque, où les modalités de la circulation sont caractérisées par la guerre et le don, où l'or est plus prisé sous forme de bijoux, d'ornements d'église ou de harnachements que pour sa valeur d'échange. La confusion résulte de la nature complexe de l'économie mérovingienne, où les mécanismes de circulation sont intimement liés au système des relations sociales. Pour des gens différents, et à des moments différents, tous ces mécanismes opèrent, et tous jouent un rôle dans la distribution des services et des biens aux niveaux local, régional et international.

La plus grande partie des denrées alimentaires est mise à la disposition des consommateurs par les paysans qui la produisent, ou par leurs maîtres. Le maigre surplus non vendu ou gâté circule par vente, don ou vol, selon la qualité des relations sociales et politiques entre partenaires concernés, les deux derniers modes de circulation l'emportant sur le premier. Les grands aristocrates, qu'ils soient francs ou romains, pourvoient à l'entretien de leurs compagnons et des membres de leur maisonnée, leur fournissant nourriture, vêtements, armes, et tout le nécessaire pour soutenir leur rang social. Les évêques distribuent des aumônes aux pauvres inscrits sur les listes municipales, héritiers en cela de la traditionnelle obligation de largesse des notables romains, et soucieux de s'assurer le soutien du petit peuple. Les amitiés sont scellées par un échange de présents. C'est sans doute le réseau de dons et contre-dons qui rend compte, pour une bonne part, de la répartition et de l'égalisation des surplus agricoles.

Entre ennemis – sont ennemies toutes les personnes qui ne sont pas liées par un pacte d'amitié mutuelle – les biens circulent par pillage et vol. Il peut s'agir de vraies guerres, ou de simples raids intermittents sur les biens et le bétail de l'ennemi, épisodes dans des conflits durables. De plus, les rois et leurs représentants, outre les impôts, reçoivent des dons en bétail, vins, cire et autres produits, qui sont essentiellement un tribut.

Ces deux formes de transactions peuvent se passer à la ville comme à la campagne. C'est à la ville qu'a lieu, plus rare mais toujours important, l'échange entre partenaires neutres, autrement dit la vente. Il y avait sûrement un commerce régulier de produits alimentaires, mais on en entend surtout parler en temps de disette, lorsque ceux qui ont fait des réserves vendent avec un énorme bénéfice. Le commerce a surtout comme objet des biens qui ne sont pas partout disponibles, qui sont facilement transportables, et pour lesquels la demande est forte. Parmi ces biens, le sel est le plus important, produit par évaporation dans les plaines côtières et transporté ensuite à l'intérieur des terres. Après le sel viennent le vin, l'huile, le poisson et les céréales.

Les produits de l'artisanat local circulent dans la région et même sur de longues distances, mais on connaît mal les mécanismes de cette circulation. Au sud, la céramique méditerranéenne traditionnelle, dont les motifs sont ceux de l'Antiquité tardive, se fabrique jusqu'au VIIIe siècle; la verrerie produite dans les Ardennes et autour de Cologne voyage jusqu'en Frise et même en Suède; les armes franques, qui jouissaient d'une grande réputation en Europe, se retrouvent dans toute la Francie, en Frise et en Scandinavie. Les textiles, eux aussi, circulent d'un pays à l'autre : le drap provençal, bon marché, était connu jusqu'à Rome, au mont Cassin et en Espagne.

Si réduite que fût la population des cités franques, elle comportait une grande variété de marchands. Grégoire de Tours signale que Desideratus (Désiré), évêque de Verdun, obtint de Theudebert un prêt de 7 000 pièces d'or, garanti par les marchands de sa ville, sans doute spécialistes du commerce des denrées alimentaires. Cependant, cette même histoire révèle l'existence parallèle d'un commerce et d'une circulation de richesses fondées sur le don : Theudebert accorde ce prêt comme une faveur, une marque de générosité. Selon Grégoire, le prêt enrichit « ceux qui exerçaient le commerce [13] », et l'évêque se disposait à rembourser la dette avec ses intérêts. Le roi, cependant, refusa le remboursement : il n'avait pas besoin, disait-il, de cet argent. L'histoire prouve que, dans la ville de Verdun, le commerce n'était pas insignifiant, puisqu'il s'est trouvé assez de marchands pour garantir un tel prêt. Si le roi refuse généreusement d'être remboursé, c'est sans doute la preuve que le crédit en tant que forme de commerce lui est étranger : il préfère que la ville demeure politiquement son obligée. Pour un roi mérovingien, l'or n'est pas essentiellement une forme de monnayage qui se multiplie grâce à d'habiles investissements ; c'est un moyen de montrer sa générosité et de renforcer les liens qui l'unissent à son peuple.

En plus des marchands des villes, les grands propriétaires, tant laïques qu'ecclésiastiques, utilisaient leurs propres agents, parfois juifs, parfois membres de leur maisonnée (serfs ou libres) pour vendre leurs surplus et acheter les biens qui n'étaient pas produits sur place. Mais, une fois encore, ces agents n'opéraient pas uniquement sur un mode commercial ; les mêmes individus étaient parfois chargés d'offrir des présents à d'autres grands seigneurs et de recevoir les dons offerts en échange. On peut supposer qu'une bonne part de la circulation de biens à laquelle ils présidaient ne relevait ni de la vente ni à proprement parler du troc, mais bien d'un échange de biens visant à cimenter les alliances à l'intérieur de l'élite.

Enfin, il existait dans toutes les cités importantes une communauté de marchands étrangers qui fournissaient l'aristocratie en biens de luxe. Ce commerce de longue distance était pour l'essentiel entre les mains de Syriens, de Grecs et de juifs, installés à Arles, Marseille, Narbonne, Lyon, Orléans, Bordeaux, Bourges, Paris et ailleurs. C'est chez eux qu'on trouvait les bijoux, les étoffes précieuses, les ornements, mais aussi les papyrus, les épices et autres produits exotiques. Ces marchands formaient parfois des communautés considérables à l'intérieur des cités franques, avec leurs propres officiers de justice ou « consuls » ; peut-être même prenaient-ils une part plus active encore dans les affaires de la communauté dans son ensemble. Grégoire de Tours signale qu'un marchand syrien nommé Eusèbe réussit par corruption à se faire nommer évêque de Paris, et qu'il renvoya les domestiques et compagnons de son prédécesseur pour les remplacer par des Syriens [14]. Il est clair que les marchands internationaux exerçaient un pouvoir considérable.

C'est qu'ils étaient les pourvoyeurs de produits de luxe, de ces superbes objets précieux dont l'aristocratie avait besoin pour afficher son statut social. En outre, les taxes d'importation et de douane qu'on levait sur eux constituaient pour le trésor des rois mérovingiens la principale source de revenus en liquide. En Provence, en particulier, où entraient la plus grande partie des importations méditerranéennes, les officiers de la douane royale collectaient des sommes considérables, qui venaient remplir les coffres du roi. Lorsque à la mort de Clovis, la Provence fut partagée entre les sous-royaumes francs, il s'agissait sans doute d'une répartition de ses importants revenus douaniers tout autant que d'une division du territoire.

Pour payer ces marchandises, l'Occident n'avait pas grand-chose à offrir, si ce n'est de l'or. Il n'y avait là rien de neuf. La Gaule n'avait jamais été grande exportatrice de quoi que ce soit, sauf de bois de construction et parfois d'esclaves. A ces articles, les Francs ajoutèrent les armes. Cependant, comme la main-d'œuvre était rare – les Francs eux-mêmes importaient des esclaves des régions slaves –, l'exportation des esclaves était interdite, du moins en théorie, car il est certain que ces exportations continuaient par la vallée du Rhône. D'autre part, l'exportation des armes n'était pas sans danger, puisqu'on pouvait les retourner contre ceux qui les avaient fabriquées. Ainsi donc, le commerce est-ouest était pour l'essentiel à sens unique : l'or acquis par la guerre ou reçu de l'empereur d'Orient refluait en Orient pour payer les produits de luxe. Lorsque, à la fin du VIe siècle, au VIIe et au début du VIIIe siècle, le butin se raréfia, le commerce connut un déclin correspondant. Cet épuisement des ressources en or, qui ne s'interrompit temporairement que par de nouvelles conquêtes franques sous les Carolingiens, finit par réduire le commerce international à un très faible niveau. Avec lui disparurent les communautés internationales de marchands qui avaient apporté aux cités franques la vie, la couleur, le raffinement et l'exotisme.

LA SOCIÉTÉ FRANQUE

Les Francs s'étaient massivement installés en Gaule bien avant Clovis, et même sans doute bien avant d'être devenus des Francs. La conquête du royaume de Syagrius, on l'a vu, fut peut-être davantage une réaction à ce phénomène qu'une des causes qui l'ont accéléré. Les Francs pénètrent peu à peu dans le monde romain, par groupes de quelques familles, avançant de quelques kilomètres à la fois ; mais en même temps certaines peuplades installées dans l'Empire comme *laeti* ou comme fédérés deviennent peu à peu des Francs. Vu la rareté des sources écrites, il est très difficile de déterminer comment, au juste, ces régions du nord de l'Europe devinrent « franques ». Nos meilleurs témoignages nous viennent des nécropoles « en rangées » dont on a parlé au chapitre II. A la fin du Ve siècle, ces cimetières montrent une importante évolution. Auparavant, les nécropoles « en rangées » découvertes en territoire romain étaient généralement pauvres en mobilier funéraire. Désormais, on trouve de plus en plus de morts enterrés avec des armes et des bijoux, signe que le service militaire et les razzias plus fréquentes ont haussé le niveau de richesse. A en juger par les grands écarts dans la qualité et la variété du mobilier funéraire trouvé dans ces tombes de la fin du Ve siècle, les chefs de bandes guerrières pouvaient devenir très riches en servant dans les armées de Childéric, de Clovis, ou des autres généraux gallo-romains qui se disputaient le pouvoir, ou encore en pratiquant la razzia pour leur propre compte.

La nécropole de Lavoye (Meuse), fouillée au début de ce siècle, fournit un bon exemple des témoignages archéologiques laissés par ces migrants de la fin du Ve siècle et leurs successeurs. Scientifiquement analysées, les trouvailles furent publiées par René Joffroy il y a un peu plus de dix ans [15]. Établie sur un site gallo-romain antérieur (probablement une *villa* de campagne), la nécropole comporte 362 tombes, dont 192 s'échelonnent de la fin du Ve siècle ou du début du VIe à la seconde moitié du VIIe siècle ; après quoi, l'absence de mobilier funéraire rend la datation impossible. Les tombes sont disposées par rangées orientées nord-sud ; apparemment, la nécropole s'est développée autour d'un groupe de neuf tombes qui constituaient sans doute la sépulture familiale d'un grand chef franc. La tombe centrale (n° 319), qui est celle du chef, est la plus ancienne, la plus profonde, la plus grande et la plus riche du groupe; elle contient les restes d'un homme âgé de cinquante à soixante ans. On a trouvé, ensevelis avec lui, des armes et des objets de toute beauté : notamment, une boucle de ceinture en or cloisonné, ornée de grenats; une bourse au fermoir décoré de la même manière; une dague à manche d'or; une magnifique épée, longue de près d'un mètre, décorée d'or, d'argent et de grenats; trois pointes de javelines; un bouclier; enfin, près des pieds du mort, un bol en verre et un vase liturgique de bronze décoré de scènes de la vie du Christ, probablement volé dans une église. On a trouvé des objets semblables dans toute la partie nord de la France et de l'Allemagne, de part et d'autre de l'ancien *limes*; la tombe ne témoigne donc pas seulement du caractère belliqueux de celui qui y était enterré et de sa richesse, mais aussi de la vaste aire culturelle à laquelle il appartenait.

Les tombes qui l'entourent, elles aussi du début du VIe siècle, sont sans doute celles des membres de sa famille. Parmi les cinq plus proches, trois sont des tombes de femmes, elles aussi pourvues d'un riche mobilier : bijoux, vases, pesons. C'étaient peut-être les épouses du chef : comme les Germains de Tacite, les Francs du VIe siècle pratiquaient une polygynie de ressource, et le chef enterré à Lavoye était sans nul doute assez riche pour avoir plusieurs épouses. Les deux autres tombes recueillent des enfants en bas âge – témoins de la mortalité infantile qui sévit en Europe jusqu'aux abords du XXe siècle.

Au nord, à l'ouest et à l'est de ce groupe de sépultures s'étendent les autres tombes de la communauté franque. Certaines ont un mobilier funéraire de même nature mais de moindre qualité; la plupart sont dépourvues de tout mobilier. Cette communauté installée sur le site d'une ancienne *villa* romaine, et qui a peut-être absorbé les descendants des Gallo-Romains qui y avaient résidé, sera notre point de départ pour étudier la structure et l'organisation de la société franque au VIe siècle.

LA MAISONNÉE

Comme celles qui entourent le chef, les tombes de Lavoye sont généralement groupées, reproduisant sans doute des groupes de parenté. Il est difficile de déterminer en quoi consistaient au juste de tels groupes au VIe siècle. La société franque n'avait pas abandonné l'organisation qui était la sienne au moment de la migration ; mais si la *Sippe,* ou clan, ce groupe de parenté étendu, gardait son importance dans l'aristocratie, il est probable que, pour les Francs de rang modeste, la famille nucléaire et le village comptaient davantage.

La tradition germanique de la famille patriarcale ne différait guère de la romaine : pour ce qui concerne le gouvernement de la maisonnée, les deux traditions s'assimilèrent rapidement et aisément. Le père était le chef de la maison, il exerçait son autorité, *munduburdium,* sur tous ceux qui en faisaient partie : épouses, enfants, esclaves. Leur nombre était directement proportionnel à la richesse du maître de maison. Avant et après la conversion de Clovis, les rois mérovingiens eurent plusieurs épouses, et de même, sans aucun doute, les grands chefs de guerre, tel celui qui est enterré à Lavoye. Jusqu'en plein IXe siècle, les sociétés franques, comme les autres sociétés germaniques, connurent plusieurs formes de mariage. Le type le plus solennel comportait un transfert de propriété et de pouvoir *(munduburdium)* sur l'épouse. Dans la société franque, les femmes valaient très cher, surtout en tant que porteuses d'enfants : selon la loi salique, la compensation *(wergeld)* pour le meurtre d'une femme en âge d'enfanter était trois fois plus élevée que pour un homme ou pour une femme de moins de douze ans ou de plus de quarante ans.

Par conséquent, quand une femme passait d'un homme (père ou frère) à un autre, cela demandait compensation. A l'origine, c'était un « prix de la fiancée », mais au VIe siècle cette compensation évoluait, se transformait en un paiement rituel. Le présent le plus important était la dot inversée que le marié payait à la jeune fille, et qui, dans la coutume franque, atteignait le tiers des biens du marié. Après consommation du mariage, le marié offrait à sa femme un autre cadeau traditionnel, le *Morgengabe*. Enfin, il était habituel que le père de la mariée fît un présent au couple après le mariage.

Les négociations préliminaires au mariage avaient été menées par les chefs des deux familles, et, chez les grands, scellées par un acte officiel et écrit. Le mariage était célébré en public et marquait la formation ou la réaffirmation d'une alliance entre les deux maisons.

Il existait aussi une seconde forme de mariage, qui n'exigeait aucun transfert de biens ou d'autorité. C'était la *Friedelehe*, une union conclue de façon privée entre mari et femme. De telles unions menaçaient l'autorité des chefs de famille et l'ordre de l'Église, qui se préoccupait de plus en plus de la légitimité des enfants et de la solidité des contrats de mariage ; mais si ces unions « privées » soulevaient certaines objections, elles étaient néanmoins publiquement reconnues. Souvent le mariage prenait la forme d'un rapt : le mari enlevait la femme, souvent consentante. Après consommation du mariage, la famille de la femme avait le choix entre tirer vengeance ou exiger réparation pour le rapt, ou encore accepter le voleur pour époux de la jeune fille.

En outre, les Francs prenaient souvent des concubines entre deux mariages ou en même temps. Jusqu'en plein VIIIe siècle, de telles pratiques sont considérées comme normales, même si de temps en temps un homme d'Église élève la voix pour les désapprouver, et malgré la menace que les enfants des concubines font peser sur les droits à l'héritage de la descendance légitime.

Comme la parenté, l'héritage est bilatéral dans la société franque, bien que les filles ne puissent hériter de certaines formes de propriétés foncières : un chapitre fameux du *Pactus legis salicae*, ressuscité au XIVe siècle par des juristes français désireux d'empêcher que la couronne de France ne passe au roi d'Angleterre, déclare en effet que les femmes n'héritent pas de la terre « salique ». Cependant, personne ne sait au juste ce qu'est la terre salique, et, dans la seconde moitié du VIe siècle, Chilpéric II autorisa spécifiquement des filles à hériter de la terre salique en l'absence de mâles. En tout cas, les femmes héritaient sans aucun doute des biens meubles, et il pouvait se faire qu'une veuve héritât de la totalité des biens de son mari, qu'elle administrait alors sans tutelle mâle.

Outre la ou les épouses, la maisonnée comprenait les enfants non adultes, légitimes ou non. Les historiens ont supposé que la pratique de la polygynie et du concubinage, concentrant les femmes dans les maisons des grands, laissait peu d'épouses disponibles pour le reste de la population, qui donc produisait peu d'enfants. C'est possible, mais il est certain aussi que, quand les ressources manquaient, les Francs, comme d'autres sociétés paysannes avant et après eux, pratiquaient l'infanticide et la vente des enfants. Sur ce point cependant, la recherche récente a beaucoup exagéré. Rien ne permet de penser que l'infanticide ait été une pratique courante, ni, en particulier, que le meurtre des filles ait fait partie intégrante de la culture populaire en Francie.

Outre la famille, la maisonnée comprenait encore toute une série de serviteurs, esclaves et familiers. En fait, à en juger par les communautés paysannes plus tardives, la position du chef de famille n'était accessible qu'à l'élite : pour fonder une maisonnée, et donc pour se marier, il fallait avoir une base économique suffisante en terres et en bétail. Bien des gens, la majorité sans doute, vivaient dans la maison d'autrui, celle d'un roi, d'un riche aristocrate ou simplement d'un paysan plus prospère. Autour du chef de famille, il y avait donc des esclaves domestiques (à la différence des Romains, les Francs, à moins d'être extrêmement riches et totalement romanisés, n'utilisaient pas de grandes troupes d'esclaves), des parents célibataires, des enfants abandonnés par des voisins moins prospères, qu'on avait recueillis et élevés comme domestiques, et des travailleurs à gages trop dépourvus pour fonder leur propre foyer. La dimension de ces maisonnées variait considérablement, de la simple famille nucléaire aux douzaines de domestiques entretenus par les grands.

LE VILLAGE

En Gaule, comme ailleurs dans l'Empire, la forme habituelle d'exploitation agricole établie par les Romains était la *villa*, la maison de campagne isolée, dont la taille varie de quatre-vingts à cent quatre-vingts mètres carrés, pour les plus petites, jusqu'à trois cents mètres carrés pour les plus grandes. A l'intérieur des murs, on trouve la maison du propriétaire et les habitations des esclaves qui travaillent pour lui. Au cours des IIIe et IVe siècles, au nord du pays, la plupart des *villae* isolées sont abandonnées au profit de zones plus densément peuplées, souvent proches de forêts ou de voies d'eau, peut-être parce qu'en temps de crise on recherche la sécurité. Ces nouvelles communautés se distinguent des anciennes *villae* non seulement par une population relativement plus dense, mais aussi par la légèreté de la construction : ce sont des habitations en bois irrégulièrement groupées. Aux Ve et VIe siècles, ces agglomérations commencent l'évolution qui mènera au village médiéval.

A l'ouest de l'Allemagne, des changements eux aussi très importants se produisent pendant la même période. La plus grande partie de la Germanie connaît, à la fin de l'Antiquité, une chute du nombre des sites habités. Ensuite, à partir du début du Ve siècle, le mouvement s'inverse dans les parties romanisées de la Germanie : on y voit se multiplier les installations nouvelles. Autour de Trèves, vingt nouveaux sites apparaissent entre 450 et 525, vingt-huit entre 525 et 600, et soixante-sept entre 600 et 700. Même croissance autour de Cologne ; le nombre de sites habités passe de vingt-huit environ au VIe siècle à soixante-sept au VIIe siècle. Au même moment, les régions situées plus au nord et plus à l'est subissent un déclin des sites habités qui ne prend fin qu'au VIIIe siècle [16]. Les communautés ainsi créées du IVe au VIe siècle dessinent l'espace physique dans lequel la population du nord de l'Europe va vivre pendant trois siècles, jusqu'aux bouleversements de l'âge carolingien. Aux temps mérovingiens, ces nouvelles communautés jouèrent un rôle social et culturel important dans la société de la Francie.

Le village est le centre de la vie religieuse et sociale ; cet habitat groupé oblige parfois paysans et éleveurs à de longs trajets jusqu'à leurs champs. Lorsqu'un village ainsi concentré s'installe en tel endroit, c'est souvent qu'il se trouvait là un lieu de culte : aux temps païens, un temple campagnard, par exemple ; plus tard, une chapelle ou un ermitage. La religion mérovingienne était intensément individuelle et locale, fondée sur le culte adressé à des personnages qui, de leur vivant, avaient défendu et protégé la communauté dont ils avaient la charge et qui, après leur mort, continuaient d'intercéder pour elle auprès de Dieu. Cette étroite association des vivants avec les morts s'étendait au cimetière local. Ainsi, en Allemagne, à Flonheim, on bâtit par-dessus les tombes centrales, d'époque préchrétienne (correspondant à la tombe du chef à Lavoye), une chapelle qui devient ensuite le centre de ce cimetière chrétien en pleine expansion. Loin d'oublier ses ancêtres païens, la population les a christianisés après coup [17]. La continuité physique qui lie la communauté à la demeure de ses morts confère au village permanence et stabilité.

Un cran au-dessus de la maisonnée, le village est aussi le lieu où s'organise la vie sociale et politique. C'est le premier échelon de l'administration de la justice. Parfois le juge romain ou le comte franc ou son représentant font une apparition pour régler les conflits entre hommes libres. Plus souvent, les chefs de famille ou de *Sippe* se rassemblent pour résoudre les difficultés ou les querelles sans recourir à la justice publique.

Enfin, une fois établi, le village constitue une entité importante dans le système fiscal romain, puis franc. Les loyers fixes dus au propriétaire et l'impôt dû au fisc établissent une continuité. Le village devient unité de revenus et source de main-d'œuvre pour les aristocrates et pour les rois.

LES STRUCTURES SOCIALES

L'homme enterré à Lavoye dans la tombe 319 était-il un noble ? Depuis un siècle le problème de la noblesse est au centre d'un débat toujours ouvert dans l'historiographie européenne. Telle qu'elle est traditionnellement posée, la question peut se résumer ainsi : y avait-il chez les Francs du VIe siècle une noblesse indépendante du roi ? Ou bien Clovis avait-il éliminé toute la noblesse franque originelle comme il l'avait fait pour sa famille ? L'enjeu de cette question est l'origine de la noblesse européenne et ses relations avec la monarchie. Telle qu'elle émerge à la fin du Moyen Âge, cette noblesse d'Europe dérive-t-elle d'un pouvoir sur la terre et sur les hommes non libres qui la cultivent (en allemand *Grundherrschaft*)? Ou bien d'un pouvoir politique et militaire sur les hommes libres *(Volksherrschaft)*? Et, dans ce cas, la noblesse a-t-elle acquis ce pouvoir par usurpation de l'autorité royale, ou en vertu d'un droit plus ancien dont elle est l'héritière? Exemple classique de question insoluble parce que mal posée; mais les problèmes abordés, lorsqu'on les met à plat, permettent d'éclairer certains traits importants de la société franque.

De toute évidence, l'aristocratie gallo-romaine embrasse une élite indépendante et qui s'autoperpétue, dont le statut social et politique est fondé sur le lignage, la fortune héréditaire et certains privilèges juridiques propres aux *viri inlustri*. Cette aristocratie collabore souvent avec le roi, mais il ne l'a pas créée. Familiers de la noblesse européenne d'époque moderne, de son statut juridiquement protégé, les historiens de la génération qui nous précède ont en vain tenté de découvrir un tel groupe chez les Francs. Différent en cela d'autres lois barbares, telles celles des Alamans ou des Bavarois, le *Pactus legis salicae* ne fait pas allusion aux nobles; on y trouve seulement une distinction majeure entre les *ingenui*, ou hommes libres, appelés aussi simplement *Franci*, et divers types de non-libres. Il existe une catégorie spéciale d'*ingenui*, les *domini*, seigneurs, qui contrôlent divers groupes de non-libres, et donc, probablement, possèdent de grands domaines. Cependant ces *domini*, qui appartiennent à la couche supérieure de la société franque, ne jouissent d'aucun statut juridique particulier, qu'aurait pu signaler un *wergeld* plus élevé.

C'est seulement lorsqu'on s'approche du roi que le *wergeld* augmente. Les membres de la maison du roi, ses gardes du corps, appelés *leudes, trustis dominica, convivae regis* ou *antrustiones :* voilà les gens dont le statut particulier est protégé par une valeur plus grande. Des historiens du droit tels que Heike Grahn-Hoek en ont conclu que, si un groupe de nobles avait bien existé chez les Francs avant Clovis, ce roi avait réussi à l'anéantir; et que lui-même et ses successeurs avaient créé une noblesse de service qui ne s'était que lentement séparée du roi par intermariage avec la noblesse romaine, en profitant des guerres intestines qui ravageaient la famille royale [18].

De leur côté, des sociologues comme Franz Irsigler se préoccupent moins d'une définition juridique du statut nobiliaire que du pouvoir et du statut réels des groupes sociaux [19]. En fait, la comparaison avec d'autres pays, notamment la Scandinavie, permet de penser que si le *Pactus* ne mentionne pas la noblesse, c'est peut-être simplement le signe du peu de pouvoir que même un Clovis parvient à exercer sur les nobles francs. Le *Pactus* cherche à limiter les vendettas en fixant un tarif de compensation que toutes les parties sont obligées d'accepter. Un noble n'est pas obligé d'accepter une compensation qui offenserait l'honneur de sa famille : c'est pourquoi on ne saurait le mettre sur la même liste que de simples hommes libres ou des agents du roi. Si dans les autres lois barbares, par exemple celle des Alamans ou des Bavarois, l'aristocratie est soumise à ces tarifs, c'est peut-être parce qu'ils lui ont été imposés de l'extérieur par les rois francs.

Si, au lieu de rechercher des définitions juridiques claires, on s'efforce de cerner une aristocratie définie par un statut, une richesse et un pouvoir politique héréditaires, alors il apparaît avec évidence que, depuis les Ve et VIe siècles, il existe une aristocratie franque. En fait, sur bien des points très importants, l'aristocratie franque ne diffère pas de celle de la Gaule romaine, et cette ressemblance a beaucoup contribué à accélérer leur amalgame, surtout au nord de la Loire, où les Francs étaient nombreux. De grands seigneurs francs tels que l'homme enterré à Lavoye possédaient une richesse foncière considérable, des terres qui avaient été distribuées *secundum dignitationem*, selon le rang, et qui étaient allodiales, autrement dit transmissibles par héritage et aliénables, et non pas accordées seulement pour un temps, le temps du service auprès du roi. Que le statut aristocratique passe d'une génération à l'autre, c'est ce que montrent les tombes d'enfants : on y trouve souvent des armes et des bijoux semblables à ceux des tombes d'adultes ; or ce statut rendu visible par leur mobilier funéraire, ils ne le devaient certainement pas à leurs mérites, mais bien à ceux de leurs parents.

Il y a donc bien en pays franc une aristocratie de la richesse héréditaire qui a précédé la royauté mérovingienne ou s'est développée en même temps qu'elle. D'ailleurs, s'il arrivait parfois aux rois mérovingiens d'utiliser des hommes de modeste origine, la plupart des détenteurs d'offices, ducs ou comtes, étaient choisis parmi ces aristocrates. Grégoire de Tours fait de fréquentes allusions aux biens possédés par ces personnages, qui pouvaient se servir de leur fonction, légalement ou non, pour accroître encore leur richesse en terres et en *villae*.

Les aristocrates francs ne possédaient pas seulement des terres; ils avaient aussi, outre leurs domestiques serviles (les *pueri* recrutés sur leurs propriétés), leur propre petite armée de fidèles, l'équivalent de la *trustis* royale. En un sens, ces fidèles appartenaient eux aussi à la maisonnée aristocratique, qui comprenait encore des parents et alliés, ou *amici*, liés par un serment d'assistance mutuelle. Ces fidèles jouaient un rôle particulièrement important dans la conduite des querelles entre familles, qui étaient, pour les aristocrates francs, le moyen normal de maintenir leur statut et leurs prérogatives les uns vis-à-vis des autres.

Outre son groupe de fidèles et ses terres, l'aristocrate franc possédait encore une qualité immatérielle, mais capitale, qui le mettait à part : le charisme (en allemand *Heil*) transmis par le sang aux familles réputées pour les victoires remportées sous leur commandement, autrement dit, aux familles « nobles ». La gloire de la famille était étroitement liée à cette qualité charismatique. La famille noble était celle qui avait la réputation de produire des chefs de guerre habiles et capables de grands exploits.

Le charisme aristocratique doit se manifester aux yeux de tous : au vi^e siècle, le mode de cette manifestation est le style de vie aristocratique. Le noble franc, à la différence des Romains de la classe sénatoriale, ne dépend pas, pour sa protection, de murailles et de places fortes; mais il fait la guerre, il chasse et – peut-être plus important encore – il rencontre ses pairs dans des banquets, toutes occasions qui lui permettent de désarmer ses ennemis potentiels en créant avec eux un lien de solidarité, comme aussi de montrer sa générosité envers ses fidèles par des distributions de présents.

Ces largesses, on l'a vu, constituent l'une des principales manières de faire circuler les biens d'un échelon à l'autre dans la hiérarchie de la société franque. Le don établit et renforce la relation entre le donneur et le receveur, qui, en l'acceptant, se met dans la situation d'obligé. Un chef démontre sa noblesse par sa générosité aussi bien que par sa compétence à conduire ses hommes au combat en acquérant les richesses – bétail et biens meubles essentiellement – qu'ensuite il leur distribuera. Le pillage et la générosité sont donc les deux faces d'un système d'échange et de circulation des biens qui coexiste avec une économie commerciale encore florissante dans les cités franques, et avec l'économie agraire, dont tout le reste dépend.

A Lavoye, la plupart des autres sépultures à mobilier sont sans doute des tombes d'hommes et de femmes libres, les *ingenui* du *Pactus*, qui formaient la plus grande partie du peuple franc et l'épine dorsale de son armée. Il n'est pas facile de savoir ce qu'il faut entendre au juste par liberté pour ces gens-là. La liberté est toujours relative ; l'enjeu réel, surtout dans des sociétés traditionnelles où la dépendance est une donnée, est la nature de la dépendance – politique, économique, juridique – plutôt que son existence.

Les Francs libres de Lavoye étaient libres en ce sens qu'ils étaient obligés de combattre dans les armées du roi, et que, en tant que guerriers, ils avaient le droit de prendre part à la justice publique. Le critère essentiel qui les distinguait des non-libres, c'était cette capacité à remplir leurs obligations militaires, et non pas leur rapport à l'aristocratie foncière du lieu, qui pouvait fort bien posséder la terre qu'ils cultivaient, leur commander en temps de guerre et les réduire à une situation dépendante. Ils étaient ce que l'historien Karl Bosl appelle « les hommes libres du roi », ces hommes nés libres qu'en théorie le roi peut commander par l'intermédiaire de ses ducs et de ses comtes [20].

Outre ces « libres non libres », la société franque comportait toute sorte de gens plus ou moins profondément et personnellement dépendants : les *servi casati* (esclaves locataires d'une ferme), les *coloni* de la fin de l'Antiquité, mais aussi les esclaves domestiques et enfin, plus rarement, sur les grandes propriétés, les esclaves travailleurs agricoles. Traditionnellement, dans les sociétés germaniques, les esclaves étaient des prisonniers de guerre ou des individus privés de liberté à la suite d'un crime. Cependant, lorsque les tribus germaniques entrèrent en territoire romain et s'établirent à côté ou à la place de propriétaires gallo-romains, elles assimilèrent le système romain de l'esclavage. De toute manière, la distinction de plus en plus théorique entre *coloni* et esclaves locataires d'une ferme tendait à disparaître, puisque aucun des deux groupes ne servait dans l'armée, ce qui était pour les Francs le signe distinctif de l'homme libre. Les uns et les autres étaient considérés comme partie de la terre qu'ils cultivaient, et ils appartenaient juridiquement à la famille du propriétaire, que celui-ci fût simple *ingenuus* ou aristocrate. A ce groupe on peut ajouter un peu plus tard des descendants de Francs libres devenus trop pauvres pour servir dans l'armée. Peu à peu ces gens-là descendaient au niveau des non-libres : ils perdaient le droit à l'identité juridique et devenaient dépendants, au sens strict, du propriétaire de la terre sur laquelle ils vivaient et travaillaient.

Ainsi aux deux extrémités de l'échelle sociale se produisait une fusion entre sociétés traditionnelles gallo-romaine et barbare. L'étendue et la rapidité de ce mélange dépendaient en grande partie de la densité des Francs (et autres barbares) par rapport à la population indigène.

La densité du peuplement franc proprement dit, à ne pas confondre avec le contrôle politique exercé par les Francs, variait considérablement dans l'étendue du royaume. A l'est et au nord, le long du Rhin moyen et inférieur, les Francs étaient extrêmement nombreux. Dans ces régions, la présence romaine (clercs, marchands, et ce qui restait de la bureaucratie impériale) ne subsistait qu'entre les murs de quelques cités : Cologne, Bonn, Remagen. Dans la campagne, les paysans romains avaient été intégrés parmi les dépendants non libres des Francs, dont le système de fermes et de propriétés remplaçait l'ancienne organisation romaine de la campagne.

Bien entendu, il y avait des exceptions. Ainsi dans la région de Trèves, qui vers 480 est jointe à la *Francia Rinensis* même aux yeux de l'empereur d'Orient, si les terres du fisc entrent dans le domaine royal, les terres ecclésiastiques et de petites propriétés et fermes romaines continuent d'exister à côté des nouveaux établissements francs. On est assez proche du modèle de peuplement qui prévaut plus au sud, dans le royaume burgonde et dans les pays dominés par les Goths.

Les Ardennes constituaient la frontière sud-est de la zone d'occupation franque la plus dense; cependant, plus au sud, et même jusqu'à la Seine, le lent processus de migration et de peuplement, antérieur à Clovis de plusieurs générations, mais considérablement accentué par sa victoire sur Syagrius, introduit dans le pays une présence franque très visible. Entre Seine et Loire, cette présence se fait plus rare : l'archéologie et la linguistique permettent de repérer des îlots de peuplement franc perdus au milieu d'une campagne qui reste gallo-romaine dans son immense majorité.

Au sud de la Loire, les Francs sont encore moins visibles. Jusqu'en 507, le pays n'a pour ainsi dire pas été modifié par ses maîtres wisigoths, qui résident le plus souvent dans les villes, d'où ils gouvernent la campagne avec l'aide de l'aristocratie aquitaine. La conquête franque ne change pas grand-chose aux équilibres ethniques : certes, un petit nombre de Francs sont envoyés au sud, des comtes et d'autres notables s'installent dans les riches cités d'Aquitaine, mais ces Francs perdus dans la masse n'exercent qu'une faible influence sur la population, sa langue et ses coutumes.

On a avancé le chiffre de 150 000 à 200 000 pour l'ensemble des Francs dans le royaume tout entier, perdus dans une population de six à sept millions de Gallo-Romains. Ces chiffres sont certainement exagérés – tout calcul un peu précis est totalement impossible –, mais on peut raisonnablement estimer la présence franque en Gaule à un peu plus de deux pour cent de la population totale.

Ces deux pour cent, concentrés au bord de la Loire et dominant le reste de la population, jouent un rôle disproportionné avec leur nombre. Alors que les quelques Francs établis au sud semblent avoir rapidement adopté les habitudes romaines et probablement aussi le latin, au nord, c'est tout le contraire : en quelques générations, l'identité franque remplace l'identité romaine. Les noms germaniques prédominent, et il est rare qu'un homme originaire de la région soit dit romain : les *Romani*, ce sont ceux qui vivent au sud de la Loire. Tout ce qu'il reste de l'identité romaine, c'est le dialecte roman parlé par la population (mais jusqu'à la fin du IXe siècle on a vraisemblablement encore parlé et compris la langue franque dans certaines régions du nord de la France). Au VIIIe siècle, cette transformation était si complète qu'on en était venu à croire communément qu'après la conquête de Clovis, les *Romani* de la région avaient été exterminés, non sans que les Francs vainqueurs n'aient auparavant adopté leur langage. C'est une erreur, un mythe, mais un mythe révélateur de la profonde transformation qui avait affecté la Gaule.

Ainsi donc, un royaume barbare d'un nouveau type s'était établi au nord des Alpes – un royaume qui allait à jamais changer la face de l'Occident. Le noyau en était fermement constitué : n'y manquait plus que le pays burgonde (qui sera conquis et annexé par les fils de Clovis); à une ligue assez lâche de chefs barbares s'était substitué un monarque aussi riche que violent; une difficile alliance entre barbares païens ou ariens et Romains catholiques avait été remplacée par un royaume religieusement unifié, avec à sa tête un roi chrétien reconnu par l'empereur de Constantinople et soutenu par les évêques orthodoxes, représentants de l'élite gallo-romaine. En dépit des querelles et des assassinats qui marquent les règnes des fils et des petits-fils de Clovis, la Gaule continuera d'avancer sur les chemins qu'il avait commencé de tracer.

CHAPITRE IV

LA FRANCIE AU VIᵉ SIÈCLE

Les successeurs de Clovis

S'il y avait bien plusieurs rois francs et plusieurs sous-royaumes, le pays franc gouverné par les fils de Clovis continua d'être conçu comme une unité : il n'y avait qu'un seul *regnum Francorum*. A l'intérieur de ce royaume divisé, ses successeurs poursuivirent son œuvre. Une telle politique impliquait souvent, à l'extérieur, des actions concertées pour agrandir le royaume aux dépens des puissances voisines, et, à l'intérieur, des tentatives pour éliminer le parent et rival, comme Clovis avait éliminé ses cousins. C'est pourquoi l'histoire politique des fils et petits-fils de Clovis est compliquée et violente ; plus, peut-être, qu'aux anciennes traditions germaniques, elle fait penser aux affrontements de la Rome impériale à la fin de l'Antiquité. Dans leurs façons de mener leurs luttes intestines, les Mérovingiens étaient manifestement devenus très romains.

L'expansion

Sous les fils et petits-fils de Clovis, le royaume franc atteint à peu près son expansion maximale. En 534, après une série de succès partiels, le royaume burgonde est détruit et annexé (nous parlerons désormais de Bourgogne et de

Bourguignons). Les Ostrogoths, qui cherchent désespérément des alliés pour combattre Justinien en passe de reconquérir l'Italie, autorisent les Francs à absorber la Provence en échange d'une assistance militaire deux ans plus tard. En 541, les campagnes contre les derniers postes occupés par les Wisigoths en Aquitaine ont réduit leur présence à une mince bande côtière vers Narbonne.

A l'est, Theudéric Ier tire profit de la crise dans laquelle la reconquête de l'Italie plonge non seulement la péninsule, mais aussi, plus au nord, les régions alpines, pour en annexer une bonne part. Il commence par soumettre ce qui reste des Thuringiens, ces très anciens clients des Ostrogoths. Au nord, il impose aux Saxons une sorte de contrôle assez lâche. Son fils Theudebert Ier (qui règne de 534 à 548) va plus loin. L'abandon de la Provence par les Ostrogoths laisse isolés les Alamans (ou Alémaniens), qui occupent, au-delà de la Bourgogne, au sud-ouest de l'Allemagne et au nord de la Suisse, un territoire que nous appellerons désormais l'Alémanie. Theudebert les soumet et annexe leur pays, ainsi que les régions alpines occupées par des Rhéto-Romains, notamment à Coire. Plus à l'est encore, il soumet à son contrôle un amalgame de peuples divers nouvellement formé : Thuringiens, Longobards (Lombards), Hérules, Vêtes, Alamans, d'autres encore, qui, lorsque les Lombards avaient fait mouvement vers l'Italie à l'invitation des Byzantins, s'étaient combinés avec ce qui restait de la population romaine de Norique pour former le peuple des Bavarois. En 539, cette région lui sert de tête de pont pour une incursion en Italie où, par des renversements d'alliances, trahissant tantôt les Byzantins, tantôt les Ostrogoths, il parvient à soumettre l'Italie du Nord.

Theudebert n'est pas seulement un roi barbare avide de butin. Élevé par des conseillers romains, il a sans doute voulu accomplir le vieux rêve caressé depuis des siècles par tant d'usurpateurs gaulois : partir de la Gaule pour conquérir le trône impérial. Son plan échoue : après sa mort, son fils Theudebald Ier (qui règne de 548 à 555) abandonne l'Italie du Nord, mais Theudebert a fait la démonstration de la force et de l'ambition mérovingiennes.

Par la suite, les empereurs byzantins vont chercher par divers moyens – en répandant leur or, en envoyant des ambassadeurs, en soutenant, dans tel royaume franc, tel prétendant ou telle faction – à se servir du pouvoir franc pour leurs propres intérêts en Occident, en particulier dans leurs efforts pour se débarrasser des Lombards, entrés en Italie aux temps où Justinien cherchait à reconquérir la péninsule. Quoique généralement vains, ces efforts démontrent à la fois la reconnaissance par l'empereur de la suprématie franque à l'Ouest, et les constantes relations des Francs avec l'Empire.

Les Mérovingiens ne tentèrent pas d'absorber les régions à l'est du Rhin, ni même celles du sud de la Loire, pour en faire un empire parfaitement intégré ; gouverner le cœur du pays franc accaparait toutes leurs forces. A chaque pays conquis ils garantissaient le droit de vivre selon sa propre loi, barbare ou romaine selon les cas ; en Thuringe, Alémanie, Bavière, Rhétie, Provence, et même en Aquitaine, ils mirent en place des ducs francs (en Provence, on les appelle *patricii*, « patrices », en Rhétie, *praeces* ou tribuns) chargés de gouverner la contrée au nom du roi. Ces ducs ou patrices étaient « francs » en ce sens seulement qu'ils étaient nommés par les Francs. Ainsi, en Bavière, les ducs appartiennent à la puissante famille des Agilolfing, qui avait des accointances bourguignonnes, franques et sans doute lombardes. En Rhétie, le chef franc ne tarde pas à prendre femme dans une importante famille romaine de la région, et ses descendants monopolisent les fonctions séculières aussi bien qu'épiscopales jusqu'à la fin du VIIIe siècle. Il en est généralement de même ailleurs : les ducs ont des liens avec l'élite locale, ou ils s'allient rapidement à elle par des mariages. Il en résulte que ces régions tendent à devenir quasi autonomes, en particulier lorsque les rois mérovingiens sont faibles.

Les affaires intérieures

En 560, lorsque mourut le dernier survivant des fils de Clovis, Clotaire Ier, le royaume fut une fois de plus divisé entre les quatre fils de Clotaire, dont l'un mourut six ans plus tard, laissant le royaume séparé en trois grands blocs.

La division du royaume restera la norme en Francie jusqu'en plein IXe siècle. Cependant, ces divisions successives n'aboutirent pas à créer une poussière de petits États. Au milieu du VIe siècle, le cœur du royaume se trouva généralement réparti en trois blocs ; si, par la suite, les frontières varient quelque peu à chaque partage, elles sont suffisamment définies au siècle suivant pour que les trois pays soient désignés par des noms spécifiques : l'Austrasie, la Neustrie et la Bourgogne.

S'il est tentant de prendre au sérieux le sens du mot Austrasie (« pays de l'Est »), une telle équivalence serait trompeuse : l'Austrasie ne comprend pas seulement des territoires orientaux, les pays entre Rhin et Meuse, ceux que Theudéric et son fils Theudebert avaient conquis au-delà du Rhône, la Champagne avec Reims, résidence royale, et plus tard Metz ; elle comprend aussi une large portion de la Gaule centrale et méridionale. Bien que certaines de ses parties fussent plus « germaniques », au moins pour la densité de la population franque, l'Austrasie est, au VIe siècle, un foyer de culture et d'influence romaines. C'est là que sont nées des ambitions impériales plus vastes que celles jamais nourries par Théodoric l'Ostrogoth. En outre, la cour est un centre de culture latine ; les rois y accueillent des lettrés issus de l'aristocratie sénatoriale d'Aquitaine austrasienne, tel Venantius Fortunatus. Le contact avec la culture latine affecte l'aristocratie franque, accélérant la fusion des deux élites.

Apparemment, les ambitions des rois austrasiens vont plus loin. Non content d'adopter la culture romaine et de briguer l'Empire, Theudebert a peut-être tenté d'instituer dans ses territoires orientaux le système fiscal romain qui fonctionnait encore dans une partie de ses possessions gauloises. Brunehaut, épouse wisigothique de son successeur Sigibert Ier, s'efforça de développer cette romanisation de la fiscalité, mais n'aboutit qu'à creuser l'écart entre l'aristocratie et la monarchie mérovingienne : il en résulta une longue série de guerres sanglantes.

Les réformes fiscales ont certes joué un rôle dans ces conflits, mais la société franque tend à les interpréter comme des querelles entre personnes, à mener ces guerres comme des vendettas familiales. En l'occurrence, la vendetta s'exerçait à l'intérieur d'une même famille; elle aboutit à la destruction de la monarchie austrasienne.

Moins étendue, la Neustrie, cette « nouvelle terre de l'Ouest », avec pour capitale Soissons, était plus riche en terres de fisc, en cités romaines (Paris, Tours, Rouen), et en population productive. Le roi de Neustrie, Chilpéric, passa une bonne partie de son règne (561-584) à mener contre son frère, l'Austrasien Sigibert, qui régna de 561 à 575, et contre sa veuve, Brunehaut, des guerres dont l'enjeu était au premier abord territorial : les rois d'Austrasie et de Neustrie se disputaient l'héritage de leur frère Charibert (mort en 567); mais ce conflit était en même temps une guerre de reines, allumée par la violente rivalité qui opposait Frédégonde, femme de Chilpéric, à la reine d'Austrasie, Brunehaut. Chilpéric était déjà marié avec Frédégonde (et avec quelques autres) lorsqu'il épousa Galswintha, princesse wisigothique, sœur de Brunehaut. Comme le dit Grégoire de Tours, Chilpéric aimait « d'un grand amour » cette nouvelle épouse, « car elle avait apporté avec elle de grands trésors [1] ». Poussé par Frédégonde et craignant que Galswintha ne veuille rentrer chez elle en remportant sa dot, le roi la fit assassiner. Les frères de Chilpéric, et en particulier Sigibert, marié à Brunehaut, s'estimèrent outragés et, ravis de cette occasion de se partager le royaume de Chilpéric, ils tentèrent de le déposer. Il s'ensuivit une guerre qui dura trois générations. Elle ruina la dynastie mérovingienne et ne prit fin qu'après que dix rois y eurent laissé la vie, et qu'en 613 Brunehaut eut été mise à mort par Clotaire II, fils de Chilpéric.

La Bourgogne, troisième portion du *regnum Francorum*, ne comprenait pas seulement l'ancien royaume burgonde, elle s'étendait aussi sur une vaste partie de la Gaule, jusqu'à Orléans, la capitale. A l'origine, les Burgondes, les Romains et les Francs composaient l'essentiel de sa population. La Bourgogne dépendait particulièrement de la province ecclésiastique de Lyon, qui avait longtemps été le foyer du pouvoir sénatorial. Le roi Gunthchramn ou Gontran (qui régna de 561 à 593) puisait largement dans cette aristocratie romaine pour administrer le pays : trois Romains occupèrent successivement la fonction la plus importante dans son gouvernement, celle de patrice. Très vite, les trois groupes ethniques se fondirent, mais la tradition romaine resta prédominante. Reconnaissant ainsi l'importance des Romains du Rhône, Gunthchramn, dans les années 570, établit sa cour à Chalon, dont il fit une capitale religieuse aussi bien que politique.

Bien qu'il n'ait pu éviter de prendre part aux querelles qui opposaient les femmes de ses deux frères, Gunthchramn subissait apparemment plus que les autres l'influence de l'idéologie politique romaine et chrétienne, peut-être parce que son royaume était le plus romain des trois. La culture, mais aussi les traditions juridiques romaines et l'idéal chrétien de la royauté pouvaient y prendre racine. Cependant, on l'a vu, la tradition romaine n'était pas moins portée à la violence que celle des Francs. Le style de gouvernement adopté par Gunthchramn s'explique peut-être mieux par sa piété personnelle : Grégoire de Tours fait de lui un portrait extrêmement flatteur. Gunthchramn n'en demeure pas moins très capable de cette violence qui caractérise l'Antiquité tardive. Nous ne citerons qu'un seul exemple : soupçonnant son chambellan d'avoir braconné dans la forêt royale des Vosges et d'y avoir chassé l'auroch, ce bison d'Europe aujourd'hui presque complètement disparu, il ordonna une ordalie par combat. Après que le neveu du chambellan et le garde forestier qui l'accusait se furent entre-tués dans un combat à main nue, le chambellan chercha asile dans une église proche. Le roi le fit arrêter, lier à un poteau et lapider à mort. La seule différence entre sa conduite et celle de son grand-père Clovis est peut-être que lui, du moins, nous dit Grégoire, regretta plus tard d'avoir mis à mort un serviteur si fidèle en punition d'une faute si légère.

Les guerres incessantes qui opposaient les descendants de Clovis affaiblissaient toutes les parties et renforçaient le pouvoir de l'aristocratie franque et romaine, dont le concours était indispensable à la victoire. Cependant, le pouvoir aristocratique n'était nullement unifié, même s'il arrivait parfois que certains groupes se coalisent pour combattre tel fonctionnaire royal particulièrement détesté. La violence des rois mérovingiens se répétait à l'intérieur de l'aristocratie, et sur ce point les Romains ne différaient pas des Francs. Les guerres privées étaient chose courante.

En réalité, chez les rois et les aristocrates mérovingiens, toute distinction entre guerres privées et publiques est artificielle. Lorsqu'on cherche les raisons pour lesquelles des groupes d'aristocrates s'opposent aux rois, il n'est pas nécessaire de choisir entre des griefs privés et d'autres tels que le refus de l'impôt et du système de gouvernement romain. Comme la vendetta, l'impôt avait longtemps été une affaire privée. Si, dans les récits de Grégoire de Tours, il est impossible de faire la part des motifs privés et publics, c'est parce qu'ils sont impossibles à distinguer dans la réalité. Roi ou aristocrate, chacun se bat pour son indépendance et l'honneur de sa famille. Ce n'est toutefois qu'au VIIe siècle que le rôle de l'aristocratie dans ces luttes devient prépondérant.

Le seul groupe qui ait gardé quelque sens de la *respublica*, de la chose publique, c'est le clergé. Bien qu'ils soient eux aussi exclusivement issus de l'aristocratie romaine ou franque romanisée, et qu'ils prennent souvent une part active dans de violents conflits, les hommes d'Église, en tant que groupe, parviennent à maintenir et à accroître leur pouvoir et leur autorité, non seulement à leur profit et à celui des familles auxquelles ils sont liés, mais aussi à l'avantage de la fonction qu'ils occupent. Le roi Chilpéric Ier s'en plaint un jour : « Personne ne règne plus que les seuls évêques [2]. » Naturellement il exagère, mais il est vrai que si, dans la France du VIe siècle, un groupe détient les clés du pouvoir humain et divin, c'est bien l'épiscopat.

On a beaucoup écrit sur l'Église franque. En réalité, l'Église franque n'existe pas. Le paysage religieux comprend une multitude d'Églises, chacune ayant à sa tête un évêque, chacune constituant le foyer culturel et politique de l'élite locale. Si, au cours du VIe siècle, les rois francs imposent à l'épiscopat le sens d'une certaine unité, il demeure finalement aussi factieux que la société gallo-romaine qui le contrôle et dont il est issu.

Outre l'Église des évêques, il existe au moins deux, puis trois Églises monastiques, chacune ayant ses propres traditions, sa propre relation avec les élites locales, et un objectif religieux spécifique. Ces clivages reproduisent les trois grandes divisions culturelles de la Francie : en gros, le pays au nord de la Loire, l'Aquitaine, et l'est, qui comprend la vallée du Rhône et la côte provençale.

Les évêques : nobles par la naissance et par la foi

La première Église de Gaule avait été épiscopale, et dans la mémoire de l'aristocratie sénatoriale ses traditions remontaient au plus lointain. En fait, les deux phénomènes – installation de l'Église et création d'une aristocratie provinciale – sont contemporains : ils datent tous deux de la fin du IIIe siècle ; nées ensemble, Église et aristocratie forment une institution unique et inséparable.

Aux premiers temps mérovingiens, la plupart des évêques sont issus de l'aristocratie gallo-romaine. Il n'y a là rien d'étonnant, considérant le rôle joué par l'épiscopat dans la Gaule à la fin de l'Empire. Composées au VIIe siècle, les *Vies* des saints évêques mérovingiens commencent généralement par décrire leur noble origine : « Il était noble par la naissance, mais plus noble encore par la foi », c'est une phrase qu'on retrouve, avec des variantes mineures, dans toute cette littérature. L'implication est claire : un évêque doit sortir d'une famille illustre. A cette prééminence séculière s'ajoutent éventuellement les vertus chrétiennes, lesquelles à leur tour rejaillissent sur la famille tout entière.

Il serait extrêmement dangereux d'avancer des chiffres sur les origines sociales de l'épiscopat mérovingien : les données font cruellement défaut. Martin Heinzelmann a étudié, pour huit provinces ecclésiastiques (Tours, Rouen, Sens, Reims, Trèves, Metz, Cologne et Besançon), les 707 évêques dont le nom nous est parvenu : sur ces 707 évêques, il y en a 328 dont on ne connaît justement que le nom[3]. Cependant, sur les 179 évêques dont on peut déterminer l'origine sociale, il y en a seulement huit (parmi lesquels un Injuriosus de Tours, qui est, précise-t-on, « de famille modeste, mais cependant libre ») dont on peut dire avec certitude qu'ils n'appartiennent pas à l'aristocratie sénatoriale. Naturellement, on peut bien supposer, vu le préjugé aristocratique de nos sources, que l'origine d'un évêque avait d'autant moins de chance d'être enregistrée qu'elle était plus modeste. Cependant, à défaut d'informations biographiques spécifiques, nous avons toutes sortes de preuves indirectes – les postes importants tenus par d'autres membres de la famille de l'évêque, ou par lui-même avant son sacre (référendaire ou *major domus* ou *domesticus*), la réapparition des mêmes noms dans les listes d'évêques pour le même siège ou des sièges voisins – qui suggèrent que la grande majorité des évêques appartenaient à des familles distinguées et puissantes.

C'est au point qu'on peut même parler de « familles épiscopales » qui monopolisent un siège pendant plusieurs générations. La plus fameuse est celle de l'historien Grégoire de Tours : son père et sa mère appartenaient tous deux à d'importantes familles d'Auvergne, qui avaient donné des évêques à Langres, Genève, Lyon et aussi, bien entendu, à Tours. Grégoire est fier de dire que parmi les dix-huit évêques de Tours qui l'ont précédé, tous sauf cinq appartenaient à sa famille. Son cas est probablement typique. Nous savons par exemple qu'à Nantes, Châlons, Paris, Sens, Laon, Metz, Orléans et Trèves, les fils succédaient généralement aux pères et les neveux aux oncles.

Ces dynasties épiscopales sont significatives à la fois de l'influence exercée par l'évêque sur la désignation de son successeur, et des réseaux de relations, souvent très anciennes, qui unissent les familles sénatoriales à travers la Gaule. La mainmise sur les sièges épiscopaux est un des principaux objectifs des stratégies familiales, et la compétition était parfois rude, voire meurtrière. Ainsi, celle qui oppose la famille de Grégoire de Tours à celle de Félix de Nantes (*ca* 512-582). Félix appartient à l'une des plus puissantes familles d'Aquitaine. Il met toute son énergie à faire prospérer les affaires religieuses et séculières de son diocèse et de sa famille, toutes intimement liées. Venantius Fortunatus, qui l'admire, lui attribue l'honneur d'avoir converti « la race féroce des Saxons », autrement dit la communauté des « pirates » saxons établis sur la côte et officiellement reconnus par les Mérovingiens. A Nantes même, Félix tente de diriger le commerce vers la rive droite de la Loire, afin d'en faire profiter la cité [4]. Sa famille n'y perd rien.

En 549 ou 550, à la mort de son père Eumérius, Félix lui a succédé au siège de Nantes; il mène la vie d'un grand aristocrate. Fortunatus décrit Charcé, sa résidence favorite : c'est une propriété de plus de trois mille hectares le long de la Loire, qui, avec ses vignes et ses collines couvertes de pins, répond parfaitement à l'idéal du domaine aristocratique. L'influence exercée par la famille dans la région nantaise était sans doute déjà ancienne à la fin du VIe siècle : Martin Heinzelmann a attiré l'attention sur la présence d'Eumérius et de Nonnechius (ces noms, assez rares, sont ceux du père de Félix et de son successeur et parent) dans la liste des évêques de Nantes aux IVe et Ve siècles.

Grégoire ne partage pas l'admiration de Fortunatus pour l'évêque de Nantes en particulier et sa famille en général. Félix est un homme dont « l'avidité et l'arrogance n'ont pas de limite [5] ». On comprend l'animosité de Grégoire : vers 580, l'archidiacre Riculf avait tenté de le faire destituer, sans doute parce que lui-même avait été élu par le clergé de Tours; or, Félix avait soutenu Riculf : pis, le complot ayant échoué, il avait accueilli l'archidiacre à Nantes.

On connaît mal les raisons pour lesquelles Félix avait choisi le parti de Riculf, mais on peut parier qu'elles avaient autant à voir avec les rivalités familiales qu'avec la politique de l'Église. Félix avait accusé Pierre, frère de Grégoire et diacre de l'Église de Langres, d'avoir assassiné Sylvestre, l'évêque nouvellement élu, qui était son parent, afin de lui succéder. L'accusation provoqua la colère de Grégoire, peut-être parce qu'elle touchait de trop près la vérité. Il est certain que peu d'années auparavant, Pierre avait joué, dans la condamnation et le renvoi d'un autre diacre, Lampadius, un rôle important et qui finalement fut la cause de sa mort. Ce qui permet de penser que les accusations de Félix n'étaient pas fantaisistes, c'est que la famille de Grégoire considérait le siège de Langres comme une autre de ses chasses gardées : Pierre a peut-être estimé que c'était à lui, plutôt qu'à Sylvestre, de succéder à Tétricus en 572. Quelle qu'ait pu être la vérité dans cette affaire, Lampadius parvint à exciter si fort la colère du fils de Sylvestre que celui-ci assassina Pierre dans les rues de Langres. De toute évidence, Félix désapprouvait la manière dont on s'emparait des sièges épiscopaux dans la famille de Grégoire.

Et réciproquement. Mourant, Félix chercha à faire élire son neveu Burgondio. Grégoire, évêque métropolitain dont dépendaient la tonsure et le sacre de Burgondio, connut une délicieuse revanche : gravement, il fit remarquer au neveu combien l'action de Félix était contre les règles, et il le renvoya chez lui avec ce conseil : « Sois assidu à l'Église et lorsque Dieu aura voulu qu'il [Félix] émigre de ce monde, alors tu t'élèveras facilement à la dignité épiscopale. » Après la mort de Félix, Grégoire ne put empêcher l'élection d'un membre de sa famille : mais ce Nonnechius était un parent plus éloigné et, en tout cas, ce n'était pas celui que Félix avait choisi.

Si l'on se disputait ainsi les sièges épiscopaux, c'est que l'enjeu en valait la peine. La famille ne conservait son influence dans sa région qu'à condition de garder la mainmise sur les principaux évêchés. C'était aussi une source de grande richesse. Depuis le IV siècle, d'immenses domaines étaient passés aux mains de l'Église : c'était l'évêque qui administrait cette fortune foncière. On se fera une idée sommaire des bénéfices que pouvait en tirer sa famille en examinant les rares testaments laissés par les évêques francs : ainsi celui de l'évêque de Reims, Remi (mort en 533), qui désigne comme héritiers son église et son neveu Loup (Lupus), évêque de Soissons, Agricola, un prêtre, et Bertrand, évêque du Mans. Plus tard, Bertrand (qui meurt en 616) désigna l'Église comme unique héritière. Ces testaments distribuent des propriétés foncières, des églises, des esclaves, des *coloni* et des biens meubles, qui sont des biens de famille, des présents offerts par le roi, ou encore qui proviennent d'achats, échanges ou confiscations. Pour continuer à prospérer, la famille doit rester maîtresse des richesses épiscopales ; après plusieurs générations marquées par de telles donations, il n'est pas étonnant qu'elle en vienne à considérer la succession au siège épiscopal comme un droit héréditaire qu'il faut défendre pour tous les moyens, y compris l'assassinat.

Ces rivalités meurtrières se produisent chez les Gallo-Romains comme chez les Francs – pour autant qu'on puisse encore distinguer les uns des autres. On soutient d'ordinaire que, jusqu'en plein VIIIᵉ siècle, l'épiscopat mérovingien était presque entièrement issu des rangs de l'aristocratie gallo-romaine. On a volontiers considéré l'évêque comme le champion de la population romaine, seul capable de défendre les traditions et la culture antiques contre la barbarie franque.

Et il est vrai qu'au début du VIᵉ siècle, et, dans le sud de la Gaule, jusqu'aux VIIᵉ et même VIIIᵉ siècles, les évêques viennent des grandes familles sénatoriales. Cependant, les mariages et les alliances entre Romains et Francs commencent avant même l'époque de Clovis et, au cours du VIᵉ siècle, les deux élites commencent à fusionner, combinant ainsi deux séries d'avantages : la faveur royale et le pouvoir militaire des chefs francs ; les traditions culturelles, la clientèle locale et le réseau de parenté de l'aristocratie sénatoriale. Ceux qui s'efforcent de prouver le contraire s'appuient presque uniquement sur un seul type d'arguments : la fréquence des noms romains sur les listes d'évêques mérovingiens ; on a voulu y voir la preuve que les familles « romaines » continuaient de dominer l'épiscopat. Or il est très difficile de distinguer clairement familles romaines et franques, surtout dans le nord et en Bourgogne, et surtout par des critères onomastiques. Il se peut qu'on ait donné aux fils destinés à l'Église, quelle que fût leur origine, des noms chrétiens ou romains. De toute manière, les noms germains en viennent à dominer au nord, même dans les familles d'origine romaine, en partie en raison des mariages avec les familles franques, mais aussi parce qu'on veut ainsi affirmer sa loyauté envers les rois francs. Dans la seconde moitié du VIᵉ siècle, on trouve dans la famille de Remi, évêque de Reims, non seulement des noms romains (Loup, c'est-à-dire *Lupus*), mais aussi des noms francs : Romulf, et très probablement Leudegisel et Attalenus. Le même phénomène s'observe de l'autre côté du Rhin – à Trèves et à Cologne, les vieilles familles romaines se mélangent aux familles franques avec qui elles partagent le pouvoir – et en Bourgogne, où une aristocratie locale qui se développe présente un amalgame de traditions aristocratiques burgondes, franques et romaines. Ce qu'on voulait, c'était préserver le pouvoir et l'indépendance de la famille, non la pureté de la race.

L'importance de l'enjeu et l'ampleur de la tâche expliquent l'habitude, déjà bien établie sous l'Empire, d'élire comme évêques des hommes d'âge mûr et d'une compétence administrative et politique éprouvée. Il est vrai que certains parviennent à la dignité épiscopale après une carrière entièrement ecclésiastique, passant du rang de lecteur à celui de prêtre, puis enfin à celui d'évêque, mais ces cas sont si exceptionnels que, quand ils se produisent (ainsi pour les évêques Nivard de Reims ou Héraclius d'Angoulême), les hagiographes prennent la peine de le commenter. Lorsqu'en 551, Caton est choisi par le clergé et le peuple de Clermont-Ferrand comme leur candidat à la succession de saint Gall, il explique que son passé clérical lui donne une qualification particulière pour ce poste :

> ...j'ai franchi tous les grades de la cléricature selon les règles canoniques. J'ai été lecteur pendant dix ans, j'ai exercé l'office de sous-diacre pendant cinq ans, puis j'ai été affecté au diaconat quinze ans ; quant à la dignité de la prêtrise... voici vingt ans que je la possède. Que me reste-t-il donc maintenant à obtenir sinon l'épiscopat qu'un fidèle service me mérite ?

Mais il n'obtint pas le poste.

Quantité d'évêques ont fait auparavant leur carrière dans le siècle, et même chez ceux qui sortent du clergé, la prêtrise n'est pas la voie normale pour accéder à l'épiscopat. Les jeunes gens qu'on y destine sont généralement envoyés chez un évêque de la proche famille, qui fera leur éducation. L'évêque doit être instruit : c'est lui qui, à son tour, veillera à l'éducation de son clergé et à celle des jeunes gens envoyés par sa famille et ses alliés pour former sa maisonnée. Cependant, comme la plupart des évêques embrassaient la carrière ecclésiastique sur le tard, leur éducation devait plus aux lettres latines de la fin de l'Antiquité qu'à la théologie ou à l'ascétisme et la spiritualité. On pouvait rapidement acquérir les ordres mineurs, mais la position la plus enviée par les prêtres ambitieux était celle d'archidiacre ; car, à la cour de l'évêque, l'archidiacre est après lui le personnage le plus important : il est mandaté pour diriger les affaires temporelles et en général toute l'administration du diocèse. Lorsque son évêque meurt, il est donc particulièrement bien placé pour lui succéder, d'abord parce qu'il a acquis une vaste expérience, ensuite parce que, administrant les biens du diocèse, il peut s'en servir pour acheter le roi, le clergé et le peuple. C'est ce qui s'était passé avec ce Riculf qui avait causé tant d'ennuis à Grégoire : considérant le soutien considérable que Riculf obtint des prêtres de Tours, il se peut bien qu'il ait été leur candidat, de préférence à Grégoire, malgré la tradition familiale dont se prévalait ce dernier (ou peut-être justement à cause d'elle) et malgré les origines relativement modestes de Riculf.

Les évêques (peu nombreux) qui avaient une réelle formation théologique et ascétique venaient en général de l'Église monastique. C'est là seulement qu'était dispensée une éducation religieuse approfondie : lorsque à cette formation s'ajoutait le savoir-faire administratif et politique d'un abbé compétent, le moine pourvu de telles qualités faisait incontestablement un excellent candidat à l'épiscopat. En outre, beaucoup d'abbés n'étaient entrés en religion qu'après une période active à la cour du roi. Bien né, bien apparenté, instruit et expérimenté, un tel abbé est un évêque idéal, pour sa famille, pour le clergé, pour le roi. Le modèle en est fourni par le pape Grégoire le Grand (pape de 590 à 604), membre d'une famille aristocratique romaine, préfet de cité de 579 à 585, puis retiré dans un monastère qu'il avait fondé, avant qu'on n'aille l'y chercher pour le faire pape malgré lui. En Gaule, un Salvinus d'Albi, un Numeranus de Trèves, un Guntharius (Gonthier) de Tours suivent un parcours similaire.

Si beaucoup d'évêques ont fait un séjour en monastère entre leur carrière séculière et leur accession au trône épiscopal, plus nombreux encore sont ceux qui passent directement des charges temporelles à l'épiscopat. La fonction d'évêque est donc le couronnement d'un *cursus honorum* au sens traditionnel. Si, au VIIe siècle, la carrière des honneurs se fait de plus en plus à la cour du roi, aux Ve et VIe siècles, elle passe assez souvent par celles des fonctions romaines du Bas-Empire qui ont survécu, ou par des postes d'administrateurs dans les régions périphériques.

Ainsi en fut-il pour l'arrière-grand-père de Grégoire de Tours, l'évêque Grégoire de Langres. Ce premier Grégoire avait été comte à Autun pendant quarante ans (de 466 à 506 environ); il avait épousé Armentaria, née elle aussi d'une famille sénatoriale, et probablement fille de l'évêque Armentarius de Langres; il en avait eu des enfants. Après la mort de sa femme, Grégoire, s'étant « tourné vers le Seigneur », fut élu évêque de Langres; il remplit cette fonction jusqu'à sa mort, vers 540 [8].

Au milieu du VIe siècle, de telles « conversions », qui sont d'importants atouts dans les rivalités politico-familiales dont on a parlé, se font de plus en plus fréquentes. C'est ainsi qu'à la mort de l'évêque Ferreolus (Ferréol) d'Uzès, deux candidats se disputent son siège : Albinus (Albin), préfet de Marseille, soutenu par Dynamius, recteur de Provence, et Jovinus, rival du recteur et son prédécesseur évincé de son poste. Albinus est nommé par Dynamius sans l'accord du roi Gunthchramn. On aurait sûrement cherché à le déposer s'il n'était mort presque aussitôt. Ce décès opportun ouvre la voie à une nouvelle nomination, mais avant que Jovinus puisse prendre ses fonctions, Dynamius nomme évêque le diacre Marcellus, fils de son ami Félix, membre d'une puissante famille sénatoriale de Marseille. Il en résulte une guerre, au cours de laquelle Jovinus assiège Uzès, avant d'être acheté par l'évêque Marcellus [9].

Aux VIe et VIIe siècles, on trouve de plus en plus d'évêques qui ont auparavant été comtes de la même cité, c'est-à-dire représentants du roi dans la *civitas*. Dans certains cas, la dignité épiscopale est peut-être apparue comme le couronnement d'un *cursus honorum* dont l'échelon immédiatement inférieur est la fonction de comte. La distinction entre les deux types de fonctions, civile et religieuse, est désormais aussi brouillée qu'avant Dioclétien celle qui sépare les carrières militaire et civile.

En général, les hommes de haut rang sont mariés. Si l'épouse n'a pas (comme Armentaria, femme de l'évêque de Langres) quitté cette vie avant le sacre de son époux, elle entre avec lui à l'évêché et dans les affaires publiques avec le titre d'*episcopa*, « femme de l'évêque ». Au royaume franc, la règle du célibat des prêtres était relativement neuve et assez peu suivie. Depuis la seconde moitié du IVe siècle, plusieurs papes avaient exigé du clergé l'abstinence sexuelle, mais cet idéal ne s'imposa dans l'épiscopat gaulois que sous l'influence croissante de la tradition ascétique orientale qui, on l'a vu au chapitre premier, se répand au IVe siècle dans l'aristocratie sénatoriale. Au VIe siècle, on trouve encore naturel que l'homme marié, devenu clerc, garde avec lui sa femme mais en s'abstenant de rapports sexuels, et que l'épouse assiste son mari dans ses fonctions. Pour éviter le moindre scandale, ils vivront séparés et l'épouse n'entrera pas dans la chambre à coucher de l'évêque, parfois une sorte de dortoir où il est entouré de son clergé.

Au cours du VIe siècle, les épouses des diacres, prêtres et évêques se raréfient et certaines décisions conciliaires restreignent leur statut. Jusqu'au milieu du siècle cependant, elles continuent de jouer un rôle public au côté de leur époux, en particulier l'*episcopa*. Le portrait le plus flatteur qui nous reste d'une *episcopa* se trouve chez Grégoire de Tours : il s'agit de la femme de Namatius, évêque de Clermont-Ferrand à la fin du Ve siècle : l'*episcopa*, selon Grégoire, entreprit personnellement la construction de l'église Saint-Étienne. Elle aimait s'asseoir dans l'église à lire d'édifiantes « histoires d'autrefois » et elle expliquait aux ouvriers lesquelles elle voulait voir représenter sur les murs [10]. Malgré son admiration, Grégoire ne daigne pas révéler le nom de cette dame. En revanche, le portrait qu'il fait de la femme de Sidoine Apollinaire, fille de l'empereur Avitus, n'est pas très favorable. Une fois élu évêque, Sidoine prit l'habitude de donner l'argenterie de famille aux mendiants qui frappaient à sa porte. Sa femme (dont Grégoire, une fois encore, tait le nom) le gourmande pour ce qu'elle considère comme une générosité excessive et court après les mendiants pour leur racheter ses plats d'argent [11].

Le déclin progressif de l'idéal ascétique au sein de l'aristocratie du VIe siècle a peut-être eu pour résultat un changement dans le comportement de l'*episcopa* comme dans celui de son époux. En tout cas, Grégoire de Tours n'a pas beaucoup de bien à dire des *episcopae* de son époque. Elles ressembleraient un peu trop, semble-t-il, à une certaine Suzanne, femme de Priscus, évêque de Lyon, sacré en 573 :

non seulement elle prête la main à son mari pour persécuter les partisans de son saint prédécesseur, l'évêque Nicétius (saint Nizier), mais elle et ses domestiques visitent la chambre de l'évêque. C'est avec beaucoup de satisfaction que Grégoire raconte sa triste fin : elle devient folle et, possédée par le démon, elle court nu-tête dans les rues de Lyon, proclamant qu'en effet Nicétius était un homme de Dieu, et le suppliant de l'épargner [12].

Le seul rival potentiel de l'évêque pour le contrôle de la cité est le comte ; mais la partie n'est pas égale, car le gouvernement civil disparaît. Il est admis que l'évêque se situe à un échelon au-dessus du comte dans la hiérarchie de la cité : souvent, l'évêque est un aristocrate qui a déjà occupé la fonction de comte. Au VIe siècle, cette fonction perd lentement de son prestige et de son pouvoir au profit de l'évêque, en partie parce que celui-ci est souvent d'une origine sociale plus illustre. Plus tard, l'Église a parfois permis une ascension sociale que n'autorisaient pas les carrières séculières, mais aux VIIe et VIIIe siècles, c'est le contraire qui est généralement vrai. D'autre part, si les comtes sont ordinairement issus de la même couche sociale que les évêques, il se trouve aussi parmi eux des personnages de plus humble origine qui, s'ils se montrent capables ou habiles, s'élèveront par le service du roi. Il en est ainsi de Leudast, comte de la cité de Tours, ennemi juré de Grégoire. A en croire celui-ci, l'histoire de Leudast est celle d'une classique ascension sociale. Né d'une esclave, et de santé trop fragile pour travailler même dans la cuisine, il s'élève dans la faveur royale jusqu'à devenir maître des écuries et enfin comte de Tours. Il ne montera pas plus haut : il a beau avoir de puissants appuis ici et là, il ne peut rivaliser avec l'évêque et son réseau de solidarités familiales. Il sera torturé et mis à mort par la reine Frédégonde [13].

Vers la fin du VIe siècle, l'équilibre des forces entre comte et évêque s'est modifié au point que la nomination du premier est soumise à l'approbation du second, à moins que l'évêque ne nomme le comte, tout simplement. C'est ainsi que le roi Theudebert demande à Grégoire de réinstaller Leudast dans ses fonctions. Bref, le comte est désormais moins un représentant du roi qu'un agent du gouvernement épiscopal.

Sans nul doute, l'expérience administrative acquise par de tels évêques les préparait fort bien à gouverner leur diocèse, et le pouvoir politique qu'ils détenaient leur permettait de jouer un rôle de médiateur, de protecteur de leur communauté contre les exigences royales. Si les évêques se sont souvent opposés aux rois et à leurs agents lorsque ceux-ci tentaient de lever des impôts excessifs ou inhabituels, c'est aussi parce qu'ils occupaient une position de force en tant que représentants d'une puissante élite locale dont le roi avait besoin. En protégeant leurs ouailles, c'est souvent leur pouvoir quasi héréditaire qu'ils protégeaient.

Ainsi donc, la naissance, l'éducation et les compétences administratives étaient des qualifications indispensables pour être évêque, mais elles ne suffisaient pas : il fallait encore l'élection et le sacre. Ici, la coutume de l'Église (on ne peut guère encore parler de loi), la prérogative royale et la politique locale se heurtaient souvent pour provoquer des crises majeures.

La tradition exigeait que l'évêque fût élu par « le clergé et le peuple » du diocèse. Dans la pratique, ce n'était probablement pas de cette manière que la plupart des évêques étaient choisis, sauf peut-être dans la Gaule isolée de la fin de l'Antiquité, à condition d'entendre par « clergé » essentiellement l'archidiacre et par « peuple » l'aristocratie sénatoriale. Lorsque fut établie la royauté franque, un troisième élément fut introduit, ou plutôt réintroduit : l'approbation du roi. C'est ainsi qu'au VIe siècle, les éléments qui se combinent pour choisir un évêque sont le roi, le clergé du diocèse et l'aristocratie. Au-delà, émergeant à peine, on trouve le *populus*, au sens de la masse des fidèles que parfois on utilise pour peser sur un choix lors d'une élection disputée. Dans ce mélange instable, la proportion des composantes n'est jamais exactement identique d'une élection à l'autre.

Justement, comme il n'existait pas de mécanisme bien régulier pour déterminer une succession, l'imminence de la mort d'un évêque faisait naître chez toutes les parties un mélange de crainte et d'espoir. La mort de l'évêque et l'interrègne pouvaient provoquer la violence et le pillage, et fournir l'occasion de régler de vieilles querelles : c'est bien à quoi, semble-t-il, on s'attendait. Lorsque l'évêque de Marseille, Théodore, fut fait prisonnier par Dynamius, son ennemi, le clergé de la ville, enchanté, mit à sac la résidence épiscopale « comme si l'évêque était déjà mort [14] ». En l'occurrence, l'évêque survécut et retrouva même son évêché. Dans certains cas, le candidat à la succession trouve la mort de l'évêque trop lente à venir, il la précipite : c'est l'accusation qui fut portée contre le propre frère de Grégoire ; l'évêque de Tours, lui, accuse Fronton, évêque d'Angoulême, d'avoir assassiné Marachar, son prédécesseur [15] ; à Lisieux, l'archidiacre et un prêtre conspirent pour mettre à mort l'évêque Aethérius, sauvé *in extremis* par l'échec du tueur à gages, un clerc [16].

Désireux que la succession se passe bien, et que le siège reste dans la famille, l'évêque cherche parfois à assurer de son vivant l'élection et le sacre de son successeur. Félix, évêque de Nantes, cherche, on l'a vu, à assurer le siège à son neveu. Une telle pratique était contraire aux usages de l'Église et rencontrait une sérieuse opposition. Plus fréquemment, l'évêque déclarait avec force sa préférence pour tel successeur : ainsi fit le saint évêque Mavilio de Cahors, qui réussit à imposer Ursicinus, référendaire de la reine Ultrogotha [17]. De même, Sacerdos, évêque de Lyon, eut pour successeur Nicétius, qu'il avait choisi [18].

La compétition entre les familles rivales, les candidats du roi et les favoris du clergé local commençait pour de bon aussitôt après la mort de l'évêque. Trois éléments étaient indispensables à la succession dans les règles : l'élection, la confirmation par le roi, et le sacre – qui était le plus important. L'évêque une fois sacré, même si son élection avait été scandaleuse ou non confirmée, on pouvait, en dernier recours, l'exiler ou même l'excommunier, mais il était extrêmement difficile de le remplacer avant sa mort ; en tout cas, il gardait sa qualité d'évêque. Faustianus, évêque de Dax, fut, il est vrai, déposé au second concile de Mâcon par le roi Gunthchramn, parce que son sacre avait été ordonné par le rival du roi, Gundovald ; mais les trois évêques qui l'avaient sacré furent condamnés à l'entretenir et à lui verser 100 pièces d'or par an [19]. La qualité sacrée conférée par l'onction épiscopale était telle que l'oint du seigneur demeurait évêque, de quelque façon qu'il ait atteint cette position.

Les mêmes idées s'appliqueront aux fonctions séculières, particulièrement à celle des empereurs et à celle du roi. Pour réaliser ses desseins, Dieu exerce son pouvoir par l'intermédiaire des hommes, même s'ils sont mauvais, et lui seul peut les écarter, quoiqu'il puisse utiliser à cet effet des agents humains.

Le drame qui entoure la succession épiscopale illustre, mieux que toute autre chose, la complexité et l'ambiguïté du pouvoir politique dans la Francie du VIe siècle. Pour que fût pourvu cet office si important et si recherché, il fallait une sorte de consensus, ou du moins une trêve entre les différentes factions. Chaque cas était spécifique, et les alertes récits de Grégoire de Tours obscurcissent souvent le processus plutôt qu'ils ne l'éclairent. A la mort de Laban, évêque d'Eauze, Childebert accepta l'argent que lui proposait Bertrand, un laïc, pour obtenir la confirmation de sa succession. Ensuite, à la mort de Bertrand, le même roi refusa de se laisser corrompre par Waldon, successeur désigné, sans doute filleul de l'évêque, et qui, en outre, avait le soutien entier des citoyens d'Eauze [20]. Pourquoi cette différence? Grégoire ne l'explique pas, et nous n'avons aucun indice qui permette une hypothèse. En cette occasion, le roi parvint à faire prévaloir sa volonté contre celles, réunies, du clergé et du peuple. Ailleurs, à Uzès par exemple, deux candidats successivement soutenus par le roi furent barrés par de puissants intérêts locaux. On aperçoit ici les limites du pouvoir royal.

Le rôle religieux de l'évêque

Le pouvoir de l'évêque n'était pas réductible à la force de sa position à la cour, à l'influence de sa famille et à ses bonnes relations avec ses partisans dans le diocèse. Avant tout, l'évêque est l'agent de la volonté divine à l'intérieur de la communauté qu'il dirige; l'assise de son pouvoir est la maîtrise qu'il exerce sur le sacré. Si cet aspect de son rôle n'est pas très visible pour nous à travers le sang et les intrigues de la politique épiscopale, c'est que nous sommes étrangers à la notion de Providence divine commune au VIe siècle.

L'évêque modèle administre son clergé et aussi les monastères de son diocèse, mais il est avant tout le défenseur de la foi et le protecteur des pauvres. Défenseur de la foi, l'évêque, en de rares occasions, avancera une argumentation théologique, par exemple contre les erreurs des ariens, ou plus rarement encore, celles de Chilpéric, roi franc lettré qui voulut écrire un traité sur la Trinité. Mais en réalité la Francie est à peu près dépourvue de vrais hérétiques aussi bien que de vrais théologiens. Un peu moins rarement, l'évêque doit éliminer certaines pratiques polythéistes subsistant dans son diocèse, par quoi il faut entendre notamment le genre de cultes syncrétistes que pratiquaient sans nul doute les Francs récemment convertis. Ainsi, en 533, au concile d'Orléans, des évêques venus surtout du nord de l'Aquitaine édictent des mesures dirigées contre les catholiques qui continuent de sacrifier aux idoles, mesures confirmées huit ans plus tard par un autre concile assemblé dans la même ville [21]. On aurait tort de croire le paganisme limité à la Francie du Nord, plus barbare. En Gaule, le christianisme était pour l'essentiel l'affaire de l'aristocratie, et le paganisme était encore très vivant partout dans les campagnes; les vieux rituels agraires persisteront pendant des siècles. La campagne ne sera totalement christianisée que quand le réseau des paroisses enserrera tous les recoins du royaume, ce qui n'aura pas lieu avant le IXe siècle.

Un autre aspect, plus prosaïque, du rôle de l'évêque comme défenseur de la foi consistait à instruire les laïcs et le clergé, tant par la prédication que par l'établissement d'écoles. Les évêques issus de la tradition monastique, particulièrement celle de Lérins, étaient le mieux préparés à cette tâche. Césaire d'Arles, le modèle des évêques mérovingiens, nous a laissé un recueil de sermons qui montrent sa capacité à faire servir son éducation rhétorique à l'instruction du clergé et des laïcs de son diocèse. Les évêques du VIe siècle connaissent bien les lettres latines, sinon la doctrine chrétienne, ce qui les rend au moins capables d'adapter l'enseignement de Césaire et d'autres à leurs propres besoins.

La tâche qui paraît la plus urgente aux évêques est l'imposition d'une règle au monde particulièrement turbulent et indiscipliné dans lequel ils vivent. Il leur faut pour cela créer, parmi les factions hétérogènes dont sont faits la communauté qu'ils administrent et l'épiscopat tout entier, la notion d'une certaine unité, d'un objectif commun; et encore établir et maintenir des normes de conduite chrétienne pour le clergé comme pour les laïcs.

Dans ce monde dominé par des personnalités fortes, c'est principalement la personnalité des saints qui permet d'imposer une sorte d'unité aux forces qui rivalisent à l'intérieur de la société. L'un des grands acquis de la recherche récente est la mise en lumière (notamment par Peter Brown) du rôle absolument capital joué par le culte des saints dans la société du haut Moyen Âge [22]. Dans ces communautés souvent fracturées par les formes de compétition les plus ouvertes et les plus meurtrières, où aucun homme encore en vie ne peut être assuré d'être reconnu et accepté par tous, le saint – une fois mort – est un lieu de convergence. Seul le saint (ou la sainte) participe du monde surnaturel tout en continuant, par son tombeau, à résider ici-bas et à servir les vivants. Le saint est donc une source tangible, physique, d'autorité et de pouvoir, un ancrage sûr dans un monde où les fortunes changent sans cesse.

Aucun chrétien ne mettait en doute le pouvoir des saints en général; mais à la mort de tel individu, on pouvait contester la sainteté de cette personne particulière. Tout homme vivant, quel que fût son état, participait des luttes politiques dont on a parlé. Ainsi Priscus, évêque de Lyon, et sa femme Suzanne n'étaient pas disposés à considérer Nicétius, le précédent évêque, comme un élu de Dieu. Il fallait donc que la communauté parvienne à un certain consensus à propos du statut particulier du saint en question, et l'évêque était parfois l'artisan de cet accord. Sa formation rhétorique convenait parfaitement pour cette tâche : il lui fallait persuader, faire voir à la communauté les signes incontestables du pouvoir exercé par le saint personnage. Pour obtenir un tel consensus, l'évêque interprète les malheurs survenus aux ennemis du saint et les félicités dont sont gratifiés ses amis comme une réponse surnaturelle à ce comportement hostile ou au contraire amical : ce faisant, c'est aussi autour de sa propre personne qu'il construit le consensus. La réputation de l'évêque dépend donc de celle du saint, et réciproquement.

Le droit que revendiquent les évêques à contrôler la sainteté ne va pas sans contestation de la part de la société, ou des saints eux-mêmes : les saints furent les premiers à défier (dans l'ensemble sans grand succès) l'autorité de l'épiscopat occidental, car s'ils constituent, une fois morts, la principale source de pouvoir spirituel pour les évêques, ils font aussi peser sur lui, de leur vivant, la menace la plus grave. En Orient, l'homme de Dieu est devenu, par sa vie d'ascétisme et de renoncement, un facteur essentiel dans l'équilibre des pouvoirs pour les affaires du village, du pays, et parfois même de l'Empire. De tels personnages, hommes ou femmes, ne doivent aucune parcelle de leur pouvoir à l'évêque, ni à l'empereur ou à ses représentants : c'est le public qui directement les acclame comme envoyés de Dieu. Une telle situation était totalement inacceptable pour l'aristocratie épiscopale de Francie. L'histoire de Vulfolaïc le Lombard illustre la réaction des évêques devant cette menace [23].

Enfant (sans doute de famille arienne), Vulfolaïc entend prononcer le nom de Martin et, sans connaître aucunement la vie ni les œuvres du saint, il se prend pour lui d'une vive dévotion. Bientôt il apprend à lire, devient le disciple de l'abbé Arédius de Limoges, et enfin se rend à Tours, où il obtient d'emporter comme relique un peu de poussière prise sur la tombe de saint Martin. Lorsqu'il revient à Limoges, la poussière, se multipliant par miracle, se répand hors de la petite boîte qu'il portait au cou. Inspiré par ce prodige, Vulfolaïc se rend dans la région de Trèves, où il découvre, dans les ruines d'un temple, une statue de Diane élevée sur un pilier, à laquelle les gens du pays rendent un culte. Imitant Siméon le Stylite, Vulfolaïc s'installe sur un pilier voisin, et affronte les glaces de tout un hiver nordique. Bientôt, venues des manoirs du voisinage, les foules se pressent autour du saint homme, qui, du haut de sa colonne, prêche l'abandon de l'idole sa voisine. Persuadés par sa parole et son exemple, aidés par ses prières, les gens du pays détruisent la statue. Malgré ce succès, les évêques du lieu le blâment et finalement l'éloignent en le chargeant d'une mission, et font en son absence détruire sa colonne. Le cœur brisé, mais incapable de désobéir aux évêques, Vulfolaïc vient résider avec les autres clercs.

Pour Grégoire de Tours et ses collègues, Vulfolaïc a commis à peu près toutes les fautes imaginables, sauf une, et son obéissance finale le rachète.

Pour commencer, Vulfolaïc n'est qu'un paysan. Il est né dans une obscure famille barbare – au VIe siècle, les Lombards sont les barbares les plus grossiers et malappris de tout le monde romain. Preuve de son inculture : sa dévotion à saint Martin grandit sans l'assistance ni les conseils d'un évêque convenablement formé, qui eût pu lui inspirer la *reverentia,* cette intelligence plus profonde, plus intérieure qui est propre au clerc entraîné.

En second lieu, Vulfolaïc, après le miracle qui l'a favorisé, se gonfle d'orgueil. Au lieu de demeurer dans son monastère, il interprète la multiplication du sable comme le signe que Dieu l'a marqué pour un rôle public, et il entreprend la mission dont il s'estime chargé. Grégoire explique ailleurs comment il aurait fallu traiter ce miracle : dans un monastère de Bordeaux, la moisson avait été miraculeusement sauvée par les prières d'un novice. Aussitôt le sage abbé se saisit du jeune homme, le fait battre et enfermer dans sa cellule pour toute une semaine, afin d'éviter qu'il ne gonfle d'orgueil pour avoir été choisi comme instrument de la volonté divine [24].

Troisièmement, sans éducation ni autorité, Vulfolaïc s'est mis à prêcher, fonction réservée à l'évêque. C'est comme si l'aveugle guidait l'aveugle ; peu importe que sa prédication ait eu pour effet la destruction de l'idole et la conversion des gens du pays.

Vulfolaïc est alors à deux doigts d'être jeté dans la catégorie des prêcheurs ambulants, des faiseurs de tours et autres trublions qui finissent souvent leurs jours à pourrir dans les prisons épiscopales. Son obéissance le sauve. Finalement, il accepte la décision des évêques, renonce à redresser sa colonne et finit ses jours comme diacre, fermement bridé par l'autorité épiscopale.

Ce thème – le contrôle exercé par l'épiscopat sur la sainteté – est récurrent non seulement chez Grégoire de Tours, dans son *Histoire* et ses vies de saints, mais en général dans toute l'hagiographie mérovingienne. Ce n'est qu'un aspect d'un projet plus général qui vise à soumettre à la hiérarchie toutes les formes imaginables de pouvoir surnaturel, et qui rejette comme apostasie ou paganisme tout ce qui ne peut être ainsi assimilé et soumis. Même lorsque Grégoire raconte la vie des ermites, l'évêque n'est jamais loin. Ainsi, quand Friardus, un ermite de la région de Nantes, gît mourant sur son grabat, son dernier vœu est de voir son évêque ; il se laisse mourir sitôt l'évêque arrivé. Avant de commencer sa carrière d'ermite, saint Patrocle prend soin de paraître d'abord devant son évêque pour demander la tonsure [25].

L'épiscopat ne cherche pas seulement à récupérer le pouvoir des saints chrétiens : il s'efforce aussi d'introduire dans la tradition chrétienne et de récupérer les croyances populaires. L'histoire des démêlés de saint Marcel avec le dragon, racontée par Venantius Fortunatus, est exemplaire. En deux mots : un dragon terrorise les faubourgs de Paris ; l'évêque Marcel intervient, dompte la bête, lui ordonne de disparaître. Le monstre obéit, on ne le reverra plus. Comme l'a montré récemment Jacques Le Goff, la légende prend le caractère d'une fusion entre l'autorité épiscopale et les croyances populaires [26]. Le dragon, présent dans le monde barbare comme dans les pays méditerranéens, ne représente pas seulement le diable : c'est aussi l'ambivalent symbole des forces naturelles terrestres et aquatiques, à la fois dangereuses et attirantes. Dans la légende, l'évêque fait figure de civilisateur : il triomphe des forces naturelles, mais il ne les détruit pas. Devant saint Marcel, le terrible dragon a si peur qu'il baisse la tête et agite la queue comme un petit chien. Éloignant le monstre, l'évêque a reconnu l'existence des forces naturelles, ici les marais inhabitables des bords de Seine, et les a fait entrer dans une relation rationnelle et civilisée avec l'humanité. Le prestige de l'évêque ne lui vient pas seulement de sa capacité à s'approprier le pouvoir chrétien traditionnel : il le tient aussi de l'autorité qu'il exerce sur des puissances plus anciennes et élémentaires.

Le monastère

En 811, le grand empereur Charlemagne décide une enquête :

> Qu'il soit déterminé s'il a existé des moines en Gaule avant l'introduction de la Règle de saint Benoît en ces provinces ecclésiastiques [27].

Au IXe siècle, la règle de saint Benoît s'impose au monachisme occidental tout entier. Cependant, si les enquêteurs de Charlemagne ont bien fait leur travail, ils ont dû rapporter à leur maître que non seulement il y a eu en Gaule d'autres formes de vie monastique avant l'introduction de la règle bénédictine, mais aussi que le monachisme bénédictin est, en Francie, un tard-venu. Trois autres traditions monastiques l'ont précédé : celle de Martin de Tours, celle de Lérins, enfin la tradition irlandaise de saint Colomban. Sans évaluer le rôle des deux premiers, on ne saurait comprendre la Francie du VIe siècle.

Martin de Tours

La vie de saint Martin est comme la récapitulation des éléments qui forment l'empire d'Occident au IVe siècle. Martin naît vers 316, d'un père soldat, à Szombathely, dans l'ancienne Pannonie et l'actuelle Hongrie, poste militaire capital pour la défense de la frontière danubienne. Lorsque son père, tribun militaire, est nommé à Pavie, il le suit en Italie, où il devient catéchumène. La loi romaine lie le fils à la profession du père : Martin sera donc soldat. Son unité est transférée à Amiens ; c'est là que se place la fameuse histoire du manteau partagé : un jour, voyant aux portes de la ville un mendiant tremblant de froid, Martin coupe en deux son manteau militaire et en donne une moitié au mendiant. On se moque de lui lorsqu'il se présente en ville vêtu d'une moitié de manteau ; mais la même nuit, le Seigneur lui apparaît, portant la partie du manteau que Martin avait offerte au mendiant. L'autre moitié, celle que Martin a gardée pour lui, sera plus tard la *cappa,* une des reliques les plus précieuses de la monarchie franque, gardée et vénérée par les clercs de la maison royale qui constituent la *capella,* ou chapelle.

Martin est baptisé à Amiens; peu après, à Worms, il est autorisé à quitter l'armée. Il se rend auprès d'Hilaire, évêque de Poitiers, pour s'instruire mieux dans sa nouvelle foi. Bientôt, il part en Italie pour revoir ses parents, mais avant d'avoir pu regagner Poitiers, il apprend qu'Hilaire a été exilé en Orient par les Wisigoths, qui sont ariens. Empêché de revenir en Gaule, il vit en ermite sur l'île d'Albenga, dans la mer Tyrrhénienne; c'est sa première expérience monastique. Lorsqu'en 361 Hilaire est autorisé à regagner Poitiers, Martin le rejoint aussitôt et obtient de lui la permission de mener à Ligugé le genre de vie solitaire qu'il a expérimenté à Albenga. Très vite, sa réputation se répand; une communauté de disciples se joint à lui; souvent on lui demande de venir prêcher en Gaule centrale et occidentale. En 371, à la mort de leur évêque Lidorius, les citoyens de Tours, par une supercherie, attirent Martin dans la ville et le font évêque.

Martin accomplit consciencieusement ses devoirs épiscopaux, mais il continue de mener une vie monastique dans une cellule, à peu de distance de la ville. Une fois encore, une communauté se rassemble autour de lui en un nouveau monastère, Marmoutier. Martin continue d'intervenir dans les affaires religieuses d'Occident : son rôle de défenseur et porte-parole de l'orthodoxie l'amène à Trèves et même à Rome. Il meurt en 397. On l'enterre dans un sarcophage de pierre en son monastère de Marmoutier, qui deviendra bientôt un grand centre de pèlerinage.

Cependant, à l'origine, le culte de saint Martin et la tradition monastique qu'il institue ne se répandent guère au-delà de la région qu'il avait marquée de son activité la plus intense : avant que Clovis ait fait de Martin le saint patron de la dynastie mérovingienne, ce culte est pour l'essentiel limité aux pays de Loire et à l'Aquitaine, plus quelques sites en Espagne. La tradition monastique qu'il a instituée, assez éclectique, combinant des traditions empruntées à l'ascétisme oriental avec le mode de vie du clergé d'Occident, ne réussit pas à s'implanter en dehors des régions où il avait vécu et travaillé. On peut avancer à cela plusieurs raisons. A la différence des grands évêques issus de l'aristocratie gallo-romaine, Martin est un étranger, un soldat (profession dévalorisée aux yeux des aristocrates romains) et surtout un étrange hybride : c'est un moine-évêque, un ascète qui, néanmoins, s'immisce constamment dans les affaires de ce monde. Il semble qu'au nord de la Loire et au sud-est de la Gaule, le monachisme martinien ait eu peu de succès.

La popularité qu'a finalement acquise cet homme exceptionnel, il la doit principalement à l'image que donne de lui son biographe, Sulpice Sévère, un disciple du saint, homme de lettres raffiné, qui le présente comme l'idéal d'un nouveau type d'évêque, à la fois grand homme d'Église jouant le rôle actif traditionnellement associé aux hautes fonctions romaines, et pourtant capable de mener aussi la vie de renoncement qui caractérise la règle monastique. Peu à peu, cette histoire d'action et de contemplation, devenue un classique de la prose latine tardive, attire ceux des hommes d'Église aquitains qui demandent à la religion un peu plus que la routine quotidienne des tâches administratives et les menaces de la compétition politique.

Cependant, celui qui joue le rôle déterminant dans le développement du culte de saint Martin, ce n'est pas Sulpice Sévère, ce moine lettré, cet aristocrate aquitain, mais bien Clovis, le Franc récemment converti. Pourquoi choisit-il Martin ? On ne le sait pas trop ; sans doute Clovis a-t-il vu en lui un allié de poids dans sa lutte contre les Wisigoths. De plus, comme le culte de Martin se répandait lentement dans l'aristocratie du pays que Clovis venait de conquérir, promouvoir ce saint était une façon d'établir des liens solides avec les figures dominantes de ces terres nouvellement acquises. Il se peut même que ce soldat pannonien venu jouer un rôle si important en Gaule ait plu à Clovis pour des raisons bien différentes. Malgré la distorsion qu'introduit Sulpice dans sa biographie, il est clair que Martin n'est pas, comme la plupart des évêques méridionaux que Clovis avait rencontrés, un grand intellectuel ou un homme de lettres : c'est un homme d'action, qui sait d'où vient le pouvoir réel, et comment l'exercer. Clovis était lui aussi une sorte d'étranger ; peut-être même se croyait-il d'origine pannonienne, si la légende dont il a été question plus haut circulait déjà ; et lui aussi était un converti récent, qui faisait son chemin en Gaule. Martin et Clovis avaient bien des choses en commun.

Quoi qu'il en soit, choisi par Clovis, Martin ne fut plus seulement le patron des évêques aquitains, mais bien le protecteur du royaume franc tout entier et le symbole de la nouvelle Église franque. Au VIᵉ siècle, le culte, et avec lui l'effort pour combiner une vie publique active avec la tradition ascétique, contemplative, se répandait au nord, jusqu'à Paris, Chartres, Rouen et Amiens ; à l'est, jusqu'à Trèves, Strasbourg et Bâle ; à l'ouest vers Bayeux, Avranches, Le Mans ; et au sud jusqu'à Saintes, Angoulême, Limoges et Bordeaux, pour ne citer que quelques grandes villes. Au VIIᵉ siècle, le culte de saint Martin voyage avec la conquête franque, atteignant Utrecht au nord, et Linz à l'est.

On ne saurait voir dans le monachisme aquitain un mouvement systématiquement organisé, ni même un groupe de monastères suivant une règle particulière. Il s'agit plutôt d'initiatives locales souvent inspirées par l'exemple de Martin, mais sans liens institutionnels particuliers avec Marmoutier. En fait, on sait peu de chose sur l'organisation interne et sur la discipline de ces communautés – on n'est d'ailleurs guère mieux renseigné, on le verra, sur d'autres traditions monastiques plus formellement constituées.

L'exemple de Martin n'attira pas seulement des hommes. Cependant, si les communautés d'hommes se forment volontiers autour d'un ermite de grand renom, les femmes, elles, se groupent plus souvent autour d'oratoires ou de basiliques abritant les restes de saints particulièrement vénérés. Les communautés de femmes s'établissent généralement dans les villes ou leurs abords immédiats, à portée du regard de l'évêque qui les surveille, et à l'abri des hommes. A l'époque, le rapt est encore une forme habituelle de mariage, et les couvents aristocratiques sont des endroits commodes où trouver une épouse convenable à voler, violer, puis épouser pour son héritage.

La vallée du Rhône

La seule région de Francie où le culte de saint Martin ait à peine pénétré est justement celle qui, avec l'Aquitaine, était la plus profondément romanisée : la vallée du Rhône. C'est que se développe là, presque au même moment, une forme de monachisme parallèle, mais différente, beaucoup plus aristocratique en ses associations, plus soigneusement disciplinée, et plus étroitement liée à la tradition monastique orientale. Les deux courants s'observent avec méfiance ; il se peut que les différences et les désaccords ne reflètent pas seulement deux styles de vie monastique, mais aussi d'importantes divisions dans l'aristocratie gallo-romaine à la fin de l'Empire.

Le premier des grands monastères de Provence, Lérins, fut fondé entre 400 et 410 par saint Honorat. Membre d'une famille consulaire du nord de la Gaule, Honorat s'était dès sa jeunesse consacré à la vie ascétique ; avec son frère, il avait entrepris un pèlerinage en Orient : les deux jeunes gens voulaient faire l'expérience du monachisme oriental. Après le décès de son frère, survenu dans le Péloponnèse, Honorat revient en Gaule et fonde dans l'île de Lerinum (Lérins) un petit monastère sur le modèle de ceux qu'il a connus en Orient.

Presque au même moment, Jean Cassien fonde le monastère de Saint-Victor près de Marseille. Cassien avait été l'élève de Jean Chrysostome à Constantinople et du pape Léon le Grand à Rome, mais c'était l'expérience du monachisme oriental qui l'avait le plus profondément marqué : il avait passé quinze ans avec les anachorètes de Syrie et dans les communautés monastiques du désert de Scété, en Égypte. Avec Cassien, ses *Institutes,* qui proposent une description rigoureuse de la vie et de la discipline ascétique, ses *Colloques,* recueil de la sagesse et des dits des Pères du Désert, c'est tout le monachisme oriental qui est directement importé en Occident. Certes, les *Colloques* ne sont pas une transcription parfaitement littérale de l'enseignement des Pères égyptiens, mais ils restituent l'esprit et la vitalité du monachisme oriental et les présentent comme un modèle à suivre en Occident.

La tradition ascétique orientale introduite par Honorat et Cassien arrive exactement au bon moment pour offrir aux aristocrates du nord, pris dans les turbulences du Ve siècle, un refuge spirituel et culturel. Le monastère de Lérins, en particulier, propose un asile à ceux qui, comme Honorat lui-même, cherchent à fuir les bouleversements politiques et sociaux qui secouent leur patrie. La liste de ces réfugiés politiques est longue et comprend des noms illustres. Citons-en quelques-uns : saint Hilaire, parent d'Honorat, et plus tard archevêque d'Arles; Césaire, originaire de Chalon-sur-Saône, qui finit archevêque d'Arles; Salvien, venu à Marseille de Cologne ou de Trèves; Faustus, originaire d'Armorique, qui sera abbé de Lérins puis évêque de Riez.

A la différence de celui qu'illustra saint Martin, le monachisme rhodanien conservera toujours une forte coloration aristocratique. Son élitisme se manifeste avec évidence par la qualité des écrits et des polémiques théologiques qu'il produit. Avant leur conversion, ces moines avaient reçu une éducation soignée, conforme à la tradition rhétorique païenne. Certes, ils venaient à Lérins pour y trouver le silence, la solitude, l'abstinence et la prière, mais ils ne cessaient pas pour autant d'utiliser leur esprit et leur savoir. C'est pourquoi, à la différence des monastères martiniens, Lérins produisit et surtout influença des intellectuels. L'exemple le plus significatif de l'influence exercée par Lérins sur les intellectuels du Ve siècle est le rôle que jouèrent au moins deux de ses moines, Vincent de Lérins et Faustus de Riez, et avec eux Cassien lui-même, dans la controverse sur la doctrine augustinienne de la prédestination. Avec d'autres moines attachés aux valeurs de la vie ascétique, de la mortification et de la maîtrise de soi, ces gens, qu'on appelle semi-pélagiens, ne pouvaient que rejeter une vision aussi pessimiste de la nature humaine et des voies qui lui sont ouvertes. Accepter la solution augustinienne du paradoxe entre inévitabilité et responsabilité, c'était à leurs yeux détruire la responsabilité. La doctrine d'Augustin sur la prédestination n'était pas seulement inadmissible parce qu'elle proposait une solution fataliste, hérétique, au problème de la grâce divine et de la volonté libre; en plus elle était neuve. Attaquant cette nouveauté, Vincent de Lérins formule ce qui sera la définition fondamentale du consensus orthodoxe : la prédestination augustinienne est inacceptable parce que non conforme à ce qui a été cru « partout, toujours, par tous » (*ubique semper ab omnibus*) [28]. Formule tout à fait typique de ce monachisme intellectuel qui maintient fermement le caractère « catholique », universel, de la civilisation chrétienne romaine.

La qualité aristocratique de Lérins se manifeste encore par la nature de l'attraction qu'il exerce : c'est une retraite au désert, mais un désert agréable et fertile où les élites déracinées trouvent pour quelque temps, ou pour le reste de leurs jours, la consolation qu'offrent la vie de l'esprit et la recherche de la perfection spirituelle. Lorsqu'ils quittent Lérins pour rejoindre leur siège épiscopal, nombreux sont ceux qui, comme Hilaire, Faustus et Césaire, fondent dans leur cité des communautés de même type. Comme la plupart de ces évêchés se trouvent sur l'axe fluvial créé par le Rhône et la Saône, la forme de monachisme propre à Lérins se répand peu à peu vers le nord, à Arles, Lyon, Autun, Saint-Maurice d'Agaune, jusqu'aux monastères du Jura, et même jusqu'à Troyes.

Bien que les différences entre les deux traditions monastiques, celle de Tours et celle de Lérins et Marseille, fussent moins dans le contenu que dans l'accent mis sur tel aspect plutôt que tel autre, elles étaient profondément ressenties au VIe et même au VIIe siècle. On sait peu de chose sur l'organisation des monastères martiniens, mais il semble bien que le monachisme rhodanien ait été beaucoup plus proche des traditions orientales, qui étaient plus rigoureuses. Les monastères de style aquitain naissent, semble-t-il, d'une sorte d'improvisation : un homme de Dieu apparaît, des disciples se rassemblent autour de lui, le groupe ainsi constitué vit à la manière des ermites plutôt que comme une communauté monastique régulière. Cassien connaissait cette forme peu stricte de monachisme : il la condamne dans ses *Institutes*, sans mentionner le nom de Martin.

En fait, tout au long du VIe siècle, les tenants de chacune des deux traditions ont apparemment traité l'autre par le mépris, évitant de lui porter des attaques directes, mais aussi, autant que possible, de mentionner son existence. Hilaire d'Arles, Euchérius de Lyon, Vincent de Lérins, Césaire d'Arles et d'autres figures de proue de la tradition rhodanienne ne mentionnent jamais saint Martin. Quoique honoré dans certaines régions profondément influencées par Lérins (dans les monastères du Jura, on lit et on révère sa *Vie* écrite par Sulpice Sévère), Martin n'est pas considéré comme appartenant à la tradition qui a produit Lérins et Marseille.

Réciproquement, Grégoire de Tours, grand admirateur de Martin au VIe siècle, n'a pas grand-chose à dire sur la tradition rhodanienne. Dans ses nombreux récits sur les évêques et les saints de la Gaule, il ne fait aucun commentaire sur Césaire d'Arles, Faustus de Riez, Honorat, Hilaire ou Salvien. Il ne mentionne Lérins qu'à propos de la translation des reliques de saint Hospitius (Hospice); il ne dit pas un mot de sa tradition ascétique. Les deux branches du monachisme gaulois continuent de s'ignorer.

Cependant, les ressemblances l'emportent sur les différences. Nées presque en même temps, les deux traditions ont leur origine en Orient. Toutes deux concernent essentiellement les clercs. Nous avons vu les liens étroits qui unissent l'évêque à la tradition monastique et érémitique qui a la faveur de Grégoire. Dans la vallée du Rhône, le monachisme est avant tout une affaire d'hommes d'Église issus de l'aristocratie; il recrute ses partisans dans la société cléricale, non parmi les laïcs. Ceux-ci, dans leur majorité, gardent une attitude neutre, sauf s'ils souhaitent abandonner le monde pour le cloître. A moins de quitter le monastère pour occuper un siège épiscopal, les abbés ne jouent pas un grand rôle dans les affaires séculières : les deux mondes ne s'interpénètrent pas.

A la fin du Ve siècle et au VIe siècle, les deux formes de vie monastique tendent à fusionner. En particulier, les synodes épiscopaux commencent à imposer à tous les moines les règles plus rigoureuses observées en Provence (notamment la stricte obéissance due à l'abbé et l'obligation faite aux moines de demeurer à l'endroit où ils ont prononcé leurs vœux, plutôt que de voyager pour trouver d'autres ermitages ou cellules). Le monachisme rhodanien plaît davantage aux conciles que celui, plus libre et improvisé, qu'on trouve en

Aquitaine, car le premier est, pour les évêques, plus facile à contrôler. De toute façon, que ce soit en Aquitaine ou dans le Rhône, le monachisme est fermement tenu en main par les évêques, ou du moins c'est ainsi que les évêques voient les choses. Cette subordination à l'épiscopat est soulignée par le premier concile franc, tenu en 511. Le canon 19 stipule avec beaucoup d'insistance : « Par raison de religieuse humilité, les abbés resteront sous l'autorité des évêques; s'ils venaient à agir en quelque façon contre (leur) règle, ils seront corrigés par l'évêque [29]. »

Évêques contre moines

Si les synodes ultérieurs sont obligés de répéter ce canon tout au long du VIe siècle, c'est sans doute que la réalité est bien différente : l'autorité épiscopale sur les communautés religieuses est revendiquée par les évêques et théoriquement reconnue par les abbés, mais abbés (et abbesses) agissent parfois avec une considérable autonomie, au grand dépit de leurs évêques. La rébellion a parfois des origines sociales et politiques; ainsi, au monastère de la Sainte-Croix, à Poitiers, fondé par Radegonde, femme de Clotaire Ier [30] : après la mort de Radegonde, les religieuses qui, comme elle, appartiennent à la famille royale refusent obéissance à l'abbesse qui lui succède et organisent une révolte. Certaines quittent le couvent pour se marier, d'autres, avec l'aide de leurs domestiques armés, battent comme plâtre les évêques venus pour négocier. Mais le cas est à tout point de vue exceptionnel : les religieuses révoltées sont de sang royal; l'abbesse Agnès, qui succède à Radegonde, est apparemment une des rares religieuses qui n'appartienne pas à la famille mérovingienne; pour des raisons inconnues, l'évêque de Poitiers a longtemps refusé d'exercer son autorité sur le monastère. Tout cela ne saurait être vraiment ordinaire.

Une autre forme de désobéissance était plus répandue, et plus dangereuse à long terme. Dans son *Livre à la gloire des confesseurs*, Grégoire raconte : lorsque Agricola, évêque de Cavaillon, entendit annoncer la mort de Desideratus, un ermite qui vivait près d'une communauté monastique née autour de lui, il envoya aussitôt son archidiacre réclamer le corps de l'ermite. Les moines refusèrent de le lui livrer [31]. Voilà qui menace le fondement même du pouvoir épiscopal. Les communautés monastiques, on l'a vu, naissent souvent autour d'un ermite connu pour sa piété, ou encore autour d'une basilique ou d'un tombeau abritant les restes d'un saint homme. C'est précisément de ces grands morts que l'évêque tire son pouvoir spirituel, à condition de maîtriser les moyens d'accéder à eux. Si, en Occident, la sainteté échappe au contrôle épiscopal comme c'est chose faite depuis longtemps en Orient, le monopole de l'autorité religieuse et politique détenu par l'évêque, comme celui de ses parents, les aristocrates gallo-romains, pourrait bien être mis en question. C'est précisément ce qui se passe aux VIIe et VIIIe siècles.

Confrontés à ces dangers réels ou potentiels, menacés par les agents des rois, les familles rivales, les parents mécontents et les saints indisciplinés, les évêques de Francie trouvent un recours dans la solidarité. Peut-être parce qu'ils reconnaissent le caractère précaire de leur existence, ils parviennent à oublier suffisamment leurs querelles pour se rassembler régulièrement en synodes régionaux ou nationaux, où des problèmes communs sont discutés, des solutions adoptées. On les voit aussi se grouper autour de leur métropolitain pour régler des questions trop complexes ou trop dangereuses pour un seul évêque.

On peut difficilement attribuer à l'épiscopat de Francie, divisé par des factions, l'initiative des conciles nationaux. C'est Clovis qui, en 511, convoque le premier concile national; ces conciles continueront de se réunir de temps en temps, à l'initiative des rois. A vrai dire, plusieurs (y compris le premier) sont plus régionaux que nationaux : ils ne regroupent pas tout l'épiscopat du royaume; pourtant, le concile d'Orléans tenu en 549 et quelques autres réunissent des évêques venus des quatre coins du monde franc, ou leurs représentants.

A ces réunions, on discutait de problèmes particuliers comme aussi des questions plus générales intéressant tous les évêques et le royaume. Une bonne part de la législation ainsi formulée concerne la collégialité épiscopale et la protection de l'autorité des évêques. On réclame des synodes provinciaux annuels pour encourager la « fraternité et charité » entre évêques. On cherche à protéger les évêques des interventions de leurs collègues, de leur clergé et du roi.

Le second sujet de préoccupation des conciles, sujet très important, est la discipline du clergé. Toutes les fois que cela est possible, les évêques cherchent à éliminer l'ambiguïté et à développer dans le clergé séculier (diocésain) la forme d'ascétisme qui a leur préférence dans le clergé régulier (monastique). Peu à peu, les traditions de la pratique religieuse et sociale occidentale sont supplantées par les idéaux ascétiques de l'Orient, en même temps qu'on exige des communautés monastiques une soumission parfaite à l'autorité de l'évêque.

Cependant, au VIIe siècle, un nouveau type de monachisme vient fondamentalement contester ce contrôle épiscopal collectif exercé sur la pratique et la discipline religieuses. Ce nouveau monachisme apparaît sur le continent dans les dernières années du VIe siècle, et il se répand rapidement sous le règne des deux plus grands rois mérovingiens : Clotaire II et Dagobert Ier. Avant d'analyser le défi qu'il lance au pouvoir épiscopal, il faut regarder ce que devient la Francie sous ces deux grands monarques.

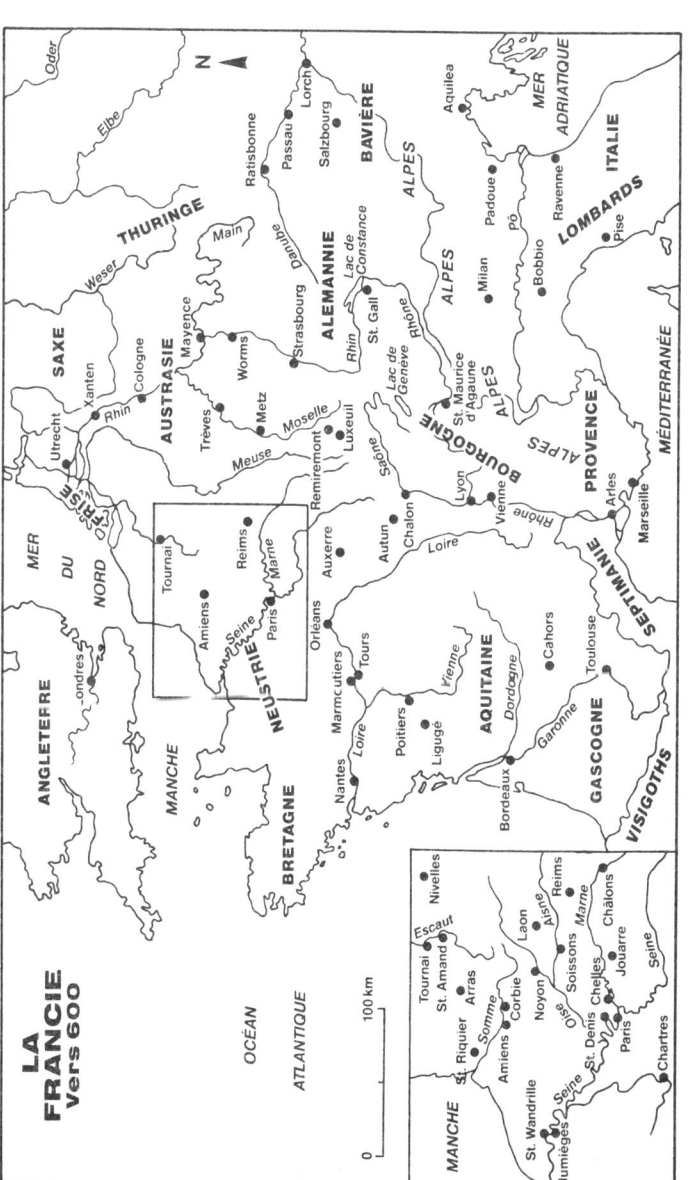

CHAPITRE V

LA FRANCIE SOUS CLOTAIRE II ET DAGOBERT Ier

La Francie réunifiée

> Brunehaut fut amenée devant Clotaire, qui bouillait de colère contre elle... Elle fut soumise pendant trois jours à toutes sortes de supplices, puis, sur l'ordre de Clotaire, conduite entre les rangs portée par un chameau. Ensuite, elle fut attachée par les cheveux, le bras et la jambe à la queue d'un cheval non dressé, et fut mise en lambeaux par ses sabots tandis qu'il galopait [1].

L'humiliation et le brutal démembrement de Brunehaut (613) est le drame spectaculaire par lequel s'achève le rassemblement des sous-royaumes francs sous l'autorité de Clotaire II. Dans les vingt-cinq années qui suivent, sous son règne (584-629) et celui de son fils Dagobert Ier (qui règne avec son père de 623 à 629, puis seul de 629 à 639), la Francie vit la période la plus paisible, la plus prospère et la plus féconde de son histoire depuis le règne de Clovis. C'est aussi le temps où les forces aristocratiques qui finiront par détruire la dynastie mérovingienne prennent lentement conscience d'elles-mêmes, construisant et renforçant leur puissance.

Clotaire n'avait pu vaincre Brunehaut que grâce au concours de l'aristocratie bourguignonne et austrasienne. Gunthchramn (Gontran), ce roi bourguignon tant admiré par Grégoire de Tours, était mort en 593 sans héritiers; son neveu Childebert II, fils de Brunehaut et du roi d'Austrasie

Sigibert Ier, lui succéda. En 596, après la mort de Childebert, Brunehaut chercha à régner et sur l'Austrasie et sur la Bourgogne, en qualité de tutrice de ses petits-fils mineurs, Theudebert II (r. 596-612) et Theudéric II (r. 596-613). Clotaire s'efforça en vain de s'emparer de leurs royaumes en profitant de leur minorité.

En 599, l'aristocratie austrasienne, mécontente du gouvernement de Brunehaut, chassa la vieille reine ; elle s'enfuit chez son petit-fils Theudéric, roi de Bourgogne, qui l'accueillit avec empressement. Au début, les deux petits-fils de Brunehaut, Theudebert, roi d'Austrasie, et Theudéric, unirent leurs efforts pour tenter d'éliminer leur cousin de Neustrie, Clotaire, et parvinrent en effet à lui arracher une large partie de son royaume. Cependant, les difficultés qui opposaient les partisans de Theudéric et de Brunehaut (qui se recrutaient surtout dans les régions les plus romanisées du royaume de Bourgogne) aux Austrasiens et aux Francs de Bourgogne s'envenimèrent au point qu'en 612, Theudebert attaqua le royaume de son frère. Ce fut un échec complet : Theudebert fut fait prisonnier, incarcéré à Châlons-sur-Marne et mis à mort. Sur l'ordre de Theudéric, Mérovée, fils de Theudebert et enfant en bas-âge, eut la cervelle arrachée.

L'union des deux royaumes sous le gouvernement de Theudéric ne dura que quelques mois. L'aristocratie austrasienne, représentée par Arnulf (Arnoul) de Metz et Pépin de Herstal, appela Clotaire à son secours. Theudéric fit mouvement pour les attaquer, mais il mourut inopinément à Metz. Brunehaut voulut continuer de gouverner la Bourgogne en déclarant roi des deux pays, Austrasie et Bourgogne, son arrière-petit-fils Sigibert, fils aîné de Theudéric, mais tous deux, trahis par l'aristocratie, furent livrés à Clotaire. Sigibert et son frère Corbus furent exécutés, l'autre frère, Mérovée, filleul de Clotaire, fut exilé en Neustrie, tandis que Brunehaut subissait les supplices décrits plus haut par le chroniqueur qu'on appelle Frédégar.

La victoire de Clotaire était aussi celle de l'aristocratie austrasienne et bourguignonne ; aussitôt après la mort de Brunehaut, le roi prit donc des mesures pour assurer la position de ses alliés. Warnachar, favori de Theudéric II et de Brunehaut, dont la trahison avait fait tomber la reine aux mains de Clotaire, fut immédiatement nommé *major domus* à vie pour la Bourgogne – le roi promit solennellement de ne jamais lui enlever sa charge. En Austrasie, Clotaire nomma *major domus* un certain Rado, qui avait sans doute joué un rôle similaire.

Peu après, à Paris, Clotaire promulgua un édit en vingt-quatre articles, qui garantissait que les droits traditionnels de l'aristocratie, de l'Église et du peuple seraient respectés [2]. Ce n'était pas très nouveau, mais ces mesures visaient à redresser les abus commis par Brunehaut et ses descendants, pendant ces années de guerre sans merci et de gouvernement arbitraire. Ironie : alors que l'opposition à Brunehaut la Wisigothique résultait en bonne partie de ses tentatives pour réintroduire le système fiscal romain, l'édit de Clotaire était sans doute une réponse aux pétitions rédigées par des évêques méridionaux qui puisaient leurs arguments dans les traditions juridiques romaines et wisigothiques. Ainsi, Clotaire promet que les élections épiscopales seront aux mains du clergé et du peuple, dont le choix, s'il est valable, sera confirmé par le roi ; il interdit aux évêques de nommer leur successeur ; il réaffirme l'autorité de l'évêque sur son clergé ; il promet que les veuves et les vierges qui se sont vouées à la vie religieuse, que ce soit dans un couvent ou dans leur propre demeure, ne seront pas mariées de force. Une bonne part de l'édit concerne l'administration de la justice. Sauf en matière criminelle, les clercs ne peuvent être jugés que par un tribunal ecclésiastique ; lorsque le procès concerne à la fois des laïcs et des clercs, il sera jugé en présence d'un prévôt ecclésiastique et d'un juge public ; on ne peut punir ou exécuter sans jugement ni homme libre ni esclave ; les juifs n'ont pas le droit d'intenter un procès à des chrétiens. Clotaire s'inquiète aussi des dérapages de la fiscalité. Lorsque les impôts ont été indûment augmentés, une enquête officielle corrigera les abus ; il est interdit de lever une taxe qui ne remonterait pas aux règnes de Gunthchramn, Chilpéric et Sigibert ; les agents du fisc royal n'empiéteront pas sur les immunités ecclésiastiques ou privées ; les biens des individus morts intestats iront à leurs héritiers légitimes et non au roi.

Enfin, l'édit s'engage à respecter l'autorité et les traditions du pouvoir local. Dans un chapitre fameux, Clotaire promet qu' « aucun juge [c'est-à-dire, sans doute, fonctionnaire royal] d'une province ou région ne sera nommé dans une autre ». Certains ont vu là une véritable démission du pouvoir royal, une garantie accordée à l'autonomie des régions, qui revenait à soumettre l'autorité royale aux intérêts de l'aristocratie locale. En réalité, cette clause ne fait certainement qu'entériner un usage alors déjà traditionnel : la nomination des fonctionnaires royaux se fait selon les mêmes modalités que celle des évêques. En outre, un autre chapitre interdit aux aristocrates ecclésiastiques ou laïques possessionnés dans plus d'une région de nommer des juges ou des agents extérieurs à la région où ceux-ci exerceront. Cependant, si l'édit ne constitue nullement une révolution, un changement de régime ou l'abandon du pouvoir royal aux mains de l'aristocratie, il reste qu'il confirme explicitement le caractère intensément local du pouvoir en Francie. Gouverner, c'est-à-dire essentiellement lever des impôts et administrer la justice pour des hommes libres et consentants, c'est une affaire locale, qui se passe à l'intérieur de la *civitas* ou du *pagus* (district administratif entourant une ville). Aucune tentative pour introduire des étrangers dans ce système ne sera tolérée, qu'elle vienne du roi, de l'Église ou des grands. C'est pourquoi, malgré l'unification des trois régions de Francie entre les mains de Clotaire, le gouvernement du royaume ne sera pas centralisé. Sous Clotaire et son successeur Dagobert, qu'il associe à la royauté en 623, lui assignant l'Austrasie, et qui, à sa mort (629), régnera sur toute la Francie, chacune des trois régions conservera ses propres bases de pouvoir et, jusqu'à un certain point, ses institutions. Ce phénomène s'accentuera encore au cours du VIIe siècle, lorsque certaines régions (la Bavière, la Thuringe, la Frise, l'Aquitaine et la Provence), autrefois divisées entre les trois royaumes centraux (cas de l'Aquitaine et de la Provence), ou encore placées sous l'autorité de l'Austrasie, se transformeront en sous-royaumes quasi autonomes.

Les régions

Dans le sillage de l'alliance entre la royauté et l'aristocratie qui fit la réunification du royaume, le rôle des conseillers nommés par le roi dans chacune des régions prit une importance considérable : c'est d'eux essentiellement que dépendait l'étendue de l'autorité royale dans la région. En Bourgogne, où aux temps de Brunehaut les officiers du roi avaient été les instruments du pouvoir royal, l'aristocratie, profondément divisée entre les « Francs », établis plus à l'ouest, et les « Romano-Bourguignons » de la vallée du Rhône, n'avait aucune envie de voir s'imposer une administration centrale forte, représentée par un *major domus*. En 626-627, à la mort de Warnachar, l'aristocratie bourguignonne informa Clotaire qu'elle ne souhaitait pas son remplacement : elle demandait l'autorisation de traiter directement avec le roi. Autrement dit, selon toute vraisemblance, l'aristocratie voulait se gouverner elle-même. En particulier, jusqu'à la fin du siècle la partie méridionale du pays, qui correspondait de plus près à l'ancien royaume de Burgondie, continua de développer autour de grandes familles aristocratiques des tendances séparatistes.

Le récit de la visite que fit Dagobert en 629 en Bourgogne en tant que juge du royaume permet de mesurer l'ampleur qu'avaient prise ces tendances autonomistes en moins de quinze ans. Selon la chronique de Frédégar, « la profonde alarme que provoqua sa venue chez les évêques, seigneurs et autres personnages importants de Bourgogne fut une source d'étonnement général; mais sa justice amena grande joie parmi les pauvres [3] ». Le voyage du roi à travers la Bourgogne en justicier et redresseur de torts ne manqua pas de faire grande impression, mais son effet ne dura pas. Sans cesse, les aristocrates du pays s'efforçaient d'étendre les assises locales de leur pouvoir et de se soustraire à l'autorité royale. En 626/7, à la mort du *major domus* Warnachar, son fils Godin tenta de renouveler les alliances matrimoniales qui avaient permis à son père de se créer un pouvoir régional. Il le fit de façon extraordinaire : il épousa Berthe, sa belle-mère, la veuve de son père. Clotaire en fut si irrité qu'il le fit exécuter. Plus tard, Brodulf, oncle de Charibert II, le demi-frère de Dagobert, à qui Clotaire n'avait attribué qu'un royaume frontière en Aquitaine, causa toutes sortes d'ennuis en Bourgogne : ce Brodulf espérait sans doute installer son gendre sur le trône. Lors de sa tournée de

629, avant de quitter le pays, Dagobert ordonna l'exécution de Brodulf. Cependant, le roi ne pouvait pas passer sa vie en Bourgogne : en son absence, les tendances autonomistes ne pouvaient manquer de se développer une fois encore.

L'aristocratie austrasienne, qui avait connu presque un siècle de gouvernement unifié sous Sigibert et ses successeurs, utilisa divers moyens pour se protéger. On pressa Clotaire de rétablir en Austrasie un royaume séparé, sous l'autorité de son fils Dagobert. En outre, lorsque Clotaire voulut réduire le territoire austrasien en en détachant la partie aquitaine et la zone située à l'ouest des Ardennes et des Vosges, il en fut empêché : Dagobert protesta contre cette amputation, et un groupe de douze arbitres fut choisi pour régler le différend. Comme le plus notable parmi ces arbitres était Arnulf de Metz, qui, avec Pépin de Herstal, était le premier personnage de l'aristocratie austrasienne, il n'est pas surprenant que Dagobert l'ait emporté : il garda tout le territoire auparavant austrasien du nord de la Loire.

Telle fut donc la stratégie adoptée par l'aristocratie austrasienne pour maintenir son pouvoir. L'Austrasie aurait son gouvernement centralisé, sa propre cour royale, mais tout le pouvoir resterait aux mains des deux personnages qui, en 613, avaient fait appel à Clotaire : Pépin et Arnulf. Plus tard, lorsque Arnulf quitta la cour, il fut remplacé par un autre Austrasien, Cunibert, évêque de Cologne. L'influence qu'ils exerçaient était si puissante qu'ils parvenaient même à obtenir du roi l'éviction de leurs rivaux : ainsi firent-ils pour Chrodoald, membre influent de la puissante famille des Agilolfing, dont le pouvoir s'étendait dans toute l'Austrasie jusqu'en Bavière, et peut-être en Lombardie.

Lorsqu'en 629, Dagobert, succédant à son père, s'installa à Paris, l'influence qu'exerçaient sur lui les Austrasiens s'affaiblit quelque peu. Seul Pépin l'accompagna, mais il tomba en défaveur : peut-être Dagobert le voulait-il en Neustrie pour le surveiller de plus près. Cependant, la position stratégique de l'Austrasie ne permettait pas au roi de se désintéresser d'elle, ou de s'aliéner son aristocratie. Les revers subis en 631-633 par les Francs dans leur guerre contre des Slaves conduits par Samo, leur roi franc, l'amenèrent à rétablir un royaume austrasien de taille réduite et à y installer son fils Sigibert, âgé de deux ans. Dagobert nomma tuteur de son fils un certain Otton, fils du *domesticus* Urso. Otton était l'adversaire d'Arnulf et de Pépin, mais il lui fallait partager le pouvoir réel en Austrasie avec l'évêque de Cologne Cunibert, ami intime de Pépin, et le duc Adalgisil, qui était presque certainement, comme Arnulf, membre du clan des Arnulfiens. Ainsi donc, malgré les efforts du roi, l'artistocratie austrasienne gardait le pouvoir. Son influence se trouva renforcée par l'alliance des deux clans les plus puissants : Ansegisel, fils d'Arnulf, épousa Begga, fille de Pépin. C'est de cette nouvelle famille, qu'on appelle les Arnulfiens ou les Pippinides, que sortira la dynastie carolingienne.

La Neustrie avait été le cœur du royaume de Clotaire ; c'est aussi en Neustrie qu'en 629 Dagobert installa le centre de ses activités. C'est là que se trouvaient les plus grands domaines du fisc, les importantes cités de Paris, Soissons, Beauvais, Vermand-Noyon, Amiens et Rouen, et les plus riches monastères francs. Paris s'imposait peu à peu comme la principale résidence du roi et le foyer de l'idéologie royale dans ses aspects religieux et politiques. Les grands monastères fondés par le roi étaient situés dans des faubourgs tout proches : Saint-Germain-des-Prés, Saint-Denis. En particulier, l'abbaye de Saint-Denis devint, sous Dagobert, le centre de la religion royale. Dagobert l'enrichit de dons généreux, fit de Denis un saint royal à l'égal de saint Martin, et inaugura le rôle de nécropole royale que la basilique conserva jusqu'à la Révolution.

Lorsqu'on quitte les trois régions centrales de l'empire mérovingien, la force du pouvoir franc varie considérablement. En Aquitaine, Clotaire avait établi à la tête d'un royaume frontière son fils Charibert, que la chronique du pseudo-Frédégar décrit comme « simple d'esprit ». En Aquitaine comme en Austrasie, l'institution d'un royaume séparé répondait à une menace extérieure : ici, celle des Basques ou Gascons. Le royaume aquitain vécut en paix jusqu'à la mort de Charibert, en 632, mais peu après les Basques reprirent leur attitude menaçante. Dagobert envoya une armée bourguignonne occuper et pacifier la région, mais le succès fut partiel. Sur le chemin du retour, la troupe menée par le duc

Arnebert tomba dans une embuscade que lui avaient tendue les Basques dans la Soule et fut anéantie. Ainsi naquit peut-être la légende qui, plus d'un siècle après, serait modifiée pour s'ajuster à une autre défaite franque, celle que subit le comte Roland à Roncevaux.

A ces revers aquitains répondaient d'autres batailles perdues à l'est : en Thuringe et contre les Slaves. Les Wendes ou Vendes, peuple slave, avaient fait leur unité sous le commandement d'un Franc nommé Samo, un marchand, nous dit-on ; mais Samo était peut-être un agent des rois francs, envoyé à l'est avec pour mission d'organiser les Wendes pour résister aux Avars, tribu des steppes qui avait remplacé les Huns en Pannonie et menaçait non seulement l'Empire byzantin, mais aussi l'Italie et la Francie. Samo connut un brillant succès : il organisa les Slaves, parvint à les protéger efficacement des Avars, fut proclamé roi et régna pendant quelque trente-cinq ans. Son royaume s'étendait de la Bohême à la Carinthie ; il ne tarda pas à menacer la zone d'influence franque en Thuringe. Lorsque Dagobert voulut s'opposer à lui, il fut battu, en grande partie à cause de la duplicité des Austrasiens. C'est la menace slave, on l'a vu, qui amena le roi à rétablir le royaume d'Austrasie.

La Thuringe connut des difficultés semblables après le rétablissement du royaume d'Austrasie et la nomination du duc Radulf, un Austrasien. Radulf réussit à défendre la région contre les Wendes, mais il en profita pour faire de la Thuringe un royaume quasi autonome. Plus tard, après la mort de Dagobert, il se révolta contre Sigibert, lui infligea une défaite, et n'hésita pas à prendre le titre de « roi de Thuringe » : mauvais présage pour la dynastie mérovingienne [4].

Le lointain duché de Bavière, créé à la fin du VIe siècle, s'était formé autour de la vieille cité romaine de Ratisbonne (en allemand Regensburg). Il s'étendit lentement à l'est le long du Danube, et au sud dans les Alpes, comblant le vide créé par le départ des Lombards désormais installés en Italie, et celui des Francs repartis en Austrasie, et incorporant les divers peuples romains et barbares habitant ces montagnes. La menace que faisaient peser sur le duché les Avars, les Slaves et les Bulgares avait maintenu la Bavière et ses ducs agilolfings dans la dépendance étroite du roi franc. Vers 630, sur le conseil de l'aristocratie franque, Dagobert ordonna que fussent mis à mort les exilés bulgares qui hivernaient en Bavière : cet ordre suffit pour que, en une nuit, sept cents hommes, femmes et enfants soient massacrés dans leur sommeil par leurs hôtes bavarois. Toutefois, les Agilolfings étaient trop méfiants pour attendre tout du seul Dagobert. Pépin avait su obtenir la tête de leur parent Chrodoald : c'était le signe qu'une opposition pouvait se développer à la cour. Les ducs de Bavière entreprirent donc de nouer des liens avec les Avars et les Lombards; au VIIe siècle, de nombreux mariages les unirent à la famille royale lombarde. Ils n'allèrent pas, comme Radulf, jusqu'à se proclamer rois, mais leurs voisins lombards n'hésitèrent pas à les désigner par ce titre. On lit chez Paul le Diacre, l'historien lombard du VIIIe siècle, qu'en 593 Tassilo a été sacré roi de Bavière par Childebert.

La cour du roi

Clotaire et Dagobert ne pouvaient espérer exercer leur autorité sur le royaume franc tout entier par l'envoi d'émissaires du pouvoir central qui occuperaient les positions d'autorité dans chacune des grandes régions. Ils adoptèrent donc une stratégie différente : ils s'efforcèrent d'attirer les principaux personnages de l'aristocratie provinciale à Paris, à leur cour, où il était plus facile de les surveiller et aussi de les instruire, de leur inculquer les principes de l'idéologie politique et culturelle royale. Le roi nommait alors les meilleurs et les plus capables à de hautes fonctions ecclésiastiques ou séculières dans leur région d'origine et les renvoyait chez eux : il avait donc tenu parole et nommé des enfants du pays; en même temps, il avait placé aux postes clés des gens habitués à collaborer avec lui.

Pour l'aristocratie provinciale, la cour était le lieu où envoyer les jeunes gens, garçons ou filles, afin qu'ils y reçoivent une éducation et qu'ils s'y fassent des relations, garantissant ainsi à leur famille les positions dont elle avait besoin pour maintenir et améliorer son statut. La cour de Neustrie devint ainsi un important foyer culturel en Francie; c'est là que de jeunes aristocrates gallo-romains d'Aquitaine, tels Desiderius (Didier), futur évêque de Cahors, et Eligius, le fameux saint Éloi, venu de Limoges, futur trésorier de Dagobert, futur évêque de Noyon, liaient amitié avec leurs équivalents venus du nord, comme Audoenus (ou saint Ouen, ou Audoin, ou Dado), plus tard référendaire sous Dagobert et évêque de Rouen. C'est là aussi que s'arrangeaient des mariages, ainsi entre le jeune Austrasien Adalbald, venu d'Ostrevant, et une Gallo-Romaine d'Aquitaine, Rictrude. Du fond de la Northumbrie, le roi Edwin envoya ses deux fils à Paris pour les faire élever à la cour de Dagobert.

La cour remplissait plusieurs fonctions pédagogiques. Les jeunes gens de bonne famille y arrivaient déjà dégrossis, vers l'âge de la puberté. Ils étaient intégrés à la maison royale, et peut-être même attachés par un serment spécial à la personne du roi. On les élevait, semble-t-il, avec les enfants du roi, sous la surveillance du tuteur royal ou du *major domus*. Leur éducation comportait sans doute un entraînement aux armes pour ceux qui se destinaient aux fonctions séculières, et une formation à la rhétorique et aux procédures notariales pour ceux qui entreraient sans doute dans la chancellerie royale. Cependant, ces jeunes aristocrates ne séjournaient pas à la cour uniquement pour apprendre à être de bons bureaucrates : ils s'y faisaient connaître du roi et ils développaient le réseau complexe d'amitiés et de clientèles qui leur permettrait de maintenir et d'enrichir leur famille.

La vie et la correspondance de Desiderius, évêque de Cahors, nous fourniront l'image la plus complète de ce réseau culturel, social et politique développé à la cour du roi. Desiderius est le fils de Salvius et d'Herchenefreda, l'un et l'autre membres de l'aristocratie gallo-romaine d'Albi. Il a quatre frères et sœurs, qui tous portent des noms romains aux riches connotations sénatoriales : Rusticus, Siagrius, Selina, Avita. Son frère aîné, Rusticus, est envoyé à la cour de Clotaire; il y remplit les fonctions de chapelain et d'archidiacre avant d'être nommé par le roi évêque de Cahors. Siagrius, le frère puîné, se rend lui aussi à la cour de Neustrie et entre dans la maison de Clotaire; il reviendra plus tard à Albi pour y exercer la fonction de comte. Il sera finalement nommé « patrice » de Provence, l'équivalent provençal du duc.

A son tour, Desiderius, ayant appris la rhétorique et le droit, est envoyé à la cour, où il remplit les fonctions de trésorier. Il y fera amitié avec quelques-uns des personnages les plus importants du VIIe siècle : les futurs évêques de Verdun (Paul), de Metz (Abbon), de Noyon (Éloi), et de Rouen (Audoin ou Ouen). La vie de cour ouvre toutes sortes de portes. Sous Clotaire et Dagobert, l'entourage du roi se cléricalise : les évêques courtisans (Éloi, Audoin) ont beaucoup plus d'influence que leurs équivalents n'en avaient généralement au VIe siècle, et une nouvelle culture monastique, dont on parlera plus loin, prend profondément racine dans l'aristocratie franque, à la cour comme dans les régions. Mais comme toutes les cours royales, la cour mérovingienne offre aussi toutes sortes d'occasions de dissipation et de plaisir. En particulier, après que Dagobert a répudié sa première épouse stérile, Gomatrude, pour épouser, vers 629, la jeune Nantechilde, la cour devient, selon le pseudo-Frédégar (plutôt malveillant), un lieu de débauche; puis bientôt un nid d'intrigues, car le roi vieillit, et manifestement sa mort provoquera une nouvelle division du royaume suivie de longues minorités. Sans nul doute, la mère de Desiderius savait tout cela. Dans les lettres qu'elle adresse à son fils alors qu'il séjourne à la cour, elle le supplie d'éviter les dangers politiques et les tentations morales qui l'y menacent. « Garde avant tout la charité, lui dit-elle, sois prudent dans tes paroles, et par-dessus tout, préserve ta chasteté [5]. »

Desiderius suivra ces bons conseils; en 630, après l'assassinat de Rusticus, Dagobert nomme Desiderius évêque de Cahors, où il succède à son frère. Ce *cursus* est de plus en plus ordinaire au début du VIIe siècle. Certes, dès avant cette époque, des membres de la maison royale avaient été nommés évêques, mais alors le phénomène se généralise. Apparemment, Dagobert se réserve le droit, passant au-dessus de la tête de son demi-frère (en Aquitaine), et plus tard de son fils (en Austrasie), de nommer ou de confirmer les évêques du royaume tout entier : moyen de maintenir sa prise même sur ces deux sous-royaumes.

A Cahors, Desiderius sert le roi sur le plan à la fois civil et religieux, à la manière des évêques du VIIe siècle. Son biographe prend grand soin de décrire son programme de constructions religieuses, mais n'oublie pas de le louer pour avoir élevé des fortifications : Desiderius ne s'est pas contenté de réparer les murailles de la ville, il a construit des tours et des poternes fortifiées. Il fonde un monastère à Cahors – c'est, selon son biographe, le premier monastère à être construit à l'intérieur de cette cité – et il choisit d'y être enterré. En outre, il conserve des rapports étroits avec les grands personnages qui ont été ses compagnons de jeunesse à la cour, puis ses collègues au service du roi. Dans ce qui a été conservé, on trouve une correspondance avec son évêque métropolitain et d'autres évêques d'Aquitaine, mais aussi, entre autres, avec Dagobert, Sigibert III, Grimoald (*major domus* en Austrasie), Chlodulf (fils, semble-t-il, d'Arnulf de Metz), avec les évêques de Trèves (Medoald), de Metz (Abbon), de Rouen (Audoin), de Verdun (Paul), de Limoges (Félix), de Noyon (Éloi), et d'Auxerre (Palladius). Manifestement, ce réseau de relations lointaines est le résultat de son séjour à la cour et du rôle qu'il continue de jouer dans le royaume. Deux lettres, à Abbon de Metz et à Audoin de Rouen, évoquent le temps heureux qu'ils ont passé ensemble à la cour du roi Clotaire.

Si nous sommes très renseignés sur Desiderius et ses collègues évêques et anciens compagnons à la cour du roi, c'est parce qu'ils ont laissé une correspondance et que leur biographie a été écrite après leur mort. On en sait beaucoup moins sur les fonctionnaires civils, eux aussi élevés à la cour, mais on peut penser qu'ils y développaient un semblable réseau d'amitiés. Certains, comme Siagrius, le frère de Desiderius, retournent au pays en qualité de comtes. D'autres, tel Radulf, sont envoyés avec le titre de duc dans des régions frontières, avec lesquelles ils ont ou développeront des liens étroits. A d'autres encore, comme à l'Austrasien Adalbald, mari de l'Aquitaine Rictrude, on fait épouser une femme originaire d'une région difficile, afin de créer des liens locaux nécessaires au bon fonctionnement de l'administration royale. Non sans provoquer parfois des résistances : Adalbald est assassiné à l'instigation de ses beaux-frères. Cependant, il apparaît bien qu'au cours du premier quart du VIIe siècle, la stratégie des rois attirant à la cour les grands de toute la Francie a permis à nombre de clans aristocratiques austrasiens ou neustriens de nouer des alliances en Aquitaine, Provence, Bourgogne, et dans les régions à l'est du Rhin, tandis que, réciproquement, des Aquitains, en ce cas principalement des évêques, prennent possession de postes dans le nord du pays.

On voit donc qu'en attirant, éduquant et renvoyant dans les régions des administrateurs compétents, la cour des rois Clotaire et Dagobert a été un facteur essentiel de pérennité du pouvoir royal. Quoique moins visibles, deux autres changements se produisirent dans ces mêmes décennies, qui eurent des conséquences aussi importantes sur l'histoire de l'Europe. Le premier est le développement du domaine biparti, qui servira de modèle à l'agriculture médiévale ultérieure ; l'autre, économiquement facilité par le premier, fut la christianisation de la tradition royale.

Les domaines du roi

Le fisc impérial confisqué par Clovis dans le nord de la Gaule constituait depuis toujours le cœur de la fortune mérovingienne. C'est essentiellement pour cette raison que, lors de la division du royaume qui suivit sa mort, ses quatre fils avaient reçu des capitales assez proches les unes des autres entre Rhin et Loire. La *civitas* de Paris était sans doute constituée aux trois quarts de terres fiscales, dont les plus importantes étaient Chelles, Rueil et Clichy ; à Soissons, les vastes domaines du fisc avaient pour centres Bonneuil-sur-Marne, Compiègne et Nogent-sur-Marne ; sur la Seine inférieure, les propriétés fiscales se trouvaient à Étrepagny, en forêt de Bretonne et sur les sites où furent ensuite fondés les monastères de Jumièges et de Saint-Wandrille ; autour d'Amiens, les plus importantes propriétés royales avaient pour centre la villa de Crécy-en-Ponthieu.

Pendant toute la période mérovingienne, ces vastes domaines royaux ne cessent de se modifier : on en détache des morceaux pour les offrir à de puissants aristocrates, ou encore on y fonde des monastères. Cependant, les terres royales ont certaines caractéristiques spécifiques qui n'apparaissent pas dans d'autres régions de Francie, ou dans les propriétés possédées par des particuliers. D'abord, il y a les caractéristiques physiques et démographiques de la région. Dans ce pays doucement vallonné, il existe essentiellement deux types de sol. L'un, sur les hautes terres, léger, sablonneux, facile à travailler; il se prête aisément à la petite exploitation familiale; le second, lourd et riche, occupe les basses terres; il convient mieux à la grande exploitation collective, avec des groupes d'ouvriers agricoles disposant d'outils plus lourds et plus coûteux, comme la grosse charrue. Après que fut abandonnée, comme nous l'avons vu, la villa romaine de la fin de l'Antiquité, la région connut une occupation franque assez dense; il en résulta, depuis le début du VIe siècle, de vastes défrichements et un abandon progressif de l'élevage au profit de la culture du sol.

En outre, comme dans cette région une bonne partie de la terre restait domaine royal, on ne vit pas s'y produire les fréquents démembrements de propriétés caractéristiques des terres allodiales possédées par l'aristocratie, qui ne cessait d'acheter, de vendre et d'échanger ses terres et, ordinairement, de les diviser entre les héritiers à chaque décès. De même, parce qu'il s'agissait de terres fiscales, les obligations imposées aux paysans qui les cultivaient, qu'ils fussent esclaves ou libres, étaient assez spécifiques. En particulier, les fermiers des propriétés royales étaient astreints à de considérables travaux sur la partie du domaine réservée au bénéfice direct du roi.

Ainsi commence sans doute, sous les règnes de Clotaire et Dagobert, un processus qui aboutira au système seigneurial qui caractérise l'organisation agraire du haut Moyen Âge. Sa structure est essentiellement bipartite. Une portion du domaine est divisée en tenures paysannes individuelles, les « manses » (terme qui devient commun dans la première moitié du VIIe siècle), pour lesquelles le paysan paie un loyer fixe. Apparemment, les manses sont fréquemment créées à la suite de défrichages, et occupées par des hommes libres attachés au fisc, ou par des esclaves établis comme fermiers non libres. D'autre part, une importante portion de la propriété forme la réserve ; au VII° siècle, cette réserve est encore principalement cultivée par des troupes d'esclaves, mais les paysans tenanciers de manses sont obligés d'y fournir une quantité fixe de travail, dont les profits vont directement au roi.

Parce que ces terres faisaient partie du fisc, le système romain de collecte des impôts, qui ailleurs s'était privatisé et avait été absorbé dans l'organisation des grandes propriétés aristocratiques, y garda plus longtemps la forme d'un système public, ou du moins royal. La stabilité relative de la propriété permettait de tenir une comptabilité, d'en conserver les archives et de planifier. De plus, sur ces terres du domaine royal, aucun aristocrate local, aucun évêque n'était à même d'intervenir entre le roi et les paysans pour exiger une réduction des impôts ou même, comme il advint au VI° siècle, la destruction des rôles.

De telles propriétés étaient sans doute très rentables et fournissaient une part importante des revenus du roi, lui permettant d'entretenir une cour, de financer ses programmes de construction, et de faire cet étalage de générosité et de faste qu'on attend des princes. Peu à peu, le modèle se répandit dans toute la Francie, pénétrant plus aisément dans les provinces où les conditions physiques, la population et la présence de terres du fisc le rendaient profitable – en Bourgogne, en Austrasie, et jusqu'à la lointaine Bavière ; moins vite au sud, où des traditions plus anciennes, gallo-romaines, et une forme d'agriculture différente offraient une résistance à la restructuration.

Les grands ne se contentaient pas d'envier et d'imiter cette forme d'organisation agraire : c'étaient les terres elles-mêmes qu'ils cherchaient à se faire attribuer, les laïcs en récompense de leurs services, les clercs en récompense de leurs prières. Quoique obligés de montrer leur générosité en distribuant des domaines, les rois ont, semble-t-il, évité autant que possible de faire cadeau de terres du fisc aux laïcs. Ainsi nous apprenons que des propriétés ont été généreusement distribuées à des aristocrates, en particulier à ceux qui avaient soutenu Clotaire contre Brunehaut, mais ces propriétés avaient pour la plupart été confisquées à des opposants. Il arrivait pourtant que les rois fussent obligés d'offrir des terres du fisc ; or, en même temps que ce don, solennisé par la garantie d'immunités, étaient transférés au donataire non seulement la propriété des terres, mais aussi les droits sur les travailleurs dépendants et sur les revenus dont avait auparavant joui le roi. A long terme, les effets de ces donations sur les revenus du roi (car les impôts allaient désormais au propriétaire) et sur le pouvoir royal lui-même se révéleraient néfastes.

Clotaire et surtout Dagobert se défaisaient beaucoup plus volontiers des terres du fisc au profit de l'Église. Cette tradition de générosité était ancienne. Clovis avait doté l'église Sainte-Geneviève, où il fut enterré, Childebert Ier avait fondé l'abbaye Saint-Germain-des-Prés ; l'une et l'autre étaient installées sur la terre du fisc. Clotaire, et surtout Dagobert, portaient un intérêt spécial à Saint-Denis, tout proche de Clichy, leur villa favorite. Dagobert fit don à l'abbaye non seulement de terres confisquées (notamment au duc d'Aquitaine rebelle, Sadregisel), mais aussi de portions considérables du domaine royal situées autour de Paris, et même beaucoup plus loin (au Mans, en Limousin et en Provence).

Cette dispersion de la propriété royale avait, sous Dagobert, des objectifs spécifiques. Cependant, dans la longue durée, elle eut une double conséquence, qui n'avait pas été prévue. Elle affaiblit la monarchie dans son rapport avec les aristocrates, soit qu'ils aient eux-mêmes été les bénéficiaires des terres ainsi offertes, soit qu'ils aient réussi à prendre le contrôle des monastères favorisés par la générosité royale. D'autre part, elle contribua à répandre le système du domaine biparti au-delà de la région parisienne et du fisc royal, au point qu'à la fin du VIIIe siècle, c'est ce modèle qui prévaut dans la plupart des propriétés.

Ni l'une ni l'autre de ces conséquences n'avait été voulue par Dagobert lorsqu'il dotait généreusement Saint-Denis ou d'autres institutions ecclésiastiques. Ses objectifs spécifiques étaient religieux et monarchiques : il tentait de marier la tradition royale avec une forme particulière de christianisme, dans l'intention de fortifier l'une et l'autre.

La christianisation de la tradition royale

Depuis plus d'un siècle, les rois francs avaient établi avec les Églises de leur royaume d'étroits rapports de collaboration. Sous Dagobert, ces relations se font plus systématiques, explicites et étendues. Il est de l'intérêt du roi de former et de nommer des évêques tels que Desiderius, dont la loyauté personnelle soit incontestable. Mais ce n'est là que l'une des raisons pour lesquelles le monarque travaille en relation étroite avec l'Église : l'idée que Dagobert cherchait à créer un épiscopat franc capable de le défendre contre l'aristocratie laïque est anachronique. Ce qui le préoccupait au premier chef, c'était d'obtenir pour son royaume la protection spirituelle et les fondations solides, la *stabilitas*, que seule pouvait lui procurer une Église riche et forte.

Deux voies menaient à cette *stabilitas*. Tout d'abord, comme l'affirme Dagobert dans l'exorde de la lettre annonçant la nomination de Desiderius à Cahors, « notre choix et notre décision doivent être conformes en toutes choses à la volonté de Dieu [6] ». Ces devoirs envers Dieu s'imposent au roi parce que, dit-il, « [nos] territoires et royaumes nous ont été donnés à gouverner par la générosité de Dieu ». Cette formule n'est pas neuve ; elle ne fait pas de Dagobert un roi « par la grâce de Dieu », ce que sera plus tard le roi carolingien ; elle reconnaît simplement la dépendance du roi envers Dieu et les devoirs que cette dépendance lui impose.

Les devoirs du roi consistent notamment à nommer aux offices ecclésiastiques et séculiers des hommes craignant Dieu, et à gouverner avec justice. Ces deux principes, nous les avons vus mis en pratique. Quelles que soient leurs affinités politiques et sociales, les évêques élevés à la cour et envoyés par Dagobert dans tout le royaume se distinguent entre tous : ce sont des hommes d'Église capables et, selon les normes de l'époque, pieux et honnêtes. Son souci de justice, Dagobert le montre non seulement par des tournées judiciaires comme celle qui, en 629, jeta la consternation en Bourgogne, mais encore par la codification des lois des Francs Ripuaires, des Alémaniens et peut-être des Bavarois. A la différence de la loi salique et de la loi burgonde, ces codes plus récents ne consistent pas dans le simple enregistrement de la coutume traditionnelle, effectué par des juristes romains sur l'ordre du roitelet local. Ce sont des lois imposées au pays : le premier de ces codes fut rédigé pour le petit royaume austrasien gouverné par Sigibert, le fils de Dagobert; les deux autres sont des produits francs, imposés par un roi mérovingien par l'intermédiaire des ducs qu'il a nommés.

La seconde voie vers la *stabilitas* est l'aumône, et plus particulièrement la générosité envers les monastères. Le pseudo-Frédégar, fort critique à propos des dernières années du règne, loue pourtant Dagobert pour sa générosité. Encore un effort, et il eût peut-être sauvé son âme :

> Il avait été autrefois prodigue en aumônes; si cette sage générosité n'avait pas cédé devant les suggestions de la cupidité, il eût vraiment à la fin mérité le royaume éternel [7].

En réalité, Dagobert resta toute sa vie follement généreux envers l'Église : sur son lit de mort, il pria son fils de confirmer sa dernière donation à Saint-Denis. Nous avons signalé cette particulière affection pour Saint-Denis – c'est la caractéristique du règne de Dagobert. Non content de céder à la basilique d'immenses domaines et de lui garantir l'immunité en face des agents du roi, il la combla d'or, de pierreries et d'objets précieux. Selon la tradition, c'est lui qui fonda au monastère la grande foire d'octobre qui, pendant des siècles, fut une très importante source de revenus pour l'abbaye. Enfin, c'est à Saint-Denis qu'il choisit d'être enterré.

Cette générosité n'était pas à sens unique. En retour, Dagobert comptait sur l'aide spirituelle des moines. En particulier, il établit à Saint-Denis, sur le modèle de Saint-Maurice d'Agaune, la tradition liturgique de la *laus perennis*, la louange perpétuelle : les chœurs de moines se succédaient sans interruption, priant Dieu jour et nuit pour le roi, sa famille et son royaume. Dagobert prenait au sérieux ses devoirs; il entendait que ses moines préférés fissent de même.

La création de la tradition aristocratique

Nous ignorons quelle était la règle monastique appliquée à Saint-Denis du temps de Dagobert; sans doute dérivait-elle peu ou prou de la tradition « aquitaine » inaugurée par saint Martin. Après la mort de Dagobert, son fils imposa au monastère ce qu'on appelle la règle mixte, mi-bénédictine, mi-colombanienne. Cette forme de monachisme, dont l'importance croît au VIIe siècle, n'est qu'un aspect d'une transformation religieuse et sociale plus vaste, qui finit par remodeler profondément le monde franc, modifiant les équilibres entre le pouvoir monarchique et épiscopal d'une part et, de l'autre, celui des aristocrates francs et des moines, au profit de ce dernier groupe.

Les familles aristocratiques franques qui avaient profité des désordres de la fin du VIe siècle pour renforcer leur indépendance et leur pouvoir n'étaient pas, comme on l'a cru autrefois, de création récente. Dès avant Clovis, on l'a vu, il existait une aristocratie franque, qui continua de jouer un rôle important sous ses successeurs. Cependant, à la différence de l'aristocratie gallo-romaine, qui n'avait pas seulement une forte base politique et sociale, mais aussi un pouvoir religieux, puisqu'elle occupait (et monopolisait) les hautes fonctions de l'Église orthodoxe, l'aristocratie franque, une fois convertie au christianisme, n'avait plus aucun rôle religieux à jouer dans la société. Ses membres, il est vrai, jouissaient sans doute du prestige que leur conférait leur *utilitas*, c'est-à-dire leurs compétences militaires et politiques; et dans un monde incomplètement christianisé, quelque chose avait peut-être subsisté de leur ancienne importance religieuse. Ainsi, près de Noyon, des parents du *major domus* neustrien, Erchinoald, président à des fêtes de l'été avec danses et jeux, que l'évêque du lieu, saint Éloi, juge païennes, alors que les Francs y voient des coutumes venues de la nuit des temps [8]. Cependant, après la conversion de Clovis, les aristocrates francs se christianisent rapidement, assez en tout cas pour reconnaître dans le Christ la plus puissante des divinités donneuses de victoires, et pour faire accomplir les rituels chrétiens qu'ils jugent nécessaires à leur prospérité et à celle de leur famille.

Avant le dernier quart du VIe siècle, l'aristocratie franque ne disposait d'aucun moyen commode pour se faire une place dans un christianisme en expansion. Pour être évêque, il fallait adopter les traditions culturelles et sociales de l'aristocratie sénatoriale du midi; c'est ce que firent quelques familles franques, mais, au VIe siècle, c'est un phénomène rare. De même, il n'était pas habituel, pour un noble franc, de se faire moine. Les monastères, on l'a vu, avaient pour la plupart été fondés par des évêques, qui veillaient à leur entretien et les surveillaient étroitement. Lérins, il est vrai, offrait aux aristocrates une forme de vie monastique, mais une fois encore il s'agissait d'une tradition culturelle et religieuse romaine, qui attirait principalement des clercs d'origine aristocratique ayant déjà choisi la vie religieuse. Les grandes familles du nord ne jouaient guère de rôle dans ces monastères très profondément enracinés dans la tradition culturelle gallo-romaine, et fermement contrôlés par un évêque issu d'une élite plus ancienne. Tout cela change quand entre en scène un personnage extraordinaire, aussi étranger à la Gaule du VIe siècle que Martin à celle du IVe, le moine irlandais Colomban.

Colomban

La société irlandaise et la forme de christianisme qui s'y développe sont radicalement différents de tout ce qu'on connaît sur le continent. Seule parmi tous les pays occidentaux qui ont adopté le christianisme sans y être contraints, l'Irlande n'a jamais fait partie de l'Empire romain : c'est une société celtique, isolée, archaïque. Elle est encore, au sens propre, non « civilisée » : la cité, cet élément essentiel de l'organisation sociale et culturelle gréco-romaine, y restera inconnue jusqu'aux raids des Vikings, qui commencent au VIIIe siècle. En outre, l'Irlande est radicalement décentralisée, organisée en tribus ou petits royaumes, eux-mêmes divisés en clans appelés *septs,* l'équivalent de l'allemand *Sippe.*

La date à laquelle le christianisme parvint en Irlande est

très disputée, mais des données linguistiques indiquent que certains Irlandais étaient chrétiens dès la fin du IVe siècle ou au début du Ve. Cependant, il n'y eut ni évêques ni organisation diocésaine jusqu'à la première moitié du Ve siècle : c'est alors que, venus du continent, l'évêque Palladius et peu après lui saint Patrick établissent dans l'île une Église modelée sur l'Église gauloise, qu'ils connaissent bien. Le système introduit par Patrick trouve des partisans au nord, mais dans le reste de l'Irlande c'est la forme de christianisme la plus ancienne, préépiscopale, qui se perpétue ; après la mort de Patrick, l'organisation administrative qu'il avait mise en place disparaît presque complètement, même dans les régions où elle avait le mieux réussi à s'implanter. N'ayant jamais connu l'administration romaine, ses cités et ses provinces, l'Irlande n'était pas un lieu propice au développement d'une Église épiscopale : au VIe siècle, l'Église d'Irlande est une fédération de communautés monastiques, dont chacune correspond approximativement à une tribu, et est soumise à l'autorité de l' « héritier » du saint fondateur.

Ces monastères doivent beaucoup à la tradition orientale, sans doute introduite en Irlande par l'intermédiaire de Lérins, mais radicalement modifiée pour s'ajuster à la culture irlandaise. L'administration de ces monastères est fermement dirigée par l'abbé, dont la charge est héréditaire à l'intérieur du clan dominant. Lorsqu'un monastère essaime, l'abbé qui le dirige a aussi autorité sur les nouvelles fondations. Le monastère a parfois son évêque, dont les fonctions sont liturgiques et cultuelles, non administratives. A la différence des communautés continentales, où hommes et femmes s'enferment pour fuir le monde, le monastère irlandais est le centre de la vie chrétienne, l'institution religieuse essentielle, autour de laquelle s'organise la pratique religieuse des laïcs, et sur laquelle elle prend modèle. Le monastère est aussi un important foyer de culture latine, d'une culture très savante et même un peu ésotérique : sur l'île, le latin n'a pas le moindre rapport avec la langue de tous les jours. C'est surtout le lieu d'un ascétisme extrêmement rigoureux ; certains monastères sont cénobitiques, d'autres consistent en cellules de solitaires.

L'une des caractéristiques essentielles du monachisme irlandais est l'empressement des moines à entreprendre de grands voyages à l'étranger. Il ne s'agit pas à proprement parler de pèlerinages au sens moderne du terme, d'un voyage aller et retour vers tel sanctuaire, mais bien plutôt d'une volonté de donner un contenu concret à l'image chrétienne qui veut que la vie terrestre, entre la naissance et la mort, soit un voyage en terre étrangère. C'est ainsi que de nombreux moines irlandais disent adieu à tout ce qui leur est familier, et, seuls ou avec quelques compagnons, voyagent en Écosse, en Islande ou sur le continent, non pas pour répandre la foi, mais simplement pour vivre en moines pèlerins au milieu d'étrangers. De ces voyageurs irlandais sur le continent, le plus important fut Colomban, qui, venu d'Écosse, débarque en Gaule vers 590.

Colomban et ses compagnons se rendent à la cour de Gunthchramn de Bourgogne, le roi tant admiré par Grégoire de Tours, qui les reçoit bien et les autorise à s'installer dans la forteresse ruinée d'Annegray, dans les Vosges. Leur rigoureux ascétisme attire autour d'eux une foule de disciples ; bientôt Colomban obtient du roi Gunthchramn une autre ruine, dans laquelle il établit le monastère de Luxeuil. Peu après, il fonde un troisième monastère à Fontaines. Le saint demeure trente ans en Bourgogne, mais bientôt la popularité croissante de la vie ascétique qu'il propose lui vaut l'animosité des évêques. On lui reproche, entre autres choses, certaines pratiques rituelles spécifiques, et notamment de célébrer Pâques selon le calendrier irlandais, différent de celui qu'on observe sur le continent. Il y a plus grave : en Gaule, les monastères – au moins en théorie – étaient strictement subordonnés à l'évêque du lieu. Or, conformément à la tradition irlandaise, Colomban gouvernait ses monastères et refusait l'intervention des évêques bourguignons. Plutôt que de plier devant l'autorité épiscopale, il fit appel au pape Grégoire le Grand (pape de 590 à 604) : il demandait qu'on le laissât diriger en paix ses moines selon la tradition irlandaise. Une telle démarche était virtuellement sans précédent en Gaule. Grégoire mourut avant que l'appel pût lui parvenir.

Entre-temps, Colomban s'était attiré la colère de la reine

Brunehaut et de son fils Theudéric, à qui il avait eu l'audace de reprocher directement sa polygynie. Chassé du royaume de Bourgogne, le saint se rendit à la cour du roi de Neustrie Chilpéric. Il y fut reçu avec chaleur, de même qu'en Austrasie, chez le roi Theudebert. Colomban visita l'Alémanie, où il trouva quelques restes de christianisme mêlés au polythéisme local; il fonda une nouvelle communauté à Bregenz, sur le lac de Constance. Cependant, l'opposition des gens du pays l'amena à franchir les Alpes et à se rendre en Lombardie, où le roi Agilulf l'accueillit et lui offrit le site d'une nouvelle abbaye, à Bobbio, entre Milan et Gênes. C'est là que Colomban fonda son dernier monastère. Après la victoire de Clotaire sur Brunehaut, le roi l'invita à revenir à Luxeuil, mais, trop vieux pour voyager, Colomban demeura à Bobbio, où il mourut en 615.

Une aristocratie franque chrétienne

On ne saurait assez souligner l'influence exercée par Colomban sur l'aristocratie franque. Enfin elle se voyait proposer un christianisme rigoureux et viril, qui n'était ni un produit de la culture gallo-romaine ni une création de l'épiscopat. De plus, ce christianisme était propagé par un saint qui ne se retirait pas du monde, mais maintenait d'étroites relations avec les puissantes familles nobles du nord de la Francie. Ces liens étaient particulièrement forts en Neustrie, dans l'aristocratie de cour; on peut les repérer dans le récit de la vie du saint rédigée par Jonas, natif de Suse et moine à Bobbio sous le successeur immédiat du fondateur. Colomban et la tradition monastique qu'il avait inaugurée fournissaient le terrain commun sur lequel pourraient s'unir les réseaux aristocratiques du nord, et une assise religieuse à leur statut social et politique.

La liste des grands personnages influencés par Colomban est une sorte de Gotha de l'aristocratie franque du temps. Ainsi, dans la vallée de la Marne, Colomban fut accueilli par Agnéric, ami intime de Theudebert, et qui, après la mort de ce roi, s'était joint aux nobles austrasiens favorables à Clotaire II. Son fils, Burgondofaro, fut référendaire de

Dagobert et plus tard évêque ; sa fille, Burgondofara, devint abbesse. Dans la même région, Colomban fut bien reçu par Autharius et ses trois fils Audo, Audoin (Ouen) et Rado, dont le premier fonda l'abbaye de Jouarre. Le second, qui fonda un monastère à Rebais, fut référendaire sous Dagobert, et finit évêque de Rouen. En Austrasie, Colomban fut en contact avec les partisans de Clotaire II, et surtout avec Romaricus (Romaire), qui fut plus tard moine à Luxeuil, et fonda Remiremont, grand monastère aristocratique dans les siècles suivants. Bertulf, parent d'Arnulf de Metz, se fit moine à Luxeuil et suivit plus tard Colomban à Bobbio, dont il fut abbé. En Bourgogne, Colomban était particulièrement lié à la famille du duc Waldelenus, dont on trouve des parents au sud jusqu'en Provence, à l'est jusqu'à Suse. Deux hommes de sa famille, Eustathe et Waldebert, seront abbés de Luxeuil.

Toutes ces familles franques ont un certain nombre de points communs. Pour commencer, un ou plusieurs de leurs membres ont été fortement attirés par cette nouvelle forme de monachisme, ont séjourné à Luxeuil ou y sont devenus moines. En second lieu, ces familles fondent elles-mêmes des monastères sur leurs domaines. Ces communautés suivent en général la règle que Colomban avait rédigée pour ses monastères bourguignons, mais, au cours du VIIe siècle, la règle irlandaise se confond avec celle de saint Benoît, dont l'influence commence à se faire sentir sur les monastères francs. Il en résulte ce qu'on appelle le monachisme « irlando-franc ». Cette règle mixte préserve une bonne part de l'indépendance qui caractérise la tradition irlandaise, tout en tempérant la rigueur excessive de son ascétisme. En troisième lieu, la place qu'occupent ces monastères dans la société est différente. Ce ne sont pas seulement des foyers de dévotion : ils sont le centre spirituel d'une petite unité de pouvoir familial, dont ils partagent la vie politique et sociale. Les membres de la famille qui a fondé le monastère et lui a fourni ses premiers abbés (ou abbesses) finissent par être révérés comme des saints : au prestige et au pouvoir temporels de l'aristocratie s'ajoute une tradition familiale de prestige et de pouvoir surnaturels.

On est loin de l'image grossière et primitive du monastère gaulois aux temps de saint Martin. Les monastères que fonde l'aristocratie franque s'accordent mieux avec son noble statut. Ce sont de vastes ensembles conventuels, dotés d'églises richement décorées, dans lesquelles les nobles, hommes et femmes, même voués à Dieu, n'abandonnent pas le style de vie qui leur est propre. Quelque chose de cette opulence se laisse voir dans le testament de Burgondofara, fille d'Agnéric, l'ami de Colomban [9]. Elle est l'abbesse d'un monastère fondé sur les terres de son père près de Meaux, et qu'on appellera plus tard Faremoutiers ; mais en entrant au couvent, elle n'a pas renoncé à sa fortune. Dans son testament, rédigé en 633 ou 634, elle établit pour principal héritier le monastère lui-même. Parmi les legs, on trouve des biens qu'elle a hérités de son père ou qui lui viennent de diverses personnes ; ce sont des *villae* rurales, des vignes, des moulins sur la Marne et l'Aubetin, des maisons et des terres dans la cité de Meaux et ses faubourgs. Manifestement, l'abbaye de Faremoutiers n'est pas un ermitage rustique mais une institution opulente, intégrée par des liens de personnes et de propriété à la famille du fondateur. Ces liens ne disparaissent pas à la mort de Burgondofara : la famille continue de contrôler le monastère, qui est sa nécropole et son centre spirituel.

Le meilleur exemple de ce type de nécropole familiale est fourni par l'église Saint-Paul de Jouarre, fondée, on l'a vu, par Audo, fils d'un autre partisan de Colomban, Autharius. On y voit encore aujourd'hui les tombes d'Audo, de Théodochilde, première abbesse de Jouarre, et de son frère Agilbert, qui fut pendant la première partie de sa vie missionnaire en Angleterre, puis évêque du Wessex, avant de revenir sur le continent pour occuper le siège épiscopal de Paris. La crypte contient encore les tombes d'Agilberta, cousine de Théodochilde, de Balda, leur tante, une Bavaroise, et de Moda, cousine de Balda et épouse d'Autharius. Comme tous ces gens-là finirent par passer pour saints, la nécropole devint une source de prestige et de pouvoir pour les membres vivants de la famille.

La transformation des pratiques funéraires franques qui s'observe à la même époque est sans doute liée au développement de ces chapelles mortuaires familiales. Depuis le IVe siècle, les Francs étaient habituellement enterrés dans des cimetières de campagne, comme celui de Lavoye, où le mort est déposé dans sa tombe avec ses habits, ses armes, ses objets personnels et ses bijoux. La conversion n'avait pas affecté ces pratiques : elles ne témoignaient pas d'une croyance religieuse, mais bien d'une continuité sociale et culturelle, d'une solidarité avec les ancêtres qui avaient été enterrés de cette façon.

Or, à partir de la seconde moitié du VIe siècle, ces usages font peu à peu place à un autre mode de sépulture : on enterre à l'intérieur ou autour des églises. C'était une coutume gallo-romaine déjà fort ancienne et, dès Clovis, les rois francs se faisaient enterrer dans une église. A la fin du VIe siècle, l'exception devient peu à peu la règle pour les familles franques, dont les membres cherchent à se faire ensevelir tout près de la tombe d'un saint. Si la famille a son propre monastère et ses saints à elle, comme les descendants d'Autharius, tout est pour le mieux. Sinon, plutôt que d'inaugurer de nouveaux lieux de sépulture, on construira une chapelle mortuaire sur le site d'un ancien cimetière « en rangées ». Ainsi, à Mazerny dans les Ardennes, les sépultures du VIe siècle sont disposées à la manière traditionnelle, en rangées à peu près parallèles orientées nord-sud. Cependant, un groupe à peu près rectangulaire de tombes du VIIe siècle semble à première vue mal orienté : quelque quatorze tombes sont orientées est-ouest. L'archéologue Bailey Young a proposé une explication : ces tombes étaient à l'origine enfermées dans une chapelle de bois, qui a disparu ; c'était un groupe de sépultures familiales entourant la tombe d'un homme et celle d'une femme. La richesse du mobilier funéraire trouvé dans ces deux tombes semble indiquer qu'il s'agissait de hauts personnages, sans doute les fondateurs de la chapelle, qui a servi de nécropole familiale jusqu'à l'abandon du cimetière tout entier, peut-être à la fin du VIIIe siècle [10].

Dans d'autres cas encore, ainsi à Flonheim, en Rhénanie, et à Arlon, dans le Luxembourg belge, la chapelle fut apparemment bâtie par-dessus les tombes d'hommes et de femmes enterrés au début du VIe siècle ou même à la fin du

V[e]. Dans ce cas, il semble que les descendants aient voulu que leurs ancêtres, dont quelques-uns étaient sans doute païens, aient part aux bénéfices apportés par l'évolution qui sanctifie la famille aristocratique.

Comme le montre l'exemple des descendants d'Autharius, le développement de nouveaux concepts de sainteté, qui transforment l'image de l'aristocratie, est étroitement lié à l'essor parallèle des monastères de famille, indépendants de l'évêque mais liés aux fondateurs. Nous avons examiné au chapitre IV le modèle de sainteté élaboré par l'épiscopat gallo-romain. Le saint est issu d'une famille sénatoriale, il mène la vie active d'un évêque; ou alors c'est un homme (une femme) de Dieu qui a fui le monde pour devenir moine ou ermite, qui a coupé tous les liens avec le siècle, mais demeure soigneusement soumis à l'autorité et la direction de l'évêque. Or au VIIe siècle apparaît peu à peu un nouveau type de saint : l'aristocrate qui a servi le roi en sa cour avant de s'en aller fonder des monastères, gérer un évêché, évangéliser les païens, en gardant toujours des liens étroits avec le monde. Loin de fuir les maux du temps, ces hommes et ces femmes ont le plus souvent d'excellentes relations avec les rois et les grands. Après leur conversion à la vie religieuse, ils continuent de prendre part à la politique séculière. Les hagiographes qui rédigent leurs *vitae* prennent grand soin de les présenter sous ce jour, rappelant volontiers Matthieu 22, 21 : « Rendez à César ce qui est à César, et à Dieu ce qui est à Dieu [11]. » Dans l'hagiographie du VIIe siècle, la part de César n'est pas oubliée : il est peu de saints qui aient entretenu des rapports aussi agréables avec les rois, situation très remarquable si l'on se souvient des accusations d'immoralité portées contre la cour de Dagobert. Ainsi, Audoin de Rouen, frère d'Audo, est un saint au service du roi, et Dagobert l'aime, nous dit-on, plus que tous ses autres courtisans. Saint Wandregisel est un noble austrasien qui exerce une fonction dans l'administration royale; même après avoir reçu la tonsure, il voyage à cheval, mode de locomotion aristocratique par excellence. Le plus célèbre de ces nouveaux saints est Arnulf de Metz, proche conseiller et représentant du roi, et personnage éminent de l'aristocratie austrasienne.

Bien entendu, à l'époque précédente, les évêques de famille sénatoriale avaient eux aussi détenu d'importantes charges civiles : l'épiscopat, on l'a vu, couronnait le *cursus honorum* de l'Antiquité tardive. Cependant, dans l'hagiographie des Ve et VIe siècles, on passe très rapidement, et comme en s'excusant, sur la carrière « civile » des évêques. On souligne la coupure entre leur vie dans le monde et leur carrière religieuse, et parfois même on représente la fonction séculière qu'ils exercent après leur conversion comme purement symbolique. Selon Sulpice Sévère, Martin de Tours a renoncé à la guerre avant même d'avoir réellement quitté l'armée romaine. Au contraire, les vies de saints du VIIe siècle s'étendent en détail sur la période qui a précédé la conversion : il est question de la famille du saint, de l'excellent mariage qu'il a fait, de sa fonction à la cour, de son pouvoir et de son prestige. Alors que Sulpice avait représenté Martin comme un pacifique moine-soldat, l'auteur de la vie d'Arnulf va jusqu'à louer l'extrême habileté de son héros au maniement des armes. La seule activité séculière que n'admette pas l'hagiographique mérovingienne, c'est la guerre : on n'y voit pas de saints qui, après leur conversion, continuent à servir le Seigneur en guerroyant. Le saint du VIIe siècle n'abandonne jamais sa famille ni son rang social ; au contraire, sa sainteté leur confère un éclat nouveau : famille et classe sociale s'en retrouvent sanctifiées.

Il ne s'agit pas seulement de l'évolution d'un genre littéraire. L'hagiographie est essentiellement une forme de propagande, et ces vies de saints issus de familles nobles font partie d'un véritable programme qui se développe à la cour et aussi, de plus en plus, dans les centres de pouvoir de l'aristocratie nordique ; ce programme vise à célébrer, justifier et promouvoir la formation d'une élite franque chrétienne consciente d'elle-même, et caractérisée par une tradition culturelle propre qui, née en Neustrie, se répand ensuite dans toutes les parties du monde franc.

Affirmer que le nouveau modèle de sainteté et le monachisme irlando-franc avec lequel il s'identifie servent tous deux les intérêts de l'élite, ce n'est pas prétendre qu'il s'agit là, de la part de l'aristocratie, d'un simple stratagème, d'une ruse politique. En fait, la nouvelle sainteté « politique » fut sans doute, pour la christianisation de la Francie, un facteur plus efficace que ne l'avait été l'ancienne tradition gallo-romaine. Le christianisme était longtemps resté un phénomène urbain ; même dans les régions les plus romanisées d'Occident, sa pénétration dans les campagnes avait été très faible. Le rôle désormais bien plus actif que joue l'aristocratie franque du nord et le travail des moines voyageurs comme Colomban contribuent à introduire dans les campagnes les croyances et les rites chrétiens. La religion et le pouvoir politique apparaissent comme inséparables, que ce soit au niveau de Dagobert ou à celui, local, de l'aristocrate franc qui cherche à introduire un culte homogène dans sa zone d'influence. C'est donc l'intérêt de l'aristocratie de promouvoir l'implantation du christianisme. Ainsi, c'est la famille de Gundoin, duc d'Alsace dans la première moitié du VIIe siècle, qui fonde des monastères en Alsace et dans le nord de la Bourgogne et qui y introduit le culte de sainte Odile. Bien entendu, qu'Odile ait été membre de la famille n'est pas un hasard, ni que cette famille ait entretenu des rapports étroits avec Colomban. De même la famille de Rofulf, duc de Thuringe, prend part à la christianisation : le culte se répand à partir des résidences familiales d'Erfurt et de Wurzbourg. Pour de tels aristocrates, religion et pouvoir politique sont inséparables.

Ce sont des évêques éduqués à la cour royale de Neustrie qui, en étroite collaboration avec Dagobert, entreprennent certaines des plus importantes missions d'évangélisation. Saint Amand, un Aquitain soutenu par le roi, fonde la plupart des monastères flamands, en particulier à Elnone (plus tard Saint-Amand), Gand et Anvers. De Noyon, Acharius et ses successeurs, Éloi et Mummolinus, prennent une part importante aux activités missionnaires, de même qu'Audomar de Thérouanne. Toutes ces missions ont l'appui du roi, qui se manifeste en particulier par de considérables dons de terres fiscales.

Cette activité vise notamment à établir la présence chrétienne et franque dans le nord, surtout en Frise ; sous le règne de Clotaire II, de Dagobert et de leurs successeurs immédiats, cette région avait pris de plus en plus d'importance pour le royaume franc, en raison de la place capitale qu'elle occupait sur les routes de commerce et d'échange entre Paris, Londres, Cologne et les régions situées entre l'Escaut et la Weser. Le rapport étroit qui existe entre l'expansion du christianisme et la part prise par le roi dans ce commerce se manifeste par l'établissement d'une église à Utrecht [12]. Vers 600, l'importance de l'estuaire du Rhin pour le commerce avec Cologne s'accroît : on a trouvé dans le sud-est de l'Angleterre, sur la côte ouest du Jutland, de l'embouchure de l'Elbe à Limfjord, dans le Rhin supérieur jusqu'à Coblence, et même près du lac de Constance, des monnaies d'or frappées en Frise vers cette date et imitant des monnaies mérovingiennes. Vers 630, Duurstede, localité située un peu au sud d'Utrecht, est devenu le centre du commerce frison. C'est alors que Dagobert fonde l'Église d'Utrecht, placée sous l'autorité de l'évêque de Cologne, Cunibert, à qui il offre le fort d'Utrecht, à la condition qu'il évangélise les Frisons. C'est aussi à ce moment que, pour prendre en charge les échanges commerciaux de plus en plus actifs dans cette région et en tirer bénéfice, il transfère à Duurstede Madelinus et Rimoaldus, deux ouvriers monnayeurs qui travaillaient à l'atelier monétaire de Maastricht. L'évangélisation du pays et le contrôle de ses activités économiques marchent main dans la main.

Les conséquences du mouvement religieux irlando-franc ne se font pas sentir seulement sur les rois, sur la cour de Neustrie et l'aristocratie du nord. Les gens du sud qui, comme Desiderius de Cahors, ont été élevés à la cour, en sont eux aussi profondément affectés; et à mesure que progresse la fusion des diverses traditions aristocratiques de Francie, le mouvement se répand au sud et à l'est aussi bien qu'au nord. Autrefois, certains évêques gallo-romains, il est vrai, avaient pris au sérieux leurs responsabilités apostoliques à l'égard de la population rurale de leur diocèse; cependant, c'est dans la première moitié du VIIe siècle qu'on voit se produire, au nord et au sud de la Loire comme à l'est du Rhin, la première tentative sérieuse, concertée et systématique pour répandre le christianisme non seulement dans l'élite mais aussi dans la société tout entière. Pour la première fois dans l'histoire de l'Occident, le courant de la culture religieuse s'est inversé. Pendant des siècles, les diverses formes du christianisme méditerranéen avaient lentement pénétré le nord. Voici donc qu'un christianisme venu du nord, nouveau et vigoureux, étroitement lié aux intérêts du roi et de l'aristocratie et aux assises de leur pouvoir, se répand dans le sud romanisé et va lentement le transformer.

CHAPITRE VI

LE DÉCLIN MÉROVINGIEN

Les successeurs de Dagobert

> De Chalon, où il continua son œuvre de justice, il se rendit ensuite à Auxerre en passant par Autun, puis à Paris par Sens ; là, sur l'avis des Francs, car elle était stérile, il laissa la reine Gomatrude à la villa de Reuille et il épousa Nantechilde [Nanthilde], une fille très belle, faisant d'elle sa reine [1].

Ce récit du second mariage de Dagobert, emprunté aux *Gesta Dagoberti* écrits longtemps après l'événement, reflète l'interprétation qu'on donna plus tard, avec le recul du temps, à la répudiation de Gomatrude. Le pseudo-Frédégar, qui est la source des *Gesta*, ne propose aucune explication pour le divorce, se contentant de dire que c'était à Reuille que Dagobert avait épousé Gomatrude ; il ne mentionne pas la beauté de Nantechilde, signalant seulement qu'avant son mariage elle n'était qu'une servante [2]. Les Mérovingiens, on l'a vu, n'estimaient ordinairement pas indispensable de répudier une épouse avant d'en prendre une autre. Cependant, Dagobert avait peut-être en l'occurrence quelques bonnes raisons d'agir ainsi : Gomatrude était la sœur de sa belle-mère Sichilde ; il l'avait épousée sur l'ordre de son père. Elle était donc peut-être la tante de son demi-frère Charibert, et la sœur de Brodulf, qu'il venait tout juste de faire exécuter pour avoir comploté contre lui au profit de Charibert. Répudier Gomatrude était une décision logique : il se débarrassait ainsi définitivement de l'influence de ce clan, dont l'alliance avec la famille royale avait été orchestrée par son père.

Cependant, la tradition qui plus tard attribua le divorce à la stérilité de la reine n'est pas du tout absurde. En 629, Dagobert devait être désespéré de n'avoir pas d'héritier, et sinon lui, en tout cas « les Francs », autrement dit l'aristocratie, l'étaient sans aucun doute. Depuis les débuts de la dynastie, l'absence d'un héritier adulte s'était toujours soldée par des désordres : un long interrègne caractérisé par de dures batailles pour s'assurer le contrôle du futur roi (ou des futurs rois), l'occasion, pour les factions aristocratiques, d'accroître leur pouvoir, la ruine de la *stabilitas* si désirée par le roi. Si Dagobert avait pu profiter du capital de puissance accumulé par son père, c'est parce qu'il avait été associé à la royauté dans les six dernières années du règne. L'association de l'héritier se révélait le moyen le plus sûr pour garantir la continuité royale. Il est donc certain qu'en 629, lui-même aussi bien que les grands du royaume éprouvaient avec force la nécessité d'un ou de plusieurs héritiers. Les nobles n'auraient pas toléré un autocrate, mais personne n'avait intérêt à voir le royaume aux mains d'un roi faible. Un pouvoir central impuissant amenait ordinairement la confusion, l'explosion des anciennes querelles et une rivalité féroce entre les grands. Pour un royaume fort, il fallait un roi fort ; et voilà pourquoi Dagobert avait besoin d'un héritier. Ce remariage ne fut pas sa seule tentative pour en produire un : l'année suivante, une Austrasienne, Ragnetrude, lui donna un fils, Sigibert III ; vers 633, Nantechilde lui en fit un autre, Clovis II.

Insuffisante précaution : à la mort de leur père en 639, les princes étaient trop jeunes pour assurer la nécessaire continuité du pouvoir légué par leurs père et grand-père. Il en fut ainsi pendant la plus grande partie du siècle suivant. Sigibert III mourut jeune, laissant un fils, Dagobert II, qui fut tonsuré et exilé dans un monastère d'Irlande, dont il reviendrait dix ans plus tard ; Clovis II, après un interrègne de deux ans et une longue minorité, régna jusqu'à sa mort, en 657 ; il laissait trois fils mineurs : Childéric II en Austrasie, Clotaire III en Neustrie, et Theudéric III, qui succéda à son frère Clotaire en 673. Ainsi, pour près de quarante ans, la famille mérovingienne sera incapable d'assurer la continuité du gouvernement central dans le royaume franc.

Cependant, ces Mérovingiens n'étaient pas du tout les « rois fainéants » de la légende populaire. Ainsi Childéric II d'Austrasie tenta de recouvrer l'autorité royale et de gouverner le pays : cela lui valut d'être assassiné. De même son frère Theudéric ne se contenta pas de régner ; après la mort du *major domus* Ebroïn, il refit l'unité du royaume franc et parvint même à gouverner seul pour quelque temps ; mais il fut vaincu par Pépin II à la bataille de Tertry (687) et tenu en lisières jusqu'à sa mort, en 690/691. Après quoi, le cycle se répéta ; Theudéric laissait pour héritier un enfant mineur, Clovis IV, en sorte qu'à partir de 691, les rois mérovingiens se trouvèrent une fois de plus totalement dominés par les divers groupes aristocratiques qui tenaient maintenant les premiers rôles dans la lutte pour l'hégémonie. Les membres de la famille royale étaient d'utiles symboles autour desquels on pouvait assurer son pouvoir, mais ils n'avaient pas de politique personnelle. C'est au point qu'on a du mal à débrouiller les rapports de parenté entre les derniers Mérovingiens. Les contemporains faisaient si peu de cas d'eux qu'ils ne prirent pas la peine d'enregistrer exactement la filiation qui reliait le dernier roi mérovingien, Childéric III (r. 743-751), avec les grands descendants de Clovis.

C'est ainsi que, plus que tout autre facteur, la longue série des minorités précipita le déclin du pouvoir royal. C'est donc un hasard qui provoqua la chute de la royauté, plus qu'une mythique dégénérescence de la race (légende qui sera examinée au prochain chapitre). Cependant ce hasard n'explique pas tout. D'autres dynasties ont survécu à de longues minorités et repris fermement en main le gouvernement de l'État. La perte de pouvoir des Mérovingiens n'est qu'un aspect d'une évolution beaucoup plus complexe qui transforme le monde franc au VIIe siècle et au début du VIIIe. Ces changements n'étaient pas nés de rien : ils trouvaient leur origine dans des traditions politiques, sociales, économiques et religieuses qu'on voyait déjà se former sous les règnes de Clotaire II et Dagobert ; cependant, à eux seuls, ils n'auraient pas suffi à provoquer inévitablement le déclin de la royauté mérovingienne. La combinaison de ces deux ordres de facteurs – les minorités, l'évolution du monde franc – lui fut fatale.

En Neustrie-Bourgogne et en Austrasie, les groupes aristocratiques se disputent la maîtrise des terres du fisc, du réseau de monastères, et de la charge de *major domus*. Dans les régions périphériques – Frise, Thuringe, Alémanie, Bavière, Provence et Aquitaine –, les ducs du pays s'établissent à la tête de principautés autonomes avec le titre de princes.

Au cours de ces luttes, l'équilibre entre monachisme réformé et service du roi est détruit; l'épiscopat franc prend de plus en plus les caractéristiques d'un pouvoir temporel : les évêques ne se contentent pas d'administrer leur *civitas* et de conseiller les rois, mais, dans les diverses parties de la Francie, ils prennent une part active aux luttes pour le pouvoir. C'est à cette époque que s'effondrent les traditions pédagogiques et culturelles que l'Église avait héritées de l'aristocratie gallo-romaine : le déclin des lettres, si évident au milieu du VIIIe siècle, ne date sans doute que de moins de cent ans.

A leurs deux points extrêmes, les relations commerciales du royaume franc avec les pays lointains se trouvent entravées : au nord, on perd alors la Frise et donc le port de Duurstede; au sud, en Provence, des troubles temporaires diminuent l'activité des ports de Fos et de Marseille. En outre, trop occupés à se battre entre eux, les Francs en oublient de piller régulièrement les royaumes voisins : les sources de butin et de tribut se tarissent, qui avaient principalement fourni les espèces permettant de payer les importations. A la place de la monnaie d'or, monnaie de prestige et de commerce international, on frappe, localement, une monnaie d'argent, qui certes témoigne de l'activité des réseaux d'échange locaux, mais signale probablement le déclin du commerce lointain.

Cependant, c'est une période féconde : l'activité missionnaire est intense; le mouvement monastique irlando-franc se renforce; la règle de saint Benoît se répand progressivement dans une bonne partie de la Francie; et enfin se forment alors les unités géographiques qui, dans la longue durée, se révéleront plus stables que l'empire franc lui-même. Nous analyserons ces changements l'un après l'autre.

La Neustrie-Bourgogne

L'aristocratie austrasienne avait espéré que Dagobert transmettrait à son fils Sigibert III le royaume entier, mais quatre ans avant sa mort, le roi décida que Sigibert n'hériterait que de l'Austrasie ; Clovis II, son cadet, aurait la Neustrie et la Bourgogne. En plus, Sigibert reçut le tiers du trésor de Dagobert, en Aquitaine les cités de Poitiers, Clermont, Rodez et Cahors, et en Provence Marseille, ainsi que d'autres villes du sud de la Loire. La veuve de Dagobert, Nantechilde, et Clovis II, qui avait sans doute alors à peu près quatre ans, eurent chacun un tiers du trésor.

Dagobert avait nommé *major domus* et régent (639-641) un certain Aega, grand personnage de l'aristocratie neustrienne et fidèle partisan de la dynastie. Aega et Nantechilde gouvernèrent le royaume et la maison du roi. A sa mort (642), le *major domus* eut pour successeur Erchinoald (régent de 641 à 658), autre aristocrate neustrien, parent de la mère de Dagobert, Haldetrude. Ses terres s'étendaient sur la basse Seine dans la région de Jumièges et de Saint-Wandrille, autour de Noyon et Saint-Quentin, et sur la Marne et la Somme.

Erchinoald appartenait, semble-t-il, à un clan nombreux et puissant, qui tenta de dominer la Neustrie pendant une bonne partie du VIIe siècle. La manière dont ils s'y prirent, lui et les siens, pour renforcer et étendre leur puissance politique et sociale illustre parfaitement la transformation qui affecte l'aristocratie neustrienne dans les générations qui suivent Dagobert. En 658, à la mort d'Erchinoald, les grands de Neustrie choisirent comme *major domus* Ebroïn (c'est la première fois que c'est l'aristocratie qui fait un tel choix, plutôt que le roi ou le régent) ; mais en 675, c'est un fils d'Erchinoald qui sera nommé *major domus*. Des témoignages indirects permettent de croire que les *majores* qui vinrent après lui, Waratto (680-686), son fils Ghislemarus (680), et son gendre Bercharius (686-688), étaient eux aussi parents d'Erchinoald. Après que Pépin II eut battu Bercharius à Tertry (687) et l'eut sans doute fait exécuter l'année suivante, il fit épouser à son fils Drogo la veuve de Bercharius, fille de Waratto, Anstrude. Le réseau familial et foncier construit par cette famille au VIIe siècle la qualifiait donc pour entrer dans le clan des Pippinides.

Erchinoald avait des liens étroits avec le mouvement monastique irlando-franc. Il accueillit des pèlerins irlandais tels que Furseus, un abbé voyageur qui arriva en Neustrie vers 641, après avoir fondé des communautés en Irlande et en East Anglia. Erchinoald aida Furseus à fonder un monastère à Lagny, ainsi que sur ses terres à Péronne. Il céda à Furseus les domaines de Wandregisel, sur lesquels l'abbé établit le monastère de Fontenelle.

Cette participation au mouvement monastique fut l'un des moyens utilisés par Erchinoald pour édifier la puissance de son clan, de plus en plus indépendante de la maison royale. En particulier, Furseus fut le centre autour duquel le *major domus* se fabriqua un culte familial. Il avait demandé à l'abbé irlandais d'être le parrain de son fils, et il avait été invité à Péronne à cette fin. Les descendants d'Erchinoald étaient donc liés à Furseus par une parenté spirituelle. Bien que les terres de Péronne offertes à Furseus pour y fonder un monastère aient été détachées du fisc royal, c'est à la faveur divine, non à la générosité du roi qu'Erchinoald prétend les devoir ; selon un écrit presque contemporain, *les Vertus de saint Furseus*, après que le saint a choisi le site, Erchinoald s'écrie : « Je rends grâces à Dieu qui m'a donné cette propriété sur laquelle tu as décidé d'établir ta demeure[3]. » La fondation de Péronne et la présence du saint devaient sans aucun doute ajouter au prestige d'Erchinoald, qui considérait l'un et l'autre comme sa propriété. C'est ce que montre une anecdote racontée par le même auteur : Furseus était mort à Mézerolles, dans la Somme, un petit monastère que le saint avait fondé sur les terres du duc Haimo ; aussitôt le *major domus* s'y rendit et réclama : « Donnez-moi mon moine ! » Selon les *Vertus*, l'affaire fut réglée par une sorte d'ordalie. Deux taureaux sauvages furent attelés à une charrette portant le corps du saint et on les laissa aller où Dieu les conduirait. Ils se dirigèrent droit vers Péronne, où Furseus fut enterré.

Malgré le soin avec lequel il entretint ses relations avec Furseus, avant et après la mort du saint, Erchinoald n'était pas un partisan inconditionnel de la tradition monastique irlandaise. Après la mort de Furseus, il chassa de Péronne les moines irlandais, sans doute pour les remplacer par des Francs. Malheureusement pour lui et pour sa famille, les Irlandais trouvèrent refuge chez Iduberge, épouse de Pépin de Herstal, qui appartenait à la plus haute aristocratie austrasienne.

Nantechilde et Erchinoald n'avaient que peu d'autorité sur la Bourgogne, où, depuis Clotaire II, il n'y avait plus de *major domus* royal pour gouverner le pays. En 642, Nantechilde se rendit à Orléans, en Bourgogne, et rétablit cette charge. Souhaitant accroître son autorité directe sur le pays, elle réussit à convaincre une partie de l'aristocratie de choisir comme *major domus* Flaochad, très lié à la Neustrie et particulièrement à Nantechilde elle-même, dont il avait épousé la nièce. Apparemment, Erchinoald vit là une occasion d'assurer sa position personnelle par un appui extérieur, puisqu'il conclut avec Flaochad un pacte par lequel chacun s'engageait à assister l'autre dans ses fonctions. Bien que Flaochad eût promis fidélité aux grands et aux évêques du royaume de Bourgogne, il rencontra bientôt une vive opposition, menée par le patrice Willibad. Cet homme avait été l'un des trois loyaux partisans de Dagobert qui, quelque quinze ans plus tôt, avaient assassiné Brodulf. Apparemment, Flaochad et Willibad étaient d'anciens alliés, que l'entrée en charge du premier avaient transformés en ennemis personnels.

Les raisons pour lesquelles Willibad s'opposait au *major* jettent un vif éclairage sur l'état du royaume de Bourgogne au milieu du VIIe siècle. On a vu dans cette opposition un aspect de l'hostilité romano-bourguignonne contre le « Franc » Flaochad; une tentative pour préserver l'autonomie du pays; ou même une simple querelle privée entre le patrice et le *major*. Les causes du conflit étaient sans doute assez complexes. Willibad était en Bourgogne l'un de ceux qui, depuis le temps du dernier *major domus*, avaient profité le plus de l'indifférence bienveillante du pouvoir central. Son influence dans la région de Lyon, Vienne et Valence lui avait procuré une immense richesse et un grand pouvoir. D'autres aristocrates avaient profité de cette quasi-autonomie, particulièrement dans la région de Chalon, ancien centre du royaume bourguignon ; l'établissement d'un *major domus* étroitement lié à la Neustrie franque ne pouvait que menacer cette indépendance.

Cependant, Willibad n'était pas exactement le chef d'une Bourgogne unifiée. D'autres aristocrates bourguignons soutenaient Flaochad, notamment trois ducs : Chramnelenus de Besançon, Wandalbertus de Chambly (tous deux appartenaient au clan du duc Waldelenus, le protecteur de Colomban), et Amalgar de Dijon. S'ils avaient choisi ce parti, ce n'est sans doute pas pour des raisons ethniques, en tant que Gallo-Romains ou Francs s'opposant à des Bourguignons qui combattraient une dernière fois pour leur indépendance ; c'est plutôt qu'ils représentaient les autres grands clans de Bourgogne, rivaux de Willibad, et qui avaient peut-être de vieilles querelles à régler avec sa famille. Le *major domus* installé par la Neustrie représentait un puissant allié extérieur dans leur lutte contre Willibad. Cette lutte s'acheva par une sanglante bataille qui eut lieu à Autun, et à laquelle ne prirent part que les principaux intéressés et leurs plus proches alliés. Selon le pseudo-Frédégar, les autres Neustriens et Bourguignons se contentèrent de regarder : preuve que, pour la plupart des gens qui se trouvaient là, il s'agissait d'une querelle privée, non d'une révolte publique ou d'une lutte pour l'indépendance ethnique ou nationale [4]. Le conflit était donc à la fois interne, entre les grandes familles de Bourgogne, et externe, opposant les patrices bourguignons à l'autorité de la Neustrie.

Ces tentatives pour réintroduire la charge de *major domus* et réaffirmer en Bourgogne l'autorité de la Neustrie n'eurent guère de succès. Willibad fut tué avec ses proches partisans, mais Flaochad ne put profiter de sa victoire : il mourut de maladie onze jours après la bataille. Nantechilde, qui était à l'origine de toute l'affaire, était morte quelques mois avant la confrontation finale. Cependant la charge de *major domus* en Bourgogne se perpétua, semble-t-il, occupée par un certain Radobertus, jusqu'à ce que, vers 662, les maisons des deux royaumes fussent définitivement réunies sous l'autorité du *major* neustrien Ebroïn. Le véritable vainqueur du conflit était sans doute le clan de Waldelenus.

Dans les décennies suivantes, il étendit son autorité au sud de Besançon, jusqu'en basse Bourgogne et en Provence.

La puissance d'Erchinoald ne lui était pas venue seulement de sa parenté avec la grand-mère de Clovis II, de sa charge de *major domus*, de la fortune qu'il avait héritée ou obtenue du fisc royal, et du prestige spirituel que lui conférait la belle collection de moines irlandais dont il était « propriétaire »; en plus de tout cela, il avait fourni au jeune roi qu'il servait une épouse choisie parmi ses esclaves. Baldechilde (Bathilde) était une Anglo-Saxonne qu'Erchinoald avait ramenée d'Angleterre comme esclave. Selon l'auteur de sa *Vita*, le *major* fut si frappé par sa beauté, son intelligence et sa force de caractère qu'il voulut en faire sa femme (ou du moins sa concubine); au lieu de quoi il la donna au roi Clovis II.

Les Mérovingiens, on l'a vu, épousaient volontiers des femmes d'humble naissance, au moins depuis Charibert Ier (r. 561-567), qui avait épousé deux servantes de sa femme, deux sœurs, Mérofled et Marcoveifa. Un peu plus tard, Chilpéric Ier (r. 560/1-584) avait pris pour épouse une des servantes de sa femme, la fameuse reine Frédégonde. Deux des épouses de Theudebert II, Bilichilde et Theudechilde, avaient été esclaves, de même que Nantechilde, femme de Dagobert. De tels mariages comportaient un avantage politique certain. Épouser une femme de l'aristocratie, c'était nécessairement contracter alliance avec sa famille et accorder à ses parents mâles des postes de choix. D'autres groupes aristocratiques pouvaient en prendre ombrage; en outre, si plus tard les fils de la reine étaient mal traités lors d'une division du royaume, il fallait craindre que ne se forme, autour du clan de la reine, une vive opposition. Ce n'était pas une menace imaginaire : les difficultés que causèrent à Dagobert la famille de sa femme Gomatrude le prouvent. Au contraire, les esclaves et les femmes de basse naissance n'étaient pas soutenues par de puissantes familles aristocratiques. Si elles ne donnaient pas de fils au roi, si elles tombaient en disgrâce, il était facile de les écarter. Si elles produisaient des mâles et se montraient capables et intelligentes, telles Nantechilde et Baldechilde, elles jouaient parfois un rôle de premier plan.

Sans parents mâles pour les soutenir, ces reines s'appuient volontiers sur l'Église; réciproquement, ce sont elles qui fondent le plus de monastères, qui encouragent le plus activement l'évangélisation. Ainsi Baldechilde établit des liens particulièrement étroits avec l'évêque de Paris, Chrodobert, et celui de Rouen, Audouin, de même qu'avec les abbés Waldabert de Luxeuil, Theudefrid de Corbie (monastère qu'elle a fondé), et Philibert de Jumièges. En 657, à la mort de son époux, Clovis II, c'est avec l'appui de ses conseillers ecclésiastiques qu'elle assure la régence pour son fils mineur Clotaire III (qui vécut de 657 à 683). Son extrême générosité envers les institutions religieuses contribue à transformer le pays autour de Paris : terre de fisc pour sa plus grande part, cette région devient essentiellement terre ecclésiastique. Baldechilde en tire un avantage immédiat : l'appui de l'Église pour elle-même et pour son fils; mais c'est aussi par ce biais que les Pippinides réussiront à prendre une position de force en Neustrie. Ce n'est certes pas ce que la reine avait voulu.

Pour développer et réformer la vie monastique, Baldechilde prit toutes sortes de mesures : elle fonda Corbie et Chelles; elle introduisit la règle « mixte » à Saint-Denis; elle garantit à cette institution l'immunité ecclésiastique devant l'évêque et l'immunité temporelle devant le roi; enfin elle protégea et enrichit quantité d'autres basiliques et monastères. Son but n'était pas seulement d'acquérir l'appui politique de ces institutions. Continuant l'œuvre de Dagobert, elle cherchait à consolider la *stabilitas* du royaume, comme aussi à rehausser le prestige de la royauté. Les basiliques protégées par elle ou par d'autres rois mérovingiens étaient souvent des nécropoles royales, l'équivalent des monastères plus modestes fondés par des familles aristocratiques, par exemple à Jouarre. La réforme et la mise en ordre des rituels de commémoration des morts accomplis dans ces institutions étaient étroitement liées au développement de la religion royale : Baldechilde unissait dans une même commémoration ses fils avec les rois mérovingiens qui les avaient précédés. Comme le dit très bien l'auteur de sa *Vita*, reproduisant sans aucun doute une phrase des chartes royales accordées à ces institutions, les donations de la reine avaient été faites de telle façon qu'« il fût plus plaisant pour eux (les moines) d'implorer la miséricorde du Christ, le roi le plus puissant, pour le roi et pour la paix [5] ».

A cette époque, l'usage des saints traditionnellement associés à la famille royale change de forme. Voulant s'entourer, au plus près, du pouvoir détenu par ces morts au statut spécial, Baldechilde, le roi son époux et ses deux fils entreprennent de réunir dans le palais royal une collection de reliques. Non contents de vénérer les saints en leurs lieux de culte traditionnels, qui dessinaient une géographie sacrée de la Francie, ils les assemblent autour du roi. Ainsi, Clovis II avait déjà fait ôter de la basilique le bras de saint Denis; peu après la *cappa* de saint Martin, vénérée à Tours depuis des siècles, s'ajoute à la collection royale, et deviendra plus tard le centre de la « chapelle », nom dérivé de *cappa*.

Erchinoald mourut en 658. En accord avec les « Francs », Baldechilde, qui ne souhaitait sans doute pas élever trop haut la famille de son ancien propriétaire, lui choisit pour successeur Ebroïn, un aristocrate de la région de Soissons, qui faisait déjà partie de la maison royale. Ebroïn et Baldechilde, comme l'avait déjà fait Nantechilde à la génération précédente, tentèrent, au nom de Clotaire III, de fusionner les maisons royales de Neustrie et de Bourgogne et de réaffirmer leur autorité sur les deux pays. Il en résulta, comme de juste, une violente opposition, en Neustrie comme en Bourgogne.

Le mécontentement se manifesta d'abord par un complot visant à assassiner Ebroïn, complot mené par Ragnebert, fils du duc Radebert, un Neustrien sans doute parent du *major domus* de Bourgogne Radobertus, qui avait été déposé et évincé par Ebroïn. Ragnebert fut pris ainsi que ses complices; il fut enfermé dans un monastère de Bourgogne, où Ebroïn le fit mettre à mort.

Cette tentative d'assassinat était révélatrice de l'opposition rencontrée par Ebroïn et Baldechilde. Dans le diocèse de Lyon, Ragnebert fut honoré comme un martyr, de même que Willibad, lui aussi tué par les Neustriens. Pourtant, dans la seconde moitié du VIIe siècle, le véritable enjeu des combats n'est pas l'autonomie de la Bourgogne, qui se défendrait contre l'hégémonie de la Neustrie, mais bien le pouvoir individuel des grands de Neustrie et de Bourgogne. Les intérêts privés prennent le pas sur ceux de la région ; les évêques eux-mêmes, de plus en plus, font de leur diocèse une sorte de petit État indépendant, battant monnaie et gouvernant de manière autonome. Baldechilde et Ebroïn tentèrent de s'opposer à cette évolution en nommant des évêques loyaux, qui avaient été élevés à la cour et qui soutenaient le monachisme irlando-franc. C'était aller contre un usage ancien, consacré par Clotaire II, qui avait promis de ne pas nommer d'étrangers à la région. Cette nouveauté rencontra des oppositions féroces, notamment à Lyon, de la part de l'évêque Aunemund et de son frère Dalfinus, comte de Lyon : tous deux avaient fait de la ville et de sa région une principauté indépendante. Chef de l'opposition en Bourgogne, Aunemund fut exécuté. La *Vie* de saint Wilfrid, l'apôtre anglo-saxon, accuse Baldechilde d'avoir ordonné la mise à mort de neuf évêques : elle n'avait guère le choix, si elle voulait supprimer ces enclaves autonomes découpées dans le royaume par les évêques et/ou par les aristocrates. A Lyon, la régente remplaça Aunemund par son aumônier et fidèle partisan, Génésius. Elle nomma évêque de Toulouse un moine de Saint-Wandrille, Erembert, et fit évêque d'Autun un autre de ses partisans, Léodegar (saint Léger), dont le frère, Warinus (Warin), était comte de Paris.

Aussi longtemps que Baldechilde conserva la régence, ces évêques soutinrent loyalement le programme qu'elle-même et Ebroïn s'étaient efforcés de mettre en œuvre. Cependant, lorsqu'en 664 ou 665 elle fut forcée de se retirer dans son monastère de Chelles, ils se joignirent aux opposants, dont Léodegar prit la tête. Quand, en 673, Clotaire III mourut subitement, Ebroïn fit monter sur le trône Theudéric III, frère cadet de Clotaire. En réponse, l'aristocratie neustrienne et bourguignonne retira son soutien à Theudéric et prit parti pour Childéric II, frère de Theudéric, qu'on avait fait roi d'Austrasie. Abandonné de tous, Ebroïn n'eut d'autre choix que d'accepter l'exil au monastère de Luxeuil, tandis que Theudéric III, sa créature, était forcé de se faire moine à Saint-Denis.

L'union de la Neustrie et de la Bourgogne ne dura pas. Bientôt Léodegar perdit la faveur de Childéric II et fut lui aussi enfermé à Luxeuil. En 675, Childéric fut assassiné par des gens qui étaient sans doute à la solde d'Ebroïn et de Léodegar. Il en résulta une guerre civile. Chacun de son côté, Ebroïn et Léodegar sortirent de leur monastère ; le second passa par Saint-Denis et en ramena Theudéric III. Les partisans de Léodegar choisirent comme *major domus* Leudésius, fils d'Erchinoald, tandis qu'Ebroïn se joignait aux Austrasiens qui, eux, soutenaient Clovis III, qu'on disait fils de Childéric. Ebroïn l'emporta, tua Léodegar et Leudésius, et parvint à tenir réunies la Neustrie et la Bourgogne pendant cinq ans. Cependant, quand il chercha à imposer son autorité à l'Austrasie, il rencontra une opposition dirigée par un descendant d'Arnulf de Metz et de Pépin de Herstal, Pépin II. En 680, Ebroïn fut assassiné par un aristocrate neustrien qui chercha ensuite refuge auprès de Pépin.

L'Austrasie

Ainsi donc, dans le royaume neustrien-bourguignon, la longue série des minorités et les luttes impitoyables qui en résultèrent avaient détruit la synthèse créée par Dagobert, en un processus que nous ne pouvons qu'inférer, car nous n'avons que de très maigres informations. En Austrasie, l'enchaînement des faits est encore plus désespérément obscur. On y voit, pour la première fois depuis Clovis, un homme qui n'était peut-être pas de sang royal gouverner un sous-royaume franc.

Sigibert III, que Dagobert avait placé à la tête de l'Austrasie, mourut en 656, laissant un fils, Dagobert II. Ce qui se passa ensuite est l'objet d'un débat ancien, interminable, et sans doute impossible à trancher. La seule source narrative à peu près contemporaine qui en parle, le *Liber historiae Francorum*, dit ceci :

> Lorsque le roi Sigibert mourut, Grimoald fit tonsurer son jeune fils Dagobert et l'envoya, avec l'évêque de Poitiers, Dido, en pèlerinage en Irlande, afin d'établir son propre fils dans le royaume. Les Francs, que sa conduite avait extrêmement irrités, lui préparèrent un piège et, l'ayant pris, l'amenèrent devant Clovis, roi des Francs. Il fut emprisonné à

Paris, où il fut lié et torturé, et, méritant la mort pour avoir tourmenté son seigneur, il fut supplicié jusqu'à ce que mort s'ensuive [6].

Ce Grimoald était le *major domus* Grimoald Ier, fils de Pépin Ier l'Ancien ; le fils dont il est question ici est Childebert, qui apparemment régna quelque temps en Austrasie. Il apparaît donc que dans les années 650, la famille qui supplanterait un jour les Mérovingiens fit une première tentative avortée pour s'emparer du royaume, et en fut empêchée par l'aristocratie neustrienne. Mais on n'est pas du tout sûr que les choses se soient bien passées ainsi ; il est certain, toutefois, qu'on avait bien mis à l'épreuve la capacité de résistance des mécanismes de succession en face des pressions de l'aristocratie.

Comme il arrive souvent en histoire mérovingienne, la succession réelle des événements et leur chronologie défient toute détermination précise, bien qu'on ait consacré beaucoup de science à défendre telle ou telle thèse. Si l'on prend le récit que nous avons cité pour argent comptant, il semble que la tentative d'usurpation ait échoué. Comme Sigibert III est mort en 656 et son frère Clovis II en 657, on peut penser que l'usurpation n'a pas duré plus d'un an, après quoi Grimoald a été livré aux Neustriens et exécuté. Cependant, une charte montre que le *major domus* était vivant en 661 : il faut modifier la théorie. On a donc pensé que Dagobert II avait régné jusqu'en 661, moment où Grimoald l'exila en Irlande et plaça sur le trône son propre fils Childebert. Pour défendre cette thèse, on a avancé que le scribe copiant le passage ci-dessus s'était trompé : il aurait écrit « Chlodoveo » (Clovis) au lieu de « Clothario » ; l'exécution de Grimoald se situerait donc sous Clotaire III, vers 661 ou 662. Mais une autre charte, datée de « la sixième année du roi Childebert », permet de croire que l'usurpation est encore bien antérieure, que le fils de Grimoald aurait été reconnu roi légitime d'Austrasie et de Neustrie depuis la mort de Sigibert jusqu'à la mort de ce Childebert lui-même, en 661 ; c'est seulement après la mort de ce fils devenu roi que le père, Grimoald, aurait été trahi et exécuté. D'autres historiens ont pensé qu'il n'y avait pas eu à proprement parler d'usurpation, mais que Grimoald était apparenté à la famille mérovingienne par les femmes, et qu'il avait donc quelques droits à donner à son fils un nom royal et à le faire accéder au trône. Il peut même se faire que Dagobert II ait été enfermé dans un couvent non par l'ambitieux Grimoald, mais par les Neustriens. Toute l'accusation d'usurpation serait alors une réinterprétation tardive, destinée à blanchir les Neustriens. Nous ne saurons jamais au juste ce qui s'est passé.

Quels qu'aient pu être les événements d'Austrasie, l'épisode, malgré toute sa confusion, fait apparaître d'importants changements d'attitude dans les relations entre l'aristocratie austrasienne et la royauté mérovingienne. Vraisemblablement, lorsque le fils de Grimoald fut reconnu roi, Dagobert II, fils de Sigibert III, n'était pas encore né. Les gens d'Austrasie ont pu penser qu'après la mort de Sigibert, ce serait très probablement son frère neustrien Clovis II qui lui succéderait, si bien que le royaume entier serait réuni sous l'autorité de la Neustrie. Apparemment, c'était là une situation que l'Austrasie ne pouvait admettre : dans cette région, on l'a vu, la tradition d'unité et d'autonomie était plus ancienne qu'en Neustrie et en Bourgogne. Sous Clotaire II et sous Dagobert Ier, l'identité de l'Austrasie avait été préservée : elle avait obtenu son propre roi, qui avait sa cour et son palais. Quelles qu'aient pu être les circonstances qui entourèrent l'ascension de Childebert, le facteur le plus important fut sans conteste le refus des Austrasiens à être gouvernés par la Neustrie.

Ce refus ne s'enracinait pas dans une opposition « ethnique », quelle qu'elle soit, entre est et ouest, Germains et Romains. Au VIIe siècle, l'Austrasie ne comprenait pas seulement les régions orientales qui entourent Metz et Trèves, mais aussi de vieilles cités romaines comme Reims, Châlons ou Laon. Aucune frontière linguistique ne séparait les deux pays, et les grandes familles avaient des liens avec l'un et l'autre. Les grands se considéraient comme des Francs. Ce qui comptait, c'étaient les sphères d'influence et les traditions politiques de chacune des deux régions.

La chute de Grimoald porta un coup sévère aux ambitions de sa famille ; que le clan ait réussi à s'en relever prouve combien son pouvoir était bien établi. Cependant, immédiatement après cet échec, les Pippinides quittèrent pour un temps le devant de la scène. Après la mort de Childebert, Baldechilde et Ebroïn réussirent à placer sur le trône d'Austrasie le fils mineur de Baldechilde, le roi de Neustrie, Clotaire III. Il semble que les ennemis de Grimoald, avec à leur tête Chimnechilde, veuve de Sigibert, et le duc d'Austrasie Wulfoald, aient joué un rôle important dans cet arrangement; l'année suivante, ils firent accepter un compromis aux termes duquel le jeune frère de Clotaire III, Childéric II, épouserait sa cousine, fille de Sigibert III et de Chilmnechilde, et sœur du roi exilé, Dagobert II. Chimnechilde prit la régence au nom du jeune Childéric. La maison royale restait donc d'obédience austrasienne.

Dans une société où compterait exclusivement ou presque la parenté par les mâles, l'échec de Grimoald eût signifié la fin de sa famille. Mais la *Sippe* aristocratique du haut Moyen Âge est très fluide : ce terrible revers ne suffit pas à anéantir le clan des Pippinides. Apparemment, la descendance de Grimoald s'arrête à la mort de Childebert, mais l'alliance des Pippinides avec les Arnulfiens, scellée par le mariage de Begga, sœur de Grimoald, avec Ansegisel, fils d'Arnulf de Metz, assurait la continuité du clan. On n'entend plus parler de cette famille pendant vingt ans. Cependant, la tradition pippinide refera surface avec Pépin II, et on se souviendra même de Grimoald, puisqu'il y a, au début du VIIIe siècle, un Grimoald II qui est *major domus*.

L'une des raisons qui ont permis à ce clan de survivre, c'est l'importance religieuse acquise par certains de ses membres, en particulier Arnulf de Metz et Gertrude de Nivelle. Le corps d'Arnulf, d'abord enterré à Remiremont, fut transféré par son successeur dans l'église des Apôtres, à Metz, où son culte fut entretenu et développé par ses descendants. Un petit fait manifeste le rôle extraordinaire joué par Arnulf dans le processus par lequel la famille prend conscience d'elle-même : contre toute la tradition hagiographique qui veut qu'on identifie la famille du saint, la *Vita* d'Arnulf, écrite au VIIe siècle, ne dit pas un mot de ses parents, et toutes les tentatives ultérieures pour les identifier ont échoué. Héros mythique, Arnulf est le fondateur de la famille : il n'a donc pas d'ancêtres reconnaissables.

Gertrude était la sœur de Grimoald, et l'abbesse du monastère des Pippinides, à Nivelles; elle avait préféré le monastère familial à un mariage politique à la cour de Dagobert II. Bien qu'on ait eu tort de voir en elle une sorte d' « Isis germanique », il est certain que le développement de son culte joua un rôle important dans la sanctification des descendants de sa sœur Begga, femme d'Ansegisel.

Les deux cultes, celui d'Arnulf et celui de Gertrude, conféraient à la famille une légitimation religieuse qui la mettait en directe concurrence avec le culte royal fondé par Dagobert, dont la tradition avait été reprise et développée par Baldechilde. A la fin du VIIe siècle, Arnulf et Gertrude recrutent leurs fidèles bien au-delà du clan arnulfien-pippinide et de ses dépendants. Leur culte se répand à travers une Francie qui sera bientôt gouvernée par leurs descendants.

La réunification sous les Pippinides

En 673, on l'a vu, la mort du roi de Neustrie Clotaire III et l'opposition de l'aristocratie neustro-bourguignonne à la politique d'Ebroïn avaient abouti à l'installation de Childéric II sur le trône de Neustrie. Toutefois, afin de se garantir contre toute hégémonie austrasienne, les aristocrates qui l'avaient invité exigèrent du nouveau roi qu'il s'engageât à respecter des règles qui correspondent en gros aux clauses de l'édit de Paris, par lequel Clotaire II avait promis de ne jamais nommer dans les diverses régions du royaume des *rectores* étrangers à la région. Lorsque Childéric II, reniant cet engagement, voulut nommer *major domus* de tout le royaume le duc austrasien Wulfoald, il fut assassiné avec sa jeune femme, qui était enceinte.

La guerre civile qui en résulta ouvrit la voie à un retour de la famille de Grimoald, en la personne de Pépin II. Duc en Austrasie, Pépin avait apparemment fait alliance avec Ebroïn contre Wulfoald et Dagobert II, qui, revenu d'Irlande en 676, s'efforçait avec beaucoup d'énergie d'imposer son autorité sur l'Austrasie. En 679, Dagobert II fut assassiné, sans doute pour les mêmes raisons que Childéric : dans l'un et l'autre royaume, les grands n'avaient aucune envie d'un Mérovingien qui voulait non seulement régner, mais aussi gouverner. En 680, l'assassinat d'Ebroïn montre que l'Austrasie, avec à sa tête Pépin (Wulfoald était mort la même année), ne se laisserait pas dominer par la Neustrie.

Pendant six ans, le nouveau *major domus* neustrien, Waratto, réussit, non sans mal, à vivre en paix avec les Austrasiens. A sa mort, en 686, Pépin attaqua son gendre, Bercharius, et les Neustriens furent battus à Tertry-sur-Somme. Pépin eut accès au roi Theudéric III, qui avait réussi à rester en vie en se montrant conciliant à l'égard d'Ebroïn, Waratto et Bercharius. Pour Pépin s'ouvrait l'occasion de s'imposer non comme duc ou *major domus*, mais, pour reprendre le terme utilisé par les annalistes postérieurs, comme *princeps* de la Francie tout entière.

Après Tertry

Pépin tenait une chance : encore fallait-il savoir l'utiliser. Après 686, il prit, pour assurer son pouvoir en Neustrie, la méthode la plus lente et la plus difficile, mais finalement la plus efficace. La conquête militaire ne suffisait pas, ni la lourde et meurtrière reprise en main de l'aristocratie tentée par Ebroïn. Il y aurait eu une autre révolte aristocratique, d'autres assassinats, et Pépin aurait disparu comme tant d'autres. Il fit un autre choix. En 688, il repartit en Austrasie, laissant derrière lui son représentant Nordebertus (Norbert) et sans doute son fils Drogo (Dreux), avec pour mission de renforcer la position de la famille dans les trois structures porteuses de pouvoir en Neustrie : le réseau d'alliances familiales sur lequel Waratto avait fondé son influence; la cour de justice du roi; la protection de l'Église.

La première partie du programme fut la plus facile à accomplir : peu après Tertry, Bercharius mourut (aidé, dit-on, par sa belle-mère; cette mort n'a sans doute pas trop attristé Pépin); il laissait une veuve, Anstrude, que Pépin fit épouser à son fils aîné, Drogo. Le clan de Waratto était peut-être, on l'a vu, apparenté à la famille d'Erchinoald, et par lui à la mère de Dagobert Ier. Par le mariage de Drogo avec Anstrude, Pépin absorbait donc la faction neustrienne qui avait soutenu Erchinoald. Plutôt que de s'aliéner la puissante *Sippe* neustrienne, Pépin avait su en faire une des assises du pouvoir des Arnulfiens-Pippinides.

Sa parenté avec la famille de l'ancien *major domus* neustrien ouvrait à Pépin l'accès à cet autre pilier du pouvoir en Neustrie, la cour de justice du roi. Depuis Dagobert Ier, rendre justice avait toujours été une fonction majeure des rois mérovingiens. Comme l'exercice du pouvoir politique par la nomination des comtes et évêques leur avait été longtemps refusé, le tribunal constitua leur plus importante contribution à l'administration du royaume. Venaient s'y faire rendre justice les grands de toute la Francie. Devant ce tribunal présidé par le roi ou son *major domus* ou le comte du palais étaient jugés les procès les plus importants, impliquant les grands seigneurs du royaume, tant ecclésiastiques que laïques. Certes, les derniers Mérovingiens n'étaient guère à même de rendre la justice avec l'intrépidité qui avait fait la réputation d'un Dagobert (le plus souvent, ils n'étaient même pas présents au tribunal, semble-t-il) ; cependant, ces assemblées fournissaient aux aristocrates le lieu d'une compétition non violente, mais néanmoins essentielle.

S'assurer de cette seconde assise du pouvoir prit plus de temps : le processus était plus délicat. Il fallait créer un consensus entre les grands ; il fallait abattre quantité d'ennemis devant le tribunal de l'opinion publique et selon les règles de la loi coutumière franque. Ce ne fut pas toujours chose aisée, deux exemples le montrent. Le premier procès concerne la confiscation par Pépin d'un bien appartenant à un certain Amalbert. Cet ancien partisan d'Ebroïn était accusé de s'être injustement emparé de ce bien en spoliant un orphelin. L'accusé fit défaut. Lorsque son fils Amalric voulut prendre la défense d'Amalbert, il fut déterminé qu'il n'avait pas été mandaté par son père. Le tribunal trancha en faveur de l'orphelin, qui recouvra son bien, et Amalbert paya une amende. A prendre au mot ce compte rendu, on pourrait croire qu'il s'agit d'une affaire simple, et que les aristocrates présents se sont fondés sur les faits pour juger ;

or, il faut lire entre les lignes les manœuvres auxquelles ont eu recours les Pippinides pour obtenir gain de cause. Qu'il y ait eu manœuvres, cela apparaît clairement lorsqu'on s'avise que le tuteur de l'orphelin n'est autre que Nordebertus, le représentant de Pépin, et que ce jugement n'est que le point final d'une longue série d'audiences devant le tribunal, par lesquelles les Pippinides avaient poursuivi leur vieil ennemi. Comme le souligne Paul Fouracre, ce qui triomphe ici, c'est l'habileté de Pépin à mobiliser le pouvoir collectif des aristocrates contre un individu. Le tribunal était composé d'environ douze évêques et quarante laïcs.

Cependant la cour de justice ne se montre pas toujours aussi docile à promouvoir les intérêts des Arnulfiens-Pippinides. Le tribunal royal et les grands qui y siègent sont encore à même de leur infliger, à l'occasion, un camouflet. Notre second exemple illustre un tel revers. En 697, Drogo, fils de Pépin, comparaît devant le tribunal du roi Childebert III (694/5-711) réuni à Compiègne, ce palais royal que désormais les Mérovingiens préfèrent à leurs résidences parisiennes, pour répondre à une accusation portée par l'abbé de Tussonval à propos d'un domaine à Noisy. L'abbé présente une charte du roi Theudéric III confirmant les droits du monastère sur la propriété, et proteste que Drogo s'en est emparé contre toute justice. Drogo réplique que le bien lui est venu par sa femme, à la suite d'un contrat d'échange. Or, la femme de Drogo, on s'en souvient, est la fille de l'ancien *major domus* Waratto. Il apparaît donc que Drogo cherche à acquérir les propriétés qui avaient appartenu à la famille de sa femme. L'abbé reconnaît qu'il y a bien eu un projet d'échange, mais qui n'a jamais abouti. Comme Drogo n'a aucun document prouvant le contraire, le tribunal donne raison à l'abbé.

Ici encore, la procédure et le bon droit fournissent les structures formelles où l'on débat de conflits et d'enjeux plus vastes. Parmi les « évêques et grands » assemblés pour écouter les parties, on trouve Pépin, Grimoald (fils de Pépin et son successeur désigné dans la fonction de *major domus*) et l'évêque de Beauvais, Constantin, loyal partisan de Pépin; mais il y a là aussi l'évêque d'Auxerre, Savaric, et Agnéric, patrice de Provence ou de basse Bourgogne, deux personnages qui, à la fin du VIIe siècle, cherchent apparemment à étendre leur zone d'influence au détriment du royaume. Le procès était donc sans doute avant tout une confrontation entre les Pippinides et leurs adversaires ; en l'occurrence, les seconds l'emportèrent.

L'Église est la troisième assise du pouvoir de Pépin en Neustrie. Les rois, reines et aristocrates neustriens ont joué, nous l'avons vu, un rôle moteur dans le mouvement qui a couvert le pays de fondations religieuses, bases principales de leur pouvoir, transformant du même coup de vastes terres du fisc en terres d'Église. Pépin et ses successeurs se posèrent systématiquement en protecteurs des institutions ecclésiastiques, acquérant ainsi un immense pouvoir en Neustrie. Ici encore, la fusion des Pippinides avec le clan de Waratto joua un rôle décisif. Dans les dernières années du VIIe siècle et au début du VIIIe, Pépin assura son pouvoir sur les institutions ecclésiastiques de la région de Rouen, où se trouvait la plus grande partie des terres d'Erchinoald et de Waratto. Les monastères de Saint-Wandrille et de Jumièges, ainsi que l'épiscopat de Rouen, jouèrent un rôle de premier plan dans le processus. Pépin avait déjà pris sous sa protection le petit monastère de Fleury-en-Vexin, qu'il agrandit et réforma avec l'aide de moines venus de Saint-Wandrille. De plus, il s'en institua, avec sa famille, seul protecteur, créant ainsi une forme d'immunité qui laissait le roi à l'écart, et plaçant donc le monastère sous son autorité directe. Peu à peu, lui-même et ses successeurs s'établirent patrons et protecteurs de Saint-Wandrille et de Jumièges. Comme ces institutions étaient placées sous l'autorité du siège épiscopal de Rouen, il fallut exiler l'évêque Ansbert, partisan des anciens *majores* neustriens. Il fut alors possible de nommer abbé de Jumièges un fidèle de Pépin, Godin, sans doute auparavant évêque de Lyon. De même, Pépin fit abbé de Saint-Wandrille l'évêque de Thérouanne Bainus, auparavant associé à l'abbaye de Fleury-en-Vexin.

Ayant ainsi placé sous leur contrôle ces monastères prodigieusement riches, les Pippinides s'assuraient dans la basse Seine une base d'où ils pourraient étendre leur influence à travers le royaume unifié. Dans les diocèses de Nantes, Châlons et Soissons, les choses se passent, pour l'essentiel, de la même façon : on réforme et on agrandit des monastères, on y introduit de nouveaux moines, souvent venus de Saint-Wandrille, on installe des abbés ou des évêques apparentés ou fidèles aux Pippinides, et les institutions importantes sont prises sous la protection de la famille.

Ayant ainsi assuré ses positions sur trois plans – fusion avec les familles artistocratiques du pays; manipulation du tribunal royal; prise en main des institutions ecclésiastiques –, Pépin avait fermement établi son pouvoir sur tout le royaume. Cependant, dans les régions périphériques, profitant de ce que Pépin était accaparé par les affaires de Neustrie et d'Austrasie, les ducs cherchèrent à imiter ses méthodes pour consolider leur pouvoir sur leur région. En outre, lorsqu'en 714 Pépin mourut, et juste avant lui son fils Grimoald II, s'ouvrit entre les membres de sa famille une violente guerre de succession qui faillit bien jeter à bas tout l'édifice qu'il avait mis trente ans à construire.

Dans les premiers mois de 714, se sentant mourir, Pépin avait envoyé chercher Grimoald, son fils et successeur désigné dans la fonction de *major domus*. Rejoignant son père à Jupille (Liège), Grimoald fut assassiné dans la basilique Saint-Lambert de Liège. Pépin mourut quelques mois plus tard, laissant une succession disputée : ce serait, pour les ennemis des Pippinides, la dernière chance d'affirmer leur indépendance. Il en résulta trois ans de guerre, puis six ans d'intrigues politiques désespérées, au cours desquelles les trois piliers sur lesquels Pépin avait construit la puissance de sa famille s'effondrèrent presque entièrement. Charles Martel, son véritable successeur, les relèvera.

Pépin laissait plusieurs candidats à la succession. Lui-même avait choisi Theudoald, fils mineur de Grimoald, et l'avait confié aux soins de sa propre femme, Plectrude, mère de Grimoald. Venaient ensuite ses autres petits-fils, les quatre fils de Drogo (mort en 708) : Hugo, qui en 714 était prêtre, Arnulf, Pépin et Godefrid, dont les deux derniers étaient mineurs. Enfin il y avait son unique fils adulte survivant, Charles, celui qu'on appellera Martel; mais Charles n'était pas le fils de Plectrude; il était né d'une concubine de Pépin, ou d'une « seconde épouse » à la manière franque. Quoi qu'il en soit, Plectrude mit Charles en prison et établit

Theudoald comme *major domus* en Neustrie et Arnulf comme duc dans la région de Metz.

Très vite, les aristocrates neustriens saisirent l'occasion : ils se révoltèrent, ralliés autour de Dagobert III (711-715), fils de Childebert III. Ils battirent les Pippinides près de Compiègne ; Theudoald prit la fuite et mourut peu après. Les Neustriens élirent *major domus* un des leurs, Ragamfred. Celui-ci fit alliance avec les Frisons au nord et le duc aquitain Eudo (Eudes) pour détruire les Pippinides et attaquer Metz. Charles réussit à échapper à sa belle-mère et entreprit d'organiser ses partisans austrasiens pour résister à l'attaque neustrienne. Entre-temps, Dagobert III mourut. Les Neustriens mirent la main sur un fils de Childéric II, un clerc nommé Daniel, et le firent roi sous le nom de Chilpéric II. De son côté, Charles s'était lui aussi trouvé un roi mérovingien pour la Neustrie, Clotaire IV.

De Rouen, Amiens, Cambrai, Paris, de haute Bourgogne, d'Alémanie et même de Provence et de Bavière, bref, de toute la Francie, les partisans des Neustriens affluèrent à la cour de Chilpéric II, qui devint un lieu de ralliement pour tous ceux qui voulaient mettre un terme aux ambitions des Pippinides – plus pour protéger leur autonomie que par fidélité à la dynastie mérovingienne.

Charles eut à combattre à la fois Plectrude et les Neustriens. En 717, il vint à bout de sa belle-mère, et l'année suivante il vainquit les Neustriens à Soissons. Enfin la voie était libre : il pouvait s'installer en Neustrie et entreprendre d'assurer à nouveau le pouvoir de sa famille.

Cette reconquête du pouvoir fut lente et difficile : elle prit à peu près cinq ans ; il fallut soumettre une à une les cités de Neustrie et de Bourgogne. Charles y parvint, pour l'essentiel, en manipulant les charges monastiques et épiscopales. Le résultat fut triple : il en sortit non seulement un nouveau *princeps*, un « prince », fermement établi dans le royaume, mais aussi une nouvelle Église et une nouvelle culture. C'est peut-être là qu'il faut situer la vraie rupture : on peut soutenir qu'alors seulement disparaît l'Antiquité tardive, avec ses traditions de pouvoir régional, pour faire place à un nouveau monde, le monde carolingien. Toutefois, avant d'analyser les changements culturels et religieux qui s'opèrent sous

La formation des royaumes territoriaux

> Lorsque le *major domus* Bercharius eut été tué, Pépin le Jeune, fils d'Ansegisel, vint d'Austrasie pour lui succéder dans la fonction (*principatus*) de *major domus*. C'est depuis ce temps que les rois commencèrent à avoir le nom (de rois) sans en avoir la dignité (*honor*). [...] A cette époque, Godafred, duc des Alémaniens, et certains autres ducs autour de lui refusèrent obéissance aux ducs des Francs, parce qu'ils n'étaient plus à même de servir les rois mérovingiens comme ils y étaient auparavant accoutumés, et donc chacun resta chez soi [8].

Rendant ainsi compte des relations entre les Pippinides et les autres ducs de Francie, l'auteur, un chroniqueur du IXe siècle, était peut-être, sans trop le savoir, très près de la vérité. La charge de *major domus* est en effet devenue « princière ». Avant le VIIe siècle, le mot *princeps* ne s'appliquait qu'aux empereurs et aux rois. Désormais, et de plus en plus, les *majores* se veulent souverains. Cependant, le processus qui avait promu à un statut quasi royal les *majores* de Neustrie et d'Austrasie – l'affaiblissement du pouvoir royal combiné avec le renforcement des pouvoirs régionaux –, ce processus affectait de la même façon les ducs des provinces lointaines. En Thuringe, Frise, Aquitaine, Alémanie et Bavière, les *majores* s'émancipent. Au début du VIIIe siècle, les évêques eux-mêmes exercent un *principatus* sur leur territoire. Quand disparaît le lien qui les unit, la relation avec un puissant roi mérovingien, ces seigneurs indépendants n'éprouvent aucun sentiment d'allégeance envers les Pippinides, qui sont au mieux leurs égaux, et souvent leurs inférieurs.

Chacune des régions périphériques du monde franc a sa propre organisation sociale et politique et ses modes spécifiques de relation avec le pouvoir central. Nous examinerons trois régions parmi les plus importantes, l'Aquitaine, la

L'AQUITAINE

L'Aquitaine était le pays où s'était le mieux maintenue la continuité avec la culture et la société romaines. C'était aussi la région la plus riche de la Francie, et sa position aux frontières du royaume wisigoth et du territoire occupé par les Basques lui conférait une importance stratégique de premier plan.

Les liens avec la société et la culture romaines étaient particulièrement forts en Aquitaine : la langue, l'organisation sociale et la culture religieuse n'y avaient guère changé depuis le VIe siècle. On y trouvait toujours, sans interruptions majeures, ces grands domaines peuplés d'esclaves et de *coloni* qui, depuis le Ve siècle, caractérisaient l'organisation agricole et sociale de la région. D'après des estimations modernes, les plus vastes de ces domaines, ou *fundi,* étaient grands comme un département ; même les propriétés plus modestes atteignaient sans doute la taille d'une commune. Au cours du VIIe siècle, ces grandes propriétés aristocratiques n'ont sans doute fait que s'étendre encore, par achat, échange et héritage.

Cependant, la tenure libre de petite taille n'y avait pas disparu. Au VIe siècle, la peste, répandue depuis le port de Marseille, avait ravagé la région, atteignant même Orléans. Il en était résulté une sévère chute de la population et la perte de beaucoup de terres arables, rendues à la friche faute de bras. A la fin du VIIe siècle cependant, la population croît lentement ; on encourage les paysans à remettre en culture les terres en friche appartenant au fisc, aux grands et aux institutions ecclésiastiques. L'arrangement pris avec ces paysans libres prévoit qu'une part de la terre ainsi remise en culture leur reviendra. La prospérité agricole de la région s'accroît lentement, offrant une base où développer l'autonomie, et faisant de l'Aquitaine une proie désirable.

Depuis toujours, les richesses de l'Aquitaine – non seulement son agriculture, mais aussi son sel, son bois, ses fourrures et ses marbres, ses mines de plomb, de fer et d'argent –

la rendaient précieuse aux yeux des rois francs. Lors des divisions du royaume, chaque roi, on l'a vu, obtenait une portion d'Aquitaine. Réciproquement, ces rois s'étaient montrés extrêmement généreux envers les grands monastères et églises du nord, leur faisant don de bénéfices situés en Aquitaine (terres, taxes et exemptions de douanes). Des évêchés du nord – Le Mans, Metz, Cologne, Reims, Paris et Châlons, entre autres – possédaient de grands biens en Aquitaine; de même les monastères de Saint-Wandrille, Saint-Denis, Corbie et Stavelot. La présence des gens du nord en Aquitaine engendrait de constantes relations entre grands seigneurs laïques et ecclésiastiques des deux régions.

Elle avait d'ailleurs pour contrepartie une forte présence aquitaine dans le nord. Depuis Clovis, les membres de l'aristocratie sénatoriale du sud occupaient des postes de premier plan à la cour mérovingienne, fournissaient au nord des évêques influents, et avaient conclu des alliances politiques et matrimoniales dans toute la Francie. C'est pourquoi, sans refuser à la région sa spécificité, son essentielle *romanitas*, il ne faut pas exagérer la qualité « romaine » de son artistocratie. Les petits et moyens propriétaires avaient sans doute gardé les traditions du pays; mais la grande aristocratie avait part aux deux mondes, le gallo-romain et le franc; elle circulait librement de l'un à l'autre, utilisant son vaste réseau d'alliances pour prendre part aux mouvements politiques et culturels du royaume franc tout entier. Certes, les Aquitaines étaient des « Romains », mais tout d'abord parce que les gens du nord de la Loire en étaient venus, sans souci des ascendances « ethniques », à se considérer et à être considérés comme des « Francs ». De même que « Franc » avait peu à peu pris un sens géographique, « Romain » tendait à signifier simplement « habitant du sud ». Depuis le premier tiers du VIIe siècle, comme les autres régions périphériques, l'Aquitaine s'efforce de conquérir son indépendance.

Ce désir d'autonomie est exacerbé par la menace constante que font peser sur le pays les Basques ou Gascons. Dagobert, on l'a vu, avait attribué à son demi-frère Charibert II un petit royaume aquitain, sorte d'avant-poste franc destiné à surveiller et contenir les Basques. Vers 650, Ebroïn fit à peu près la même chose lorsque, semble-t-il, il établit comme patrice un aristocrate toulousain nommé Félix et lui donna le *principatus* « sur toutes les cités juqu'aux Pyrénées, et sur les Basques, peuple mauvais entre tous [9] ». En somme, il rétablissait le royaume frontière de Charibert avec à sa tête un officier qui n'était pas roi, mais qui détenait le *principatus*. Après la mort de Félix, son successeur, Lupus (Loup), dans la confusion qui suit la mort de Childéric II, se proclame indépendant et revendique même un titre royal.

Il meurt, semble-t-il, l'année suivante, mais apparemment l'Aquitaine conserve son autonomie de fait au début du VIIIe siècle. Le premier duc d'Aquitaine dont on entend parler après cela, Eudo (Eudes), s'intitule « prince des Aquitains ». On ne sait rien de ses origines géographiques ni de sa famille ; cependant, son nom suggère une origine neustrienne, et l'on peut penser qu'il avait dans les deux régions des alliances sur lesquelles il a construit et consolidé son pouvoir : à cette époque, cette double appartenance est typique des « princes » indépendants dans toute la Francie. Pendant que Pépin consolidait peu à peu son pouvoir au nord, puis après sa mort, en 714, pendant qu'on se battait pour sa succession, Eudo réussit à étendre au nord et à l'est les limites de sa principauté indépendante. Les Neustriens hostiles aux Pippinides, avec à leur tête le *major domus* Ragamfred et son roi mérovingien Chilpéric II, trouvent en lui un allié.

Aussi longtemps qu'il n'a à affronter que les Basques au sud-ouest, un royaume goth divisé au sud-est, et au nord un pays franc en proie au désordre, Eudo saura maintenir une indépendance quasi totale. L'équilibre est soudain rompu lorsque, en 710-711, l'Espagne wisigothique s'effondre sous les coups des Arabes.

L'effondrement fut rapide et complet. Après la mort du roi Rodrigas (Rodrigue), tué à la bataille de Guadaleta en 711, toute résistance cessa dans le royaume. En 719 la Septimanie était tombée, en 721 une armée arabe assiégeait Toulouse. Elle y fut arrêtée par Eudo et ses Aquitains, renforcés par des contingents basques, qui lui infligèrent une sanglante défaite. Apparemment, Eudo reçut pour cette victoire les félicitations du pape Grégoire II, qui cherchait à s'allier hors d'Italie avec des princes puissants, afin de protéger l'Occident contre l'islam, et peut-être encore plus pour tenir en échec les Lombards. La victoire des Aquitains leur procura une période de paix, pendant laquelle Eudo consolida son pouvoir : apparemment, il conclut un traité avec le Berbère rebelle qui commandait la Cerdagne, région stratégique, et lui donna sa fille en mariage. Il comprit sans doute qu'à l'avenir la plus dangereuse menace viendrait peut-être du nord : il lui fallait donc la neutralité des musulmans, sinon leur appui.

Dix ans plus tard, le fils et successeur de Pépin, Charles Martel, se sent assez sûr de son pouvoir au nord pour s'intéresser aux autres sous-royaumes et territoires indépendants du monde franc. En 731, il envahit l'Aquitaine et en rapporte un énorme butin. La position d'Eudo est dès lors intenable. Son allié, le chef berbère de Cerdagne, a été éliminé par le gouverneur arabe de l'Espagne ; il n'a donc plus d'appui chez les musulmans. L'année suivante, le gouverneur de l'Espagne, Abd ar-Rahmān, profitant de cette ouverture, envahit la Gascogne et l'Aquitaine, poussant des raids jusqu'à Bordeaux et Poitiers. Lorsque Eudo s'efforce de l'arrêter, l'armée aquitaine est taillée en pièces, et le « prince des Aquitains » est obligé d'appeler au secours Charles Martel. Charles, on le sait, bat les Arabes entre Tours et Poitiers. La victoire franque n'arrête pas seulement l'avance arabe de ce côté des Pyrénées ; c'est aussi, pour l'indépendance aquitaine, le commencement de la fin. Eudo n'est plus que le client de Charles ; lorsque après la mort de Charles, en 741, et celle de son fils Pépin, en 768, les fils et successeurs d'Eudo s'efforcent de réaffirmer leur indépendance, leurs tentatives sont brutalement réprimées.

LA PROVENCE

Le modèle aquitain se retrouve dans plusieurs régions périphériques de la Francie : des aristocrates pourvus d'alliances aussi bien dans la région même que dans l'ensemble du monde franc profitent de la désintégration de l'autorité centrale pour établir de petits États indépendants ; un Mérovingien est utilisé comme point de ralliement des « loyalistes » ; enfin, on s'allie avec des puissances étrangères à la Francie pour se défendre des Pippinides. En Provence, le même processus se développe dans le dernier tiers du VIIe siècle.

Les patrices Anténor et Maurontus, ce dernier sans doute parent éloigné du *major domus* neustrien Waratto, profitent de la situation pour s'affirmer indépendants des Pippinides. Cependant, ils gardent apparemment leur allégeance aux Mérovingiens, et en particulier au roi Childebert III. En 697, Anténor est présent à la cour de justice de Childebert, lorsque Drogo perd son procès contre l'abbé de Tussonval, et voit échouer sa tentative pour arrondir son patrimoine en se servant de son mariage. Il semble que Childebert ait été le point de ralliement de l'opposition aux Pippinides dans toute la Francie. Non seulement le rebelle provençal siège à son tribunal et contribue à la défaite des Pippinides ; en plus, on trouvera plus tard des membres de sa cour royale dans des régions hostiles à Pépin et à ses successeurs.

Il semble aussi que, sous Chilpéric II, successeur de Childebert, qui réussit quelque temps à organiser l'opposition à Charles Martel, les patrices provençaux aient continué de soutenir ostensiblement les Mérovingiens, quoique un peu moins fermement. Même durant les périodes d'apparente rébellion, Chilpéric semble avoir conservé quelque pouvoir sur les officiers des douanes à Marseille et à Fos ; il garantit les immunités traditionnelles dont jouit Saint-Denis dans les deux ports. Les patrices de Provence, apparemment, voulaient être indépendants à la manière des Pippinides eux-mêmes : ils protestaient de leur loyauté envers le roi mérovingien légitime, étaient présents à sa cour, et reconnaissaient son autorité sur certains aspects importants de la fiscalité. D'autre part, ils n'étaient pas plus disposés que Pépin, ou plus tard Charles Martel, à accepter le gouvernement mérovingien.

Le pouvoir de princes tels qu'Anténor et Maurontus repose sur leurs alliances locales et sur le contrôle qu'ils exercent sur les charges ecclésiastiques et séculières. Pendant ces décennies, les mariages, héritages, achats et échanges de terres les ont mis à la tête de vastes domaines dans toutes les régions où ils sont actifs. Ces domaines, qui, dans la vallée du Rhône, ne consistent pas seulement en grands *fundi* d'un seul tenant, mais aussi en fermes relativement isolées, étaient cultivés par des esclaves dirigés par des *coloni*, eux-mêmes souvent anciens esclaves ou descendants d'esclaves qui avaient été affranchis. De tels affranchis semblent avoir joué un rôle extrêmement important dans le pouvoir local. Alors qu'à Rome le statut des affranchis était intermédiaire entre celui d'esclave et celui d'homme libre (leurs enfants étaient considérés comme libres), au contraire, au VIIe siècle, ce statut est devenu permanent : il se transmet aux enfants. Les descendants d'esclaves affranchis, ordinairement établis sur un lopin de terre, ou même gratifiés de plusieurs lopins qu'ils cultivent avec l'aide d'esclaves, gardent donc de lourdes obligations financières et morales vis à vis de la famille de leurs anciens maîtres. Bien que théoriquement libres dans leur relation avec autrui, ils courent le risque de retomber en esclavage s'ils ne remplissent pas leurs obligations spécifiques envers leur maître. Ce statut précaire les rend très propres à gérer les domaines des grands propriétaires, à conduire leurs affaires, et à servir d'intermédiaires entre leurs patrons et la société en général.

A l'autre extrémité de l'échelle sociale, les grands contrôlent les charges de comte, duc ou patrice, comme aussi les fonctions locales qui s'enracinent dans une tradition civique particulière, propre à la région. Ils contrôlent aussi les charges épiscopales : les familles rivalisent, cité après cité, pour obtenir le siège, prêtes s'il le faut à aller jusqu'à l'assassinat. Les églises et les monastères jouent un rôle important : ce sont de grandes sources de revenus, que les aristocrates partagent entre leurs fidèles pour s'assurer de leur loyauté. A Marseille, Anténor confisque les domaines du monastère de Saint-Victor et ordonne à l'abbé de placer sur le maître-autel tous les titres de propriété pour les brûler : ainsi les abbés à venir seront-ils empêchés de réaffirmer leurs droits sur ces terres. Lorsque Charles Martel confisque les biens d'Église pour les distribuer en récompense à ses partisans (on le lui a beaucoup reproché), il ne fait que reprendre une stratégie utilisée par bien des « princes » au début du VIIIe siècle.

En Provence comme en d'autres régions, ces rivalités

internes finirent par tourner à l'avantage de Pépin et de Charles Martel. Si Anténor et Mauruntus voulaient se faire princes, ce ne pouvait être qu'aux dépens d'autres grands personnages du pays; ils eurent donc à affronter non seulement les Pippinides, mais encore, sur place, des rivaux souvent aussi bien pourvus qu'eux-mêmes en alliances régionales et internationales. En Provence, ces rivaux appartenaient au clan de Waldelenus, le Bourguignon-Jurassien installé à Besançon dont on a déjà parlé. A la fin du VIIe siècle, le clan de Waldelenus, étroitement lié à l'Austrasie, s'était allié par des mariages avec la famille qui contrôlait les grands cols alpins menant à l'Italie, par Suse, Gap et Embrun. Dans le premier tiers du VIIIe siècle, le chef de cette famille, Abbo, prend la tête de l'opposition à Mauruntus.

Ces rivalités locales produisent des querelles qui s'étendent sur plusieurs générations; bientôt chaque parti cherche des alliés extérieurs pour faire pencher la balance en sa faveur. Dans les années 720 et 730, Mauruntus se tourne vers les musulmans de Septimanie et fait venir en Provence le wali de Narbonne pour obtenir son aide, tandis qu'Abbo collabore avec Charles Martel, qui lance une série d'expéditions sur le Rhône inférieur. Comme en Espagne et en Aquitaine, les musulmans tentent bientôt de rejeter leurs anciens alliés pour occuper la région. Charles profite de la situation pour se poser en champion de la chrétienté, chasser les Arabes de Septimanie, et placer ces régions sous son autorité; il nomme patrice son allié Abbo, et renforce sa position en lui attribuant des biens confisqués à ses adversaires, que nos sources pré-carolingiennes appellent « rebelles ».

Cependant, Charles ne se contente pas d'installer un allié qui pourrait bien remettre en route à son profit le processus menant à un autre mouvement séparatiste. Abbo, qui rejoignit peut-être assez tard le parti de Charles, ne fut sans doute nommé patrice que parce qu'il n'avait pas d'héritier légitime. A sa mort, il lègue au monastère familial de Novalesa (aujourd'hui en Piémont) tous ses biens, toutes les richesses accumulées par des générations d'habiles stratèges, comme aussi les récompenses que lui avait values sa fidélité à Charles. Le monastère passera alors, comme le feront plus tard ceux de Neustrie, sous le contrôle direct des Carolingiens, les plaçant ainsi au sommet du pouvoir sur la Provence.

La Bavière

C'est la seule très grande région qui n'ait pas été attirée dans l'orbite des Pippinides au début du VIIIe siècle. Occupant une position clé au carrefour des mondes franc, lombard, slave et avar, la Bavière avait depuis longtemps, sous les ducs Agilolfings, commencé l'évolution qui en ferait une région indépendante. La capacité des Agilolfings à agir en roitelets indépendants et à étendre leur territoire dépendait principalement de deux facteurs : il leur fallait maintenir un équilibre avec leurs voisins, et unir les peuples hétérogènes qui constituaient leur « royaume ». Quand le pouvoir central franc était fort, la Bavière ne pouvait faire autrement que de se soumettre à l'autorité mérovingienne, et en particulier du temps de Dagobert Ier, alors qu'elle était menacée par le royaume slave de Samo et par les Avars, successeurs des Huns en Pannonie. Lorsque leurs voisins étaient faibles, ainsi après la mort de Samo (*ca* 660), les Bavarois s'empressaient d'en profiter pour s'étendre, allant même jusqu'à la forêt de Vienne. Au contraire, en face de voisins forts, comme l'était, vingt ans plus tard, le duc de Trente en Lombardie, ils étaient contraints de battre en retraite : en l'occurrence, ils durent céder la région de Bolzano dans le sud du Tyrol. De même, les Avars, libérés de la menace que faisait peser sur eux le royaume de Samo, s'avancèrent jusqu'à Lorch sur l'Enns : la zone entre l'Enns et la forêt de Vienne était ainsi devenue une sorte de *no man's land* parcouru par les patrouilles avares.

La capacité des Agilolfings à agir de façon de plus en plus autonome dépendait en partie de leur mainmise sur les terres du fisc, qui, en certaines parties de la Bavière, semblent avoir subsisté depuis la fin de l'Antiquité, et sur les restes de l'organisation administrative romaine. C'est ce qui apparaît le plus clairement en leur cour de Ratisbonne, établie dans le *pretorium* antique, c'est-à-dire dans le palais du gouverneur romain.

L'expansion territoriale et l'unification d'une population polyethnique étaient étroitement liées à son unification sur le plan religieux : les rivalités pour la direction de l'évangélisation rejoignaient la compétition pour l'hégémonie politique. Au début du VIIe siècle, on trouvait en Bavière non seulement des Romains restés chrétiens orthodoxes, mais aussi des païens celtes et slaves, et des Germains ariens. Les stratégies de conversion étaient aussi diverses que les peuples à convertir.

Pour commencer, des communautés chrétiennes isolées, notamment à Salzbourg, prolongent le christianisme de la fin de l'Antiquité. Les limites de cette continuité sont difficiles à établir ; mais le christianisme ne fut pas en Bavière, comme il le fut dans d'autres pays germaniques, un phénomène totalement importé : il avait là de solides racines.

La seconde particularité du christianisme bavarois est la relation ancienne qu'il entretient avec le nord de l'Italie, et surtout avec Vérone. Cette relation remonte elle aussi à la fin de l'Antiquité ; loin de la détruire, la conquête franque, qui avait permis l'établissement du duché de Bavière mais s'était aussi étendue à l'Italie du Nord, l'avait renforcée. Sous les Agilolfings, les liens familiaux étroits du duc avec la dynastie lombarde assurent la continuité de cette alliance.

Le monachisme irlando-franc entra en Bavière par Luxeuil. Les premiers représentants de cette tradition furent l'abbé Eustasius et le moinde Agrestius, qui, au cours du premier tiers du VIIe siècle, se firent missionnaires en Bavière. Comme dans l'ouest, leurs efforts et ceux d'autres évangélisateurs, saint Emmeran par exemple, ne visaient pas seulement à christianiser le pays, mais encore à en faire une société fermement liée à la Francie. Les ducs avaient besoin de cette forme de christianisme pour assurer leur pouvoir. Cependant, non sans raison, ils s'en méfièrent toujours, y voyant une « cinquième colonne » qui menaçait leur autonomie : ces évangélisateurs et les institutions qu'ils fondaient gardaient des liens très forts avec la Francie de l'Ouest, et en particulier avec l'Austrasie.

Il n'est donc pas surprenant qu'au début du VIIIe siècle, lorsque le duc de Bavière, Théodo, tira profit du vide du pouvoir en Francie pour faire de son duché une monarchie centralisée, il ait, pour organiser son Église, cherché du secours au sud plutôt qu'à l'ouest. En 716, il se rend à Rome et demande au pape Grégoire II de l'aider à établir une hiérarchie ecclésiastique régulière. L'alliance que noue la Bavière avec le pape préfigure celle d'Eudo l'Aquitain comme celle de Charles Martel.

A la fin du VIIe siècle, non contents de faire de la Bavière un sous-royaume indépendant, les ducs en font peu à peu un refuge pour les ennemis des Pippinides. Le plus notable de ces réfugiés est l'évêque de Worms, Rupert, qui apparemment quitta vers 694 la cour mérovingienne et se rendit à Ratisbonne, où il fut bien accueilli par le duc Théodo, qui lui accorda le droit d'établir un siège épiscopal à Salzbourg, ancienne cité romaine. Plus tard, Rupert revint en Francie de l'Ouest, sans doute pour prendre part au bref mouvement d'opposition qui s'était formé autour de Chilpéric II.

A la différence des autres royaumes autonomes de la fin du VIIe siècle et du début du VIIIe, la Bavière parvint à rester indépendante jusqu'au temps de Charlemagne. Il y avait à cela plusieurs raisons : la distance qui séparait la Bavière du centre du pouvoir carolingien; les alliances que les ducs surent entretenir avec les Lombards, et même parfois avec les Avars; enfin les problèmes plus urgents qu'affrontaient Pépin et ses successeurs.

L'histoire des autres régions périphériques suit le modèle aquitain/provençal plutôt que le bavarois. Les Frisons, Alémaniens et Thuringiens furent tous forcés de reconnaître l'autorité de Charles Martel. Le processus de reconquête avait été long et destructeur : pendant des générations, l'Aquitaine, la Bourgogne et la Provence en ressentiront les conséquences matérielles; mais surtout, il avait mis en branle une transformation culturelle de la société occidentale dont les effets seront encore plus durables.

La transformation de la société

L'Occident connaissait depuis l'Antiquité le gouvernement des évêques : au Ve siècle, un saint Germain d'Auxerre avait, plus efficacement que les Bagaudes du lieu, protégé sa communauté contre un monde trop souvent indifférent ou hostile. Or, entre 700 et 730, la nature du pouvoir épiscopal subit une véritable métamorphose. Considérons le bref récit qu'à peu près à cette époque l'histoire des évêques d'Auxerre propose sur la vie de Savaric, déjà mentionné :

> Savaric [...] était, dit-on, de très brillante naissance. Il commença à négliger quelque peu le statut de son ordre et à convoiter les activités séculières plus qu'il ne convenait à un évêque, au point qu'il se soumit par la force des armes les districts d'Orléans, Nevers, Tonnerre et l'Avallonnais. Mettant de côté la dignité épiscopale, cet évêque leva une grande armée, mais lorsqu'il marcha sur Lyon pour en faire la conquête par les armes, il fut frappé par un éclair divin et mourut aussitôt [10].

Du moins Savaric était-il évêque. Son successeur Hainmar, dont on dit qu'il était *vocatus episcopus*, ne se soucia apparemment jamais d'être ordonné et sacré. Il tint, nous dit-on, son *principatus* pendant quinze ans, avant de subir le « martyre » en cherchant à échapper à Charles Martel, qui l'accusait de l'avoir trahi avec la complicité d'Eudo d'Aquitaine. Ces évêques guerriers, ou pour mieux dire ces chefs de guerre qui occupaient un siège épiscopal, étaient bien différents des évêques politiques du VIe siècle, ou même d'un Arnulf de Metz ou d'un Léodegar d'Autun.

Ce qui a radicalement changé, ce n'est pas le rôle clé que joue l'évêque dans les luttes pour l'hégémonie politique, ou encore la façon dont il use de son évêché comme d'une propriété privée et d'un rempart à l'abri duquel il organise le contrôle territorial de sa famille. Ce n'est pas non plus son empressement à prendre activement part aux combats meurtriers du VIIIe siècle. Tout cela est partie intégrante de la longue tradition du pouvoir épiscopal, et ne sera condamné que plus tard, par des clercs propagandistes d'une autre conception de l'épiscopat, dont la perception est anachronique. Dès les Ve et VIe siècles, il y avait eu des dynasties épiscopales, et les évêques avaient joué un rôle politique important avant l'arrivée des Francs.

Non, ce qui est absolument neuf, c'est la nature même du pouvoir épiscopal : jusqu'alors, ce pouvoir avait toujours comporté une dimension spirituelle ; il dépendait des rapports de l'évêque avec la société temporelle, mais aussi de son rôle comme représentant et gardien du pouvoir divin ; or le nouvel évêque est principalement ou même exclusivement un grand seigneur temporel. Le pouvoir de l'ancien évêque lui venait du contrôle qu'il exerçait sur l'accès au sacré – lieux et objets – tout autant que de la richesse et des alliances de sa famille ; il incarnait les traditions culturelles de l'Antiquité tardive et en assumait les anciennes obligations civiques : il secourait les malheureux et maintenait la paix dans sa communauté. Le pouvoir et le prestige du nouvel évêque lui viennent exclusivement du contrôle qu'il exerce sur les ressources matérielles d'un ou de plusieurs diocèses.

Le cas de Savaric ou d'Hainmar n'est pas exceptionnel. Dans le premier tiers du VIIIe siècle, l'épiscopat, cette institution fondamentale de l'Antiquité tardive, figure essentielle de la *romanitas,* se transforme si rapidement qu'il en sera bientôt presque méconnaissable. Et celui qui, plus que tout autre, tire avantage de cette transformation, c'est Charles Martel. Son cousin Hugo est évêque tout à la fois de Rouen, Bayeux et Paris, et même aussi sans doute de Lisieux, Avranches et Évreux ; il est encore abbé de Saint-Wandrille, Saint-Denis et Jumièges. De tels cumuls sont de plus en plus fréquents. Un fils succède à son père au siège épiscopal de Trèves, mais aussi à Laon et Reims, et il n'est pas sûr qu'ils aient jamais été ordonnés prêtres. Après la mort d'Hugo, le processus de sécularisation des charges épiscopales et monastiques fait un pas de plus. Les personnages qui lui succèdent à Rouen et à Saint-Wandrille ne savent pas lire.

L'usage que fait Charles des évêchés et des monastères est la marque distinctive de la méthode qu'il utilise pour consolider son pouvoir en Neustrie. Les moyens employés par son père – annexion d'autres clans, manipulations du tribunal royal, protection imposée à l'Église monastique – n'ont pas suffi. La tentative pour absorber la famille des *majores* neustriens et ses alliés s'est finalement soldée par un échec. Le tribunal royal est devenu rétif quand les Mérovingiens se sont montrés capables d'agir de façon indépendante et de faire cause commune avec l'opposition ; leur cour de justice n'est plus un lieu sûr pour les manœuvres politiques. C'est donc sur l'Église que se concentre tout l'effort de Charles, mais il ne procède pas comme son père. Il veut une nouvelle Église, contrôlée par ses parents et ses associés les plus fidèles, indifférente à la formation religieuse ou littéraire, aux traditions culturelles des régions et aux raffinements de l'élection et du sacre.

La seule institution que Charles traite avec prudence et respect, c'est Saint-Denis. Les immenses domaines de la basilique sont, il le sait, un élément décisif pour le contrôle de la Neustrie. Or, Saint-Denis avait soutenu son adversaire Ragamfred; après 717, Charles, par une politique prudente, s'assure de sa fidélité : il nomme abbé son neveu Hugo, mais en même temps il protège contre tout empiétement les vastes propriétés de l'abbaye, et il l'enrichit en lui offrant ce qu'il reste de la grande villa mérovingienne de Clichy-Rouvray, un domaine qu'on estime à plus de deux mille hectares. Cette donation fait de Saint-Denis le plus grand propriétaire de la région parisienne, et de loin. Il est vrai qu'à cette époque on ne sait plus très bien qui, de Charles ou de l'abbaye, est propriétaire, tant ses liens sont étroits avec ce monastère où il fait élever son fils Pépin III. A sa mort, en 741, Charles sera enterré sous le porche de la basilique.

Cette transformation des institutions ecclésiastiques, qui avait commencé avant Charles, mais qu'il avait à coup sûr accélérée, aura de profondes répercussions sur la vie culturelle et religieuse de la Francie. Les guerres de pacification, très destructrices, et la transformation de l'épiscopat éliminent la culture littéraire si longtemps associée avec la charge épiscopale. Ravagée par les armées de Charles et de son fils Pépin III, l'Aquitaine, et de même la Provence, cessent d'être un foyer de culture intellectuelle. Les laïcs ne savent plus lire; il n'ont donc plus aucun rôle dans les chancelleries du roi et du *major domus*. L'écriture devient le quasi-monopole des clercs; il en résulte que son usage, si étendu dans toute l'histoire mérovingienne, décroît en proportion.

Du point de vue de la tradition culturelle et de l'identité civique gallo-romaines, c'est sans nul doute un désastre. Cependant, Charles Martel a mené à bien ce qu'aucun pouvoir séculier n'avait réussi dans les deux siècles précédents.

En manipulant les charges ecclésiastiques, en confisquant les biens qui en dépendaient, et en y nommant ses partisans, des laïcs ignorants et totalement étrangers à l'Église, il avait réussi à détruire l'assise religieuse sur laquelle avait toujours reposé le pouvoir indépendant de l'épiscopat franc. Plus tard les évêques médiévaux seront de puissants seigneurs, ils rivaliseront parfois avec les ducs, les comtes et même les rois. Jamais plus ils ne disposeront, comme ils l'avaient fait dans les siècles précédents, de ce pouvoir spécifique que donne le monopole du sacré. Ce rôle, et la direction de la vie culturelle, sont passés aux monastères.

Sur la table rase de la culture religieuse au début du VIIIe siècle, Charles et ses successeurs bâtirent un édifice épiscopal et monastique d'un type nouveau ; ce faisant, c'étaient les fondations de leur propre pouvoir qu'ils renouvelaient. Les piliers du nouvel édifice furent les missionnaires anglo-saxons et le pape de Rome.

Les missions anglo-saxonnes

L'influence du monachisme irlandais sur le continent avait connu son apogée au début du VIIe siècle ; c'est alors que Colomban, et après lui quantité de pèlerins irlandais moins fameux, étaient venus sur le continent répandre le christianisme irlando-franc, en étroite collaboration avec l'aristocratie. A partir de Pépin II, ce sont les Anglo-Saxons qui, remplaçant les Irlandais, s'imposent peu à peu comme les missionnaires et réformateurs les plus actifs en Francie. Un monde sépare ces deux traditions. Pour commencer, à la fin du VIIe siècle, l'Angleterre a une hiérarchie épiscopale fermement imposée par les représentants du pape. Elle diffère donc de l'Irlande, monastique et décentralisée, qui d'ailleurs régresse à cette époque ; elle diffère aussi du monde franc, avec sa tradition indigène d'Églises locales. En second lieu, l'Église d'Angleterre s'est établie en étroite collaboration avec les rois anglo-saxons. Évêques et abbés sont habitués à travailler avec le roi du territoire sur lequel ils opèrent et à accepter son autorité. Enfin, le monachisme anglo-saxon est essentiellement bénédictin. Augustin, évêque de

Canterbury, et quantité de ses compagnons ont été moines, et l'expansion du christianisme épiscopal romain dans l'île est étroitement parallèle à celle des monastères bénédictins, accélérée par l'activité de Benoît dit Biscop, qui fonde les grands monastères de Wearmouth et de Jarrow. C'est cette forme de christianisme bénédictin et pontifical que les missionnaires anglo-saxons introduisent sur le continent.

Les premiers de ces missionnaires furent Wilfrid et Willibrord, évangélisateurs de la Frise : ils établirent le caractère essentiellement politique de leur mission et de celle de leurs successeurs. Wilfrid, évêque d'York, avait été déposé par l'archevêque de Canterbury, Théodore, pour s'être opposé à la division de son immense diocèse. Il se rendait à Rome par la Rhénanie (ayant joué un rôle dans le retour de Dagobert II, il était *persona non grata* en Neustrie) lorsqu'il fit son premier séjour chez les Frisons. Son successeur Willibrord arriva en 690 et commença, sous le patronage de Pépin, à évangéliser les zones reconquises par les Francs. L'une de ses premières initiatives fut de se rendre à Rome pour obtenir l'agrément du pape : démarche toute naturelle pour un Anglo-Saxon, mais absolument inimaginable pour un clerc franc.

La christianisation des Frisons allait de pair avec la conquête militaire. Se convertir signifiait pour eux adopter le christianisme franc, et donc rompre complètement avec leur propre passé, avec leur autonomie sociale et politique. Les Frisons le comprirent fort bien. On raconte l'anecdote suivante : le duc Radbod s'instruisait dans la religion chrétienne et était sur le point de recevoir le baptême lorsqu'il demanda à Willibrord si ses ancêtres étaient au ciel ou en enfer. Il reçut la réponse de l'orthodoxie : païens, ils étaient forcément en enfer ; quant à lui, baptisé il irait certainement au ciel. Le duc refusa le baptême, disant qu'il ne pouvait se passer, dans une autre vie, de la compagnie de ses ancêtres [11].

Willibrord mourut en 739, à plus de quatre-vingts ans. Théoriquement, il était le détenteur d'un siège métropolitain indépendant, placé sous l'autorité directe du pape : Pépin l'avait envoyé à Rome se faire sacrer archevêque des Frisons ; il avait donc établi un nouveau siège métropolitain sur le modèle anglo-saxon. Willibrord avait formé un vaste projet : il voulait étendre l'évangélisation à toute la Frise et, au-delà, au Danemark et à la Saxe. En réalité, il ne convertissait que dans les zones soumises à l'autorité de Pépin, puis à celle de Charles. Partout ailleurs son échec fut total. En outre, après sa mort, sa province ecclésiastique fut annexée à l'Église franque.

Le plus fameux successeur de Willibrord, un autre Anglo-Saxon, Wynfrid, plus connu sous le nom de Boniface que lui avait donné le pape, rencontra les mêmes difficultés. Boniface consacra d'abord tous ses efforts à la Frise, mais bientôt il sentit que sa vocation l'appelait au-delà du Rhin. Comme Willibrord, il se rendit à Rome pour obtenir l'autorisation du pape et, en 719, il fut chargé d'évangéliser « les gentils », sans doute les Thuringiens. En 722, après avoir obtenu quelques succès, il revint à Rome pour être sacré évêque ; en 738 il y reçut mission d'organiser l'Église de Bavière et d'Alémanie. Boniface est considéré comme l' « apôtre des Germains » ; en fait, il accomplit une bonne part de son travail missionnaire dans des régions qui étaient christianisées depuis des générations. En Alémanie, en Thuringe et surtout en Bavière, les missionnaires irlandais, les évêques voyageurs et les aristocrates transrhénans avaient déjà établi des communautés chrétiennes en quantité d'endroits. Cependant, ces communautés n'étaient pas unifiées, elles ne formaient pas une Église unique, et elles ne se conformaient pas toutes à la tradition pontificale romaine. C'est sur quoi Boniface fit porter son effort. Enfin, ces Églises n'étaient pas des instruments du pouvoir carolingien. Sans doute n'était-ce pas le principal souci du missionnaire anglo-saxon ; mais c'était de première importance pour ses protecteurs carolingiens.

Les changements apportés par Boniface ne furent pas unanimement applaudis : ainsi l'évêque de Salzbourg, Virgile, brillant homme d'Église, Irlandais parfaitement orthodoxe, refusa obstinément de se plier aux règles pontificales romaines qu'on voulait lui imposer. Dans chaque cas, Boniface mit beaucoup d'énergie à faire appliquer dans tout le territoire sur lequel il avait mandat une interprétation stricte des structures institutionnelles et des traditions morales et religieuses de la Rome pontificale. Les résultats furent considérables, du moins lorsque Charles Martel, et après sa mort Pépin III et Carloman étaient là pour soutenir la politique de Boniface. A vrai dire, le bras séculier s'appesantissait plus souvent sur les autonomistes que sur des évêques immoraux ou incapables, mais qui avaient été nommés par les Carolingiens.

L'énergie de Boniface, sa passion missionnaire et ses grandes qualités d'organisateur portèrent leur fruit. En Hesse, en Thuringe, en Franconie, il fonda des monastères bénédictins qui furent des foyers d'acculturation, et des évêchés qui furent des points d'appui du pouvoir ecclésiastique. Les résultats obtenus firent l'admiration du duc de Bavière, Odilon, toujours indépendant, au point qu'il pria Boniface de venir organiser l'Église de Bavière sur le même modèle centralisé. A la mort de Willibrord, c'est à Boniface qu'alla la province de Frise. En 742, reconnu « archevêque de l'Orient », Boniface est le métropolitain d'une structure hiérarchique énorme, bien organisée, et de plus en plus tournée vers la réforme.

Du travail d'organisation accompli par Boniface, Charles et ses successeurs tirèrent un avantage considérable. En 742, on put convoquer un concile de tous les évêques des régions austrasiennes sous l'autorité de Carloman, fils de Charles Martel. Ce concile, qui avait pour objectif d'établir un ordre hiérarchique strict dans l'Église, fournit le modèle des assemblées ecclésiastiques à venir. Convoqué au printemps, de façon à coïncider avec le rassemblement militaire annuel du « Champ de Mai », il ne comportait pas seulement des évêques; y siégeaient aussi de grands personnages laïques. De plus, les décrets du synode furent promulgués au nom de Carloman, et non pas, comme cela se faisait depuis l'Antiquité, au nom des évêques eux-mêmes. Peu après, en 744, un autre synode se tenait en Francie de l'Ouest, dans les mêmes conditions et avec le même programme : on y jeta les bases d'une Église de l'Ouest construite sur le modèle austrasien. En 745 et 747 furent tenus, de la même façon, des conciles de toute l'Église franque. Grâce à la protection qu'ils avaient accordée à Boniface, les Carolingiens disposaient d'une Église disciplinée, organisée, instrument efficace du pouvoir central.

Tout en réformant l'Église épiscopale, Boniface, moine bénédictin avant tout, fondait ou réformait des monastères où la règle de saint Benoît s'imposait aux dépens de la tradition irlando-franque ou gallo-romaine. Sur ce plan aussi, il fut fermement soutenu par Charles et ses fils. L'expansion du monachisme bénédictin mordant sur les traditions monastiques plus anciennes est parallèle à celle du pouvoir carolingien sur le monde franc.

Malgré tous les services qu'il rendait aux Carolingiens, Boniface n'était pas leur instrument docile. S'il n'avait été qu'un agent du pouvoir franc, son influence aurait été moindre. Lorsque, en 742, il est nommé « archevêque de l'Orient », il porte le titre d'ambassadeur de saint Pierre : *missu sancti Petri* [12]. C'est de la Rome du pape que lui vient son charisme, et c'est ce charisme qu'il veut transmettre à son Église.

A la différence de l'épiscopat mérovingien, le nouvel épiscopat franc ne se fondait pas sur les traditions locales de pouvoir aristocratique, ni même sur le patronage des saints locaux. Les évêques « politiques » de Charles Martel n'avaient pas besoin, eux, d'autre patronage que celui du *major domus* lui-même. Cependant, Boniface était un étranger nommé par le pape ; ses disciples étaient étrangers eux aussi, nommés par le pape ou par Boniface : ils ne pouvaient donc s'appuyer sur des traditions religieuses indigènes. Il leur fallait en importer, et ce fut principalement de Rome.

C'est ainsi que le VIIIe siècle vit non seulement l'établissement dans toute la Francie d'évêques et de moines à la mode pontificale romaine, mais aussi l'importation en bloc, dans les nouvelles églises, des reliques de saints romains. L'initiative vint principalement du pape. En 739, Grégoire III envoya à Charles Martel les clés et une partie de la chaîne du tombeau de saint Pierre. Ces présents firent grande impression en Francie : « Jamais on n'avait vu ni ouï chose pareille » commente le continuateur de la Chronique de Frédégar [13]. Il se trompe. Il y avait longtemps que le pape distribuait les clés et les chaînes de la tombe de Pierre, particulièrement en Angleterre, pays qu'il cherchait à attacher fermement à l'Église de Rome. Il usait maintenant de la même méthode pour enchaîner à Rome l'Église franque.

C'est ainsi que la géographie sacrée des pays de l'ouest commença de se modifier. Les principaux points de contact entre le ciel et la terre n'étaient plus les tombes des Gaulois, martyrs, saints évêques, ou même saints et nobles ancêtres. Ces points, désormais, se trouvaient n'importe où, on pouvait les déplacer, et leur pouvoir venait de Rome.

La nouvelle monarchie

L'assise spirituelle de l'Église franque nouvellement constituée était donc radicalement différente de celle de l'Église mérovingienne qui l'avait précédée. La transformation de la sacralité royale se fit presque comme on répare un oubli. Depuis 718/19, Charles et ses successeurs avaient le pouvoir bien en main. Le testament d'Abbo, écrit en 739, porte même la mention : « En la vingt et unième année depuis que l'illustre Charles gouverne les royaumes francs [14]. » Pendant des années, il n'y avait même pas eu de roi mérovingien pour faire semblant de régner. Auparavant, ces rois sans pouvoir avaient été indispensables, ou du moins utiles pour maintenir la cohésion du pays : ils incarnaient et représentaient l'unité du royaume et la légitimité qui avait marqué le pouvoir franc à la fin de l'Antiquité.

Au milieu du VIIIe siècle, cette identité et cette légitimité étaient devenues anachroniques, même si les « princes » des États périphériques y trouvaient encore parfois une excuse pour refuser d'obéir aux Carolingiens, comme ils l'avaient fait sous Pépin II. De toute façon, cette tradition n'avait guère de sens pour les gens de l'Église romaine et pour les Anglo-Saxons venus transformer la Francie ; peu à peu, l'idée que ces étrangers se faisaient de la royauté – le roi non seulement règne, mais aussi il gouverne – se répandait dans l'élite franque. Le système ecclésiastique des Carolingiens se fondait sur une sacralité importée de la Rome des papes ; sous peu, leur statut politique à son tour reposerait sur une notion importée.

L'évolution fut lente, naturelle, et elle se fit à l'avantage des deux parties, le pape et le *princeps*. Dès le début du VIIIe siècle, les papes avaient cherché des alliances étrangères pour assurer leur position en Italie centrale, de plus en plus indépendante et de plus en plus menacée par les Lombards. L'empire d'Orient n'était plus en mesure d'apporter à Rome un soutien efficace et, de toute façon, les papes craignaient la mainmise de Constantinople. Ils s'étaient tournés vers les Bavarois et vers les Aquitains, dont l'aide n'avait pas été aussi efficace qu'ils l'espéraient. C'est pourquoi, en 739, le pape Grégoire III appela à l'aide Charles Martel, tout en lui faisait tenir les reliques dont on a parlé. Ce que Grégoire souhaitait, on peut le penser, c'était une papauté indépendante, fermement établie en Italie centrale, sous la protection d'un lointain prince franc. Dans l'immédiat, ces ouvertures n'eurent pas grand effet. Elles n'en ont pas moins inauguré la longue et complexe histoire des relations entre le pape et les Carolingiens.

Un peu plus de dix ans après, Pépin, fils de Charles Martel, eut besoin du pape. Son père mort, son frère, Carloman, devenu moine en 747, d'abord à Rome, puis au Mont Cassin, Pépin demeurait seul maître de la Francie, mais non pas seul candidat à cette position. Son demi-frère Grifo, qui avait été exclu de la succession, n'en était pas moins, autant que Pépin, un *princeps* possible; sans cesse il servait de point de ralliement pour les groupes d'opposants qui se formaient dans les régions périphériques du royaume. De plus, en entrant dans les ordres, Carloman avait laissé des fils qui pouvaient, le jour venu, menacer les propres héritiers de Pépin. Le *major domus* avait donc besoin d'une autorité qui ne fût pas simplement politique, et qui fût supérieure à celle des grands seigneurs francs, ou même à celle de ses parents. Il la prit là où son Église avait trouvé une nouvelle sacralité : à Rome.

Ainsi donc, en 749 ou 750, Pépin envoya à Rome Burchard, évêque de Wurzbourg, et Fulrad, plus tard abbé de Saint-Denis, où Pépin avait été élevé, avec mission de poser au pape Zacharie la question suivante : « Est-il juste ou non que le roi des Francs de ce temps n'ait absolument aucun pouvoir mais possède néanmoins l'office royal [15] ? » Ce n'était pas là une question franque, mais bien une question romaine, et la réponse apporta une conclusion prévisible. En 751, « sur l'ordre » du pape Zacharie, Pépin fut élu roi

« selon la coutume franque » et oint soit par Boniface soit par des évêques francs. Ce rite, lourd de ses précédents bibliques, goths, irlandais et anglo-saxons, était une innovation en Francie : jamais jusqu'alors un roi n'avait été confirmé dans sa fonction par un rituel ecclésiastique. Le sang mérovingien suffisait, et l'emblème des cheveux longs. Le dernier Mérovingien, Childéric III, qui n'avait plus d'usage même comme symbole anachronique, fut tonsuré et enfermé dans un monastère où il finit ses jours.

CHAPITRE VII

L'HÉRITAGE DE L'EUROPE MÉROVINGIENNE

Les descendants de Clovis n'avaient pas hérité de son courage et de son caractère indompté. Le malheur ou la faiblesse des derniers rois de la race mérovingienne avait attaché à leurs noms le titre de *fainéants*. Ils régnaient sans pouvoir et mouraient sans gloire. Un château situé aux environs de Compiègne était leur résidence ou leur prison; mais toutes les années aux mois de mars et de mai, un chariot attelé de six bœufs les menait à l'assemblée des Francs, où ils donnaient audience aux ambassadeurs étrangers, et où ils ratifiaient les actes du maire du palais.

Voilà comment, dans sa grande *Histoire du déclin et de la chute de l'Empire romain*[1], Edward Gibbon décrit les derniers Mérovingiens. Description bienveillante : d'ordinaire, les historiens laissent entendre que le déclin des Mérovingiens était dû en grande partie à leurs mauvaises mœurs et/ou à la dégénérescence de la race. A la glorieuse brutalité, cruauté, perfidie de Clovis et des premiers Mérovingiens avaient succédé, semblait-il, l'impuissance, la passivité et l'incompétence des ultimes héritiers de la race. La dynastie n'a pas beaucoup monté dans l'estime des historiens au cours des douze derniers siècles. En outre, la période qui va de la victoire de Soissons au sacre de Pépin a toujours produit, chez les héritiers de la tradition européenne, un sentiment de profond malaise.

Tous les pays occidentaux sont prêts à accaparer Charles le Grand (Charlemagne, Karl der Grosse, Carlo Magno), et les paneuropéanistes le déclarent « Père de l'Europe », alors que Clovis et Dagobert sont volontiers laissés au vestiaire.

En Allemagne, des générations d'historiens, étudiant les duchés tribaux et leurs origines, ont cherché à établir une continuité entre la période des migrations et les duchés qui se forment à la dissolution de l'Empire carolingien. Ces savants ont tendance à oublier que les duchés tribaux sont des créations artificielles des rois mérovingiens et de leurs représentants.

En France, la mémoire nationale passe en courant de l'époque de Syagrius (à moins que ce ne soit d'Astérix?) à la gloire de Charlemagne. Une longue tradition, nourrie par deux guerres désastreuses, a encouragé les Français à oublier qu'avant la « douce France », il y a eu un « Francono lant », et que cette terre franque avait pour cœur la basse Seine. « Les Francs sont-ils nos ancêtres ? » Ainsi s'interrogeait récemment en bonne page une publication populaire, le magazine *Histoire et archéologie*[2]. Toute l'historiographie européenne, des deux côtés du Rhin, aurait le plus souvent préféré répondre « non ».

Ce refus de reconnaître la continuité entre la période mérovingienne et l'histoire européenne plus récente est le produit d'un certain nombre de facteurs. Le premier, le plus évident, est la tendance à accepter sans la critiquer la propagande antimérovingienne créée et disséminée par les Carolingiens et leurs partisans, avec l'intention de détruire le prestige de la dynastie qui les a précédés. Trop souvent on a accepté sans y regarder de plus près cette image peu flatteuse, et on y a vu une évaluation exacte de la dynastie, et en particulier de sa fin peu glorieuse.

Cette image négative permet de comprendre pourquoi les dynasties postérieures n'ont pas cherché des associations avec la famille mérovingienne ; elle n'explique pas le jugement défavorable qui est porté sur la période tout entière. Ce jugement tient peut-être en partie à la nature particulière de la société, de la culture et des institutions mérovingiennes. Le monde que nous avons examiné reste profondément enraciné dans la Rome de la fin de l'Antiquité, cette culture mal connue et mal comprise. Pour expliquer le discrédit dont souffre la période mérovingienne dans l'historiographie européenne, il faut examiner ces deux facteurs.

Les rois fainéants

La description de Gibbon doit beaucoup à Eginhard, le biographe de Charlemagne. L'œuvre d'Eginhard s'ouvre par une description des rois mérovingiens, qu'il expédie en les néantisant. Selon lui, bien avant la déposition de Childéric III, la dynastie avait perdu tout pouvoir et ne possédait plus rien d'autre que le titre. Childéric,

> pour toute prérogative, devait se contenter du seul titre de roi, de sa chevelure flottante, de sa longue barbe et du trône où il s'asseyait pour représenter l'image du monarque, pour donner audience aux ambassadeurs des différents pays et leur notifier, à leur départ, comme l'expression de sa volonté personnelle, des réponses qu'on lui avait apprises et souvent même imposées.[...] S'il fallait aller quelque part, c'était sur un char traîné par un attelage de bœufs qu'un bouvier menait à la manière des paysans : c'était ainsi qu'il se rendait au palais et à l'assemblée générale de son peuple, tenue chaque année pour les affaires publiques; c'était ainsi qu'il revenait chez lui [3].

Voilà comment depuis longtemps les chroniqueurs du début du VIIIe siècle, favorables à la cause carolingienne, présentaient les derniers Mérovingiens. Déjà le premier continuateur de la Chronique de Frédégar s'employait à récrire le *Liber Historiae Francorum*, chronique neustrienne terminée en 727, dans une perspective favorable aux intérêts austrasiens et donc carolingiens. La seconde continuation, rédigée sur l'ordre du demi-frère de Charles Martel, le comte Childebrand, est encore plus étroitement associée à la tradition carolingienne. C'est dans ces textes que commencent à se dessiner les traits qui caractériseront les Mérovingiens pour les siècles à venir. Ainsi Childéric II est « absolument trop léger et frivole. Le scandale et le mépris qu'il souleva firent naître une sédition dans le peuple franc [4] ». Le roi mérovingien n'est donc pas un dangereux despote, c'est un roi qui inspire le mépris. Sa frivolité constraste avec les traits qu'on attribue par exemple à Grimoald (« le plus doux des hommes, plein de gentillesse et de bénignité; et il était généreux en ses aumônes et constant dans ses prières [5] ») et à Charles Martel, « le plus avisé des chefs de guerre [6] ».

Cette tradition, dont Eginhard représente l'aboutissement, se débarrasse des Mérovingiens en en faisant des anachronismes ridicules. Ce n'est pas qu'ils soient gênants : ils sont inutiles. Bien entendu, on peut très bien critiquer ce dernier jugement sans contester l'exactitude générale de l'image proposée par cette historiographie. Le roi mérovingien, avec sa coiffure archaïque, son chariot de bœufs rituels, qui reçoit les ambassadeurs et apparaît comme le symbole de l'unité de la Francie à l'assemblée annuelle, ne peut pas ne pas faire penser au souverain britannique d'aujourd'hui dans son carrosse doré, recevant les ambassadeurs et lisant chaque année devant le parlement un discours écrit par le parti au pouvoir. Un personnage symbolique incarnant l'unité du royaume peut être très utile et même indispensable pour la société, même s'il ne gouverne pas, et justement parce que son rôle se situe en dehors du politique. En face des Francs et des autres, Childéric représentait les Francs et la tradition franque à la fois par son apparence et, sans aucun doute, par sa manière de présider l'assemblée annuelle. Même le chariot tiré par des bœufs, loin de signaler la rusticité, est un antique symbole de l'identité franque : depuis le temps de Stelus, notre vendeur de bœufs du Ier siècle, la vie religieuse et politique des Germains avait toujours été liée à l'élevage des bœufs. Pour reconnaître la valeur d'une telle fonction, il fallait une compréhension subtile de la tradition et de son rôle dans l'exercice du pouvoir, compréhension dont les Carolingiens et leurs conseillers de plus en plus romanisés n'étaient pas capables.

La raison par laquelle ils justifiaient cette mise à l'écart des Mérovingiens est neuve, et destinée à un bel avenir. Childéric ne fut pas déposé pour tyrannie, vilenie, injustice ou tout autre méfait : il fut écarté pour incompétence. Ainsi donc, comme l'a soulgné Edward Peters, dans la réflexion sur la royauté, qui ne connaissait traditionnellement que deux sortes de rois : le roi juste et le tyran, une nouvelle et importante catégorie était introduite, le roi inutile, *rex inutilis*[7]. Dans toute l'histoire, on se souviendra des Mérovingiens comme des rois inutiles par excellence : ils inspirent non la crainte et la haine, sentiments en somme acceptables pour une dynastie royale, mais le mépris. Le mépris pour les derniers Mérovingiens s'étend à leurs prédécesseurs, même à Dagobert, ce grand roi. La chanson enfantine « Le bon roi Dagobert » porte l'image d'un roi à la fois stupide, impuissant et lâche, qui a besoin d'un sage conseiller, saint Éloi (Eligius, évêque de Noyon) pour prendre soin de lui.

> Le bon roi Dagobert
> Avait sa culotte à l'envers
> Le grand saint Éloi lui dit : « O mon roi !
> Votre Majesté est mal culottée.
> – C'est vrai, lui dit le roi
> Je vais la remettre à l'endroit. »
>
> Le bon roi Dagobert
> Chassait dans la plaine d'Anvers
> Le grand saint Éloi lui dit : « O mon roi !
> Votre Majesté est bien essoufflée !
> – C'est vrai, lui dit le roi
> Un lapin courait après moi [8]. »

Un roi incapable d'enfiler convenablement sa culotte et terrorisé par un lapin n'inspire guère le respect.

Les historiographes carolingiens qui représentèrent de cette façon la dynastie évincée rencontrèrent un plein succès : l'image d'une dynastie qui a perdu le pouvoir pour incompétence fut acceptée pendant des siècles. Les apologistes postérieurs en firent usage ; s'il est possible de déposer un Mérovingien et de l'enfermer dans un monastère pour élire et sacrer un autre roi à sa place, on peut traiter de même un Carolingien. Moins d'un siècle plus tard, c'est ce qui advint à Louis le Pieux, fils de Charlemagne. Plus important : au Xe siècle, lorsque les Saxons, et surtout les Capétiens, déposèrent les derniers Carolingiens, ce sont les critères qui avaient servi contre les Mérovingiens qui furent appliqués : les Carolingiens s'étant montrés « fainéants » eux aussi, il était juste de les écarter. En France, puis en Angleterre, la tradition d'une opposition au roi fondée non seulement sur la tyrannie, mais aussi sur l'incompétence se perpétue jusqu'aux XVIIe et XVIIIe siècles ; seulement Louis XVI, roi fainéant par excellence, ne fut pas envoyé au monastère, mais à la guillotine.

L'image négative des Mérovingiens créée par les Carolingiens, mais sans cesse réanimée pour son utilité politique, explique le discrédit dont a souffert la dynastie; elle ne suffit pas à justifier que les VIe et VIIe siècles, époque de formation dans l'histoire de l'Occident, soient jugés avec la même sévérité que Dagobert et Childéric. Ce jugement négatif s'explique au mieux par les traits propres au monde mérovingien et au monde antique finissant qui l'a produit, à ce qui en eux nous est profondément étranger. Pour conclure, nous allons examiner quelques-uns des traits caractéristiques de la société franque des VIe et VIIe siècles.

La spécificité de la société mérovingienne

La civilisation mérovingienne est née dans les structures du monde romain tardif; elle y est morte. Son cadre politique caractéristique est et reste le royaume du général germain du Bas-Empire, qui, ayant intégré les mécanismes de l'administration provinciale romaine, a réussi à faire de sa famille la dynastie légitime pour les provinces occidentales au nord des Pyrénées et des Alpes. Son gouvernement consiste essentiellement à rendre la justice, c'est-à-dire à appliquer la loi romaine et la loi barbare romanisée lorsque c'est possible ou convenable selon la tradition de son peuple, et à commander l'armée franque. La base économique de son pouvoir, c'est, d'une part, les vastes terres du fisc romain, et, d'autre part, les mécanismes de l'impôt romain qui continuent de fonctionner. L'organisation générale de la société n'a pas changé; elle a toujours pour assise les petites communautés, les cités de la fin de l'Antiquité, avec leurs structures de pouvoir local quasi intactes. Partout où c'est possible, dans le nord de la Gaule autour de Soissons, dans les pays rhénans (Trèves, Cologne), ou plus loin, à Ratisbonne et Salzbourg, les Mérovingiens et leurs représentants se glissent dans les structures romaines existantes et tirent d'elles leur pouvoir et leur légitimité. Assez vite, les bandes de guerriers qui constituaient les armées mobiles des généraux germains du Bas-Empire sont établies sur des territoires et intégrées aux populations indigènes. Ce qui distingue cette société de celle des Goths en Espagne et en Italie, et rend possible la fusion rapide des communautés, c'est son adhésion au christianisme orthodoxe, qui est aussi celui des gens du pays. Au VIIIe siècle, cet amalgame est si complet qu'il a non seulement produit un monde nouveau, mais aussi rendu l'ancien presque complètement opaque pour les générations suivantes.

L'un des caractères essentiels de la Francie est la fluidité de l'identité culturelle et politique des gens qui l'habitent. Pour beaucoup de Français, qui s'identifient volontiers à la tradition culturelle romaine, l'opposant à la conquête et l'occupation germaniques, l'aristocratie gallo-romaine ne se conduit pas du tout comme il faut. Dans leur empressement à défendre leurs traditions culturelles romaines, s'opposant même, s'il le fallait, à toute tentative du gouvernement impérial pour intervenir dans les affaires locales qu'ils contrôlaient déjà, les Gallo-Romains n'hésitaient pas à faire cause commune avec tout chef barbare prêt à s'allier avec eux à leurs conditions. De Césaire d'Arles et Remi de Reims à Éloi de Noyon et au-delà, l'identité romaine n'a rien à voir avec l'autonomie politique. Dans le domaine politique, les élites aquitaines et provençales agissent exactement comme on le fait au nord ; prenant femme, sans aucune hésitation, dans d'autres groupes aristocratiques, ces Gallo-Romains refusent obstinément de se laisser classer dans les catégories modernes qui veulent que les structures politiques d'un pays, d'une région, se fondent sur son identité culturelle et ethnique. On a eu beau essayer quelquefois de faire croire que le Midi avait opposé une farouche résistance à la barbarie germanique des Francs : pour les Français modernes, les aristocrates du Sud ressemblent très fort à des collaborateurs.

Les Francs du Nord sont encore plus déroutants : curieux mélange de guerriers germanophones, utilisant pour gouverner les institutions de l'administration romaine tardive, et dont les caractéristiques principales, y compris la royauté, sont le produit de la tradition militaire et civile romaine. Leur fierté d'être francs n'a d'égal que leur empressement à servir le christianisme orthodoxe, religion de l'État romain, et d'obtenir de l'empereur d'Orient, à Constantinople, la reconnaissance de leur légitimité. Dans les chroniques mérovingiennes, le récit des heurs et malheurs de l'Empire byzantin occupe presque autant de pages que l'histoire de la Francie. Quinconque s'attend à voir les Francs se conduire comme les Germains de Tacite est profondément déconcerté par l'aisance avec laquelle ils s'établissent dans le monde des cités romaines, du commerce international, du gouvernement par l'écriture, de la loi écrite et des lettres latines, le tout sans abandonner leurs chères querelles de clans, leurs structures de parenté et leurs alliances personnelles. Il n'est dès lors pas surprenant que les Allemands du XIXe siècle et du début du XXe, lorsqu'ils cherchaient leurs racines lointaines, aient fait l'impasse sur ces Francs-Romains, pour leur préférer le mythe d'un monde germanique plus authentique à l'est du Rhin.

Or, tout autant que les royaumes romanisés de la Gaule et de l'Allemagne occidentale, les duchés « tribaux » situés à l'est du Rhin sont des créations du monde mérovingien. A l'est comme à l'ouest du fleuve, des intérêts totalement locaux produisent d'abord, à la fin du Ve siècle, des unités personnelles, centrées autour d'un grand chef ou d'une famille influente ; puis, au cours du VIIe siècle, ces groupements personnels, établis principalement pour des raisons militaires (par exemple pour résister aux Basques en Aquitaine ou aux Slaves en Thuringe), se transforment en unités territoriales, qui utilisent le vocabulaire de la solidarité ethnique et culturelle pour des objectifs politiques. Les entités politiques qui, aux Xe et XIe siècles, sont devenues caractéristiques de l'Europe – à l'ouest, l'Aquitaine, la Bourgogne, la Provence, la « France » ; à l'est, la Bavière, l'Alémanie, la Thuringe, la Saxe – se sont formées à l'âge mérovingien. Elles tirent leurs noms de régions géographiques ou de groupes personnels préexistants, mais c'est au cours du VIIe siècle que s'établissent leurs institutions, leurs frontières géographiques et leurs dynasties. La période carolingienne constituera un hiatus dans le processus de formation des régions commencé à la fin de l'âge mérovingien.

Si le monde mérovingien est ainsi caractérisé par une prévalence absolue du local, c'est que ses protagonistes, « Francs » comme « Romains », ont été formés à l'intérieur des structures de l'Antiquité gallo-romaine, et en particulier à l'intérieur de la cité provinciale. Le changement par lequel le foyer de la vie culturelle et politique quitte la ville pour se fixer à la campagne coïncide avec la disparition du monde mérovingien. Ce changement correspond aussi, en grande partie, à un déplacement de l'autorité religieuse, du monde citadin des évêques au monastère rural, processus déjà entamé au VIe siècle, mais mené à son terme par les moines irlandais et anglo-saxons aux VIIe et VIIIe siècles. La ruralisation de l'Église d'Occident va de pair avec la décadence de la cité comme centre économique et politique. Le déclin du commerce international et l'importance croissante que prennent les monastères dans la vie économique de l'Occident font perdre aux villes leur rôle de centres de commerce, et ce sont les monastères qui prennent la relève : Saint-Denis et sa grande foire d'octobre en fournissent le meilleur exemple. D'autres grandes abbayes – Corbie, Saint-Bavon, Fulda, le monastère de Boniface – sont devenues les principaux centres de la production artisanale et de la distribution des biens, matières premières et produits manufacturés. Comme l'importance des villes décroît, les rois et leurs représentants préfèrent leurs villas rurales aux palais urbains qu'aimaient Clovis et ses successeurs. Les derniers Mérovingiens résident principalement à Compiègne, les Carolingiens partagent leur temps entre leurs domaines campagnards préférés, jusqu'à ce que Charlemagne choisisse Aix, une insignifiante ville d'eau, pour en faire sa principale résidence.

A la fin de l'Antiquité, les sièges du pouvoir central avaient progressivement déserté l'Occident, ce qui convenait fort bien à ses habitants. Le langage et le rituel de la culture romaine, supranationale, étaient utilisés pour exprimer des soucis locaux. C'est particulièrement vrai pour les quatre éléments qui constituent l'essentiel du pouvoir mérovingien : les saints, les évêques, les rois et les aristocrates. A la fin de l'Antiquité et à l'époque mérovingienne, chacun de ces éléments tire son autorité de ses racines locales, indigènes. Lorsque à nouveau ils sont subsumés par un ordre plus vaste, c'est un nouveau monde qui naît.

Au VIe siècle, le pouvoir religieux se fonde sur le saint, ou de préférence sur ses reliques. Lorsqu'une jeune Toulousaine possédée par les démons se rendit à Saint-Pierre de Rome pour être exorcisée, le démon refusa de la quitter : seul Remi de Reims, affirmait-il, pouvait la délivrer [9]. Comme l'a souligné Raymond Van Dam, la Gaule, avec la force de ses martyrs et de ses saints indigènes, se pose ici en rivale directe de Rome [10]. En politique comme en religion, l'Occident voulait forger ses propres outils. Au VIIIe siècle et au début du IXe, Rome se tourne de nouveau vers l'ouest. Ainsi, au début du IXe siècle, une jeune sourde-muette venue d'Aquitaine arrive à Seligenstadt, monastère fondé par Eginhard en pays rhénan; son père l'y amène après avoir demandé en vain sa guérison à plusieurs autres sanctuaires. Entrant dans la basilique, la jeune fille est saisie de convulsions violentes, perd le sang par la bouche et les oreilles, et tombe à terre. Quand elle se relève, elle entend et elle parle, et proclame aussitôt qu'elle a été guérie par les saints vénérés dans cette église, Pierre et Marcellin, martyrs romains dont on avait récemment apporté les reliques de Rome en Francie [11].

Ces deux miracles illustrent le changement de nature du pouvoir religieux qui s'opère des Mérovingiens aux Carolingiens. Dans les deux cas, le pouvoir divin se manifeste par de saints hommes; dans les deux cas, le miracle a lieu au nord des Alpes. Cependant, dans le monde mérovingien finissant, ce pouvoir est médiatisé par Rome. Pierre et Marcellin ont été transplantés au nord, et non pas dans une cité, mais dans un monastère rural qu'on nomme – paradoxalement – « la cité des saints » (en allemand Seligenstadt).

Parallèlement à ce transfert des sources de la sacralité s'opère un transfert des sources de l'autorité religieuse : issue de Rome, elle passe aux évêques de Francie nommés et surveillés par Boniface et les Carolingiens. Le rétablissement des sièges métropolitains et l'introduction des règles et usages romains, supplantant la tradition indigène gallo-romaine et irlando-franque, sont autant de liens qui rattachent le pouvoir de l'évêque à l'autorité centrale plutôt qu'aux réseaux d'influence locale.

Les Mérovingiens avaient été, d'abord et avant tout, l'incarnation du pouvoir franc, « national ». Ils étaient rois par leur nature même, sans avoir besoin d'élection ou de sacre, et sans intervention d'aucune autorité extérieure, religieuse ou séculière. L'élection et l'onction de Pépin, opérées avec l'approbation du pape, ou même, selon certaines traditions, sur son conseil, changent fondamentalement la nature de la royauté : elles la lient à une tradition religieuse et institutionnelle spécifique, tout à fait étrangère aux mondes gallo-romain et franc.

Enfin, avec les Carolingiens naît une nouvelle aristocratie, une « aristocratie impériale », qui réunit des nobles d'origine très diverse. Beaucoup sont issus d'anciennes familles austrasiennes ; d'autres sortent des élites régionales qui avaient assuré le pouvoir carolingien dans les diverses régions de Francie ; certains s'étaient élevés en servant les Carolingiens ; ou encore, anciens partisans des Mérovingiens, ils avaient rejoint à temps le parti vainqueur. C'est dans ce groupe de familles assez restreint que les Carolingiens prennent les évêques et les comtes qu'ils envoient dans tout l'empire. Devant leur position à la faveur royale plutôt qu'à un réseau d'alliances locales, tout comme les saints venus de Rome, les évêques anglo-saxons et les rois carolingiens, ces familles ont besoin d'une autorité extérieure pour garantir leur pouvoir. C'est seulement peu à peu, avec le temps, qu'en se mariant sur place elles pousseront des racines dans le pays où on les a envoyées et produiront les aristocraties régionales du haut Moyen Âge.

Bien que ces transformations se fussent accomplies au nom de la tradition romaine, il restait, lorsque ces éléments furent fermement en place, bien peu de chose de ce qu'avait été l'authentique Occident romain des derniers siècles de l'Empire. La Rome qui avait soutenu Boniface était elle-même une création neuve, artificielle, comme le seront la renaissance des lettres latines et la tradition impériale développées dans les milieux carolingiens. Et pourtant, de cette tradition impériale, le monde barbare transformé avait, plus encore qu'au VIe siècle, un si profond besoin, qu'au jour de Noël de l'an 800, le petit-fils de Charles Martel se voyait conférer le titre d'empereur et d'auguste. Créé par Rome, le monde barbare avait recréé Rome.

APPENDICES

APPENDICE A

La Dynastie mérovingienne

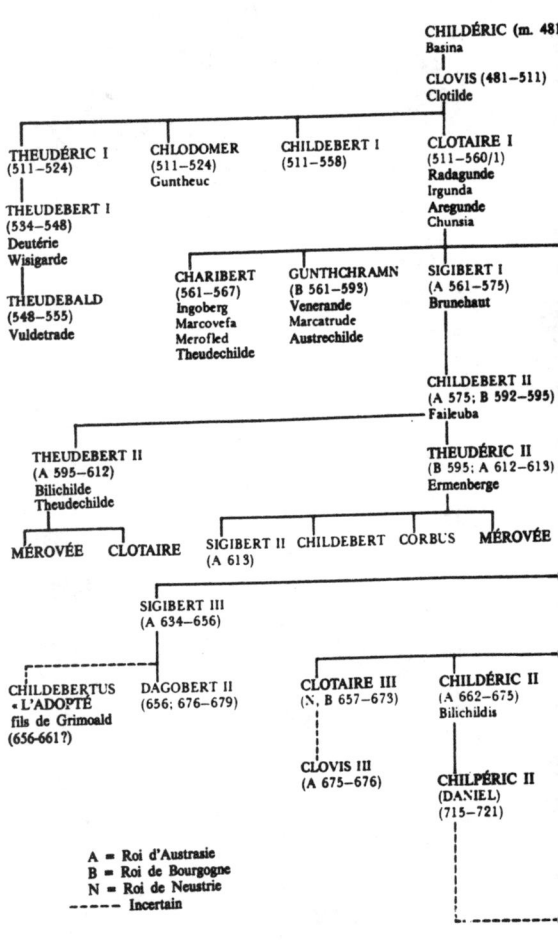

```
CHILPÉRIC I           GUNDOVALD
 561-584)             (prétendant)
 udovera
 alswintha
 rédégonde

 EROVÉE               CLOTAIRE II
 unechilde            (N 584; B, A 613-629)

                      DAGOBERT I                    CHARIBERT II
                      (A 623, N, B 629-639)         (Aquitaine 629/30-632)
                      Gomatrude
                      Nantechilde
                      Regnetrude
                      Vulfegunde                    CHILPÉRIC
                      Berchilde

                      CLOVIS II
                      (N, B 638-657)
                      Baldechilde

                      THEUDÉRIC III
                      (N, B 673, A 687-690/1)
                      Chrodechilde

 OVIS IV              CHILDEBERT III        CLOTAIRE IV
 B, A 690/1-694/5)    (N, B, A 694/5-711)   (ca 717-719/20)

                      DAGOBERT III
                      (N, B, A 711-715)

                      THEUDÉRIC IV
                      (N, B, A 721-737)

 CHILDÉRIC III
 (N, B, A 743-751)

 THEUDÉRIC
```

APPENDICE B

Quelques dates importantes

52 av. J.-C. Révolte de Vercingétorix.
167 ap. J.-C. Invasion des Marcomans et des Quades.
192-284 De l'assassinat de Commode à l'avènement de Dioclétien : « crise du IIIe siècle. ».
197 Les soldats sont autorisés à se marier.
284-305 Dioclétien.
303 Édit de Dioclétien marquant le début de la « grande persécution » des chrétiens.
311-383 Wulfila.
312 Victoire de Constantin au pont Milvius.
312-324 Constantin maître de l'Empire d'Orient.
316-397 Saint Martin de Tours.
332 Ariarich le Balte (Tervinge) constitue un État territorial dans la sphère d'influence de l'Empire.
365-371 Athanaric.
373 Les Huns arrivent aux abords de la mer Noire.
378 Bataille d'Andrinople.
382 Théodose autorise les Goths à s'installer en territoire romain.
395 La préfecture des Gaules est déplacée de Trèves à Arles.
Ve siècle Les Francs se répandent hors de Toxandrie.
400-410 Saint Honorat fonde le monastère de Lérins.
410 Sac de Rome par les Wisigoths.
418 Les Wisigoths s'installent dans le sud-ouest de la Gaule.
circa 457-482 Childéric.
476 Odoacre dépose l'empereur Romulus Augustule.
486 Les Francs vainqueurs de Syagrius à la bataille de Soissons.
496, 498 ou 506 Conversion de Clovis au catholicisme.
508-511 *Pactus legis salicae* (loi salique).
511 Mort de Clovis.
534 Destruction du royaume burgonde.
536 Guerre de Justinien contre les Ostrogoths.
541 Défaite des Wisigoths, réduits à la Septimanie.
538-594 Grégoire de Tours.

APPENDICE

584-629 Clotaire II.
590 Arrivée de Colomban en Gaule.
623-639 Dagobert Ier corégent avec son père jusqu'en 629, puis règne seul.
613 Exécution de Brunehaut.
687 Bataille de Tertry.
710-711 Invasions arabes.
718-719 Charles Martel prend le pouvoir.
719 Le pape charge Boniface de convertir les Gentils.
731 Défaite des Arabes entre Tours et Poitiers.
741 Mort de Charles Martel.
742 Boniface nommé « archevêque de l'Orient ».
743-751 Childéric III, dernier roi mérovingien.

APPENDICE C

Note sur les noms propres

L'extraordinaire variété des graphies pour les noms propres du haut Moyen Âge a plusieurs causes : les variations des scribes de l'époque, l'évolution des langues entre les Ve et IXe siècles, enfin la tendance des historiens à préférer, pour les noms médiévaux, leurs équivalents modernes. Les résultats sont parfois très déconcertants. Ainsi le vainqueur de Soissons s'appellera Chlodovic, Chlodovicus, Chlodowech et Clovis, formes qui sont toutes équivalentes aux noms modernes Louis, Ludwig, Luigi et Lewis, tandis que le nom du grand roi ostrogoth, passé dans la famille mérovingienne, se lit Theodoricus, Theudéric, Thodoric, Theodéric, et aussi Thierry. Gunthchramn est devenu Guntram et Gontran, Sigibert est parfois Sigebert, et Brunechildis est Brunichild, Brunhilda, Brunehaut. Plutôt que de projeter sur le haut Moyen Âge des formes qui subtilement transforment les Mérovingiens en Français ou en Allemands, nous nous sommes efforcés d'utiliser, dans la plupart des cas, des graphies d'époque, cohérentes, ajoutant entre parenthèses la forme modernisée ; nous avons toutefois fait exception pour des personnages trop familiers, comme Clovis, Brunehaut ou le grand saint Éloi.

NOTES

PRÉFACE

1. Florus de Lyon, *Opuscula adversus Amalarium*, PL 119, 82a.

CHAPITRE I
L'OCCIDENT ROMAIN DU Ier au Ve SIÈCLE

1. P.C.J.A. Boeles, *Friesland tot de elfde eeuw* (s'Gravenhage : Martinus Nijhoff, 1951), 130, planche 16.
2. Eugippius, *Vita Severini* 21, *Monumenta Germaniae Historica* (désormais cité MGH) *Auctores Antiquissimi* (désormais cité AA) vol. I post., p. 19.
3. Walter Goffart, *Barbarians and Romans A.D. 418-584 : The Techniques of Accommodation*, (Princeton : Princeton University Press, 1980). La thèse de Goffart a été reprise et considérablement affinée par Jean Durliat, « Le salaire de la paix sociale dans les royaumes barbares (V^e-VIe siècles), dans Herwig Wolfram et Andreas Schwarcz, éd., *Anerkennung und Integration. Zu den wirtschaftlichen Grundlagen der Völkerwanderungszeit 400-600* (Vienne : 1988), p. 21-72.
4. W. Goffart, *Caput and Colonate : Towards a History of Late Roman Taxation*, (Toronto : University of Toronto Press, 1974).
5. *Vita patrum jurensium Romani, Lupicini, Eugendi*, II, 10, *MGH Scriptores rerum Merovingicarum* (désormais cité SSRM) 3, p. 149. Pour la traduction française, voir François Martine, *Vie des pères du Jura*, Sources chrétiennes 142 (Paris : Éditions du Cerf, 1968).
6. Martin Heinzelmann, *Bischofsherrschaft in Gallien : Zur Kontinuität römischer Führungsschichten vom 4. bis zum 7. Jahrhundert. Soziale, prosopographische und bildungsgeschichtliche Aspekte*, Beihefte der *Francia* 5. (Munich : Artemis Verlag, 1976).

7. Raymond Van Dam, *Leadership and Community in Late Antique Gaul* (Berkeley: University of California Press, 1985), pp. 51-56.

CHAPITRE II

LE MONDE BARBARE JUSQU'AU VIᵉ SIÈCLE

1. *Germanie* 46, trad. fr. Jacques Perret.
2. Ici et ailleurs dans ce chapitre, l'auteur s'appuie sur Bruno Krüger éd., *Die Germanen: Geschichte und Kultur der germanischen Stämme im Mitteleuropa*. Bd. I *Von den Anfängen bis zum 2. Jahrhundert unserer Zeitrechnung*, 2ᵉ éd. corrigée (Berlin: Akademie-Verlag, 1978).
3. *Naturalis Historia* 18, 44.
4. *De Bello Gallico* 6, 22, trad. fr. Pierre Fabre.
5. Horst Wolfgang Böhme, *Germanische Grabefunde des 4. bis 5. Jahrhunderts zwischen unterer Elbe und Loire: Studien zur Chronologie und Bevölkerungsgeschichte*, 2 vol., Münchner Beiträge zur Vor- und Frühgeschichte, Bd. 19 (Munich: C.C.H. Beck'sche Verlags Buchhandlung, 1974).
6. Ce qui suit s'inspire largement de Herwig Wolfram, *History of the Goths* (Berkeley: University of California Press, 1988).
7. Hans Zeiss, « Fürstengrab und Reihengräbersitte », *Forschungen und Fortschritte* 12 (1936) pp. 302-303, repris dans Franz Petri éd. *Siedlung, Sprache, und Bevölkerungsstruktur im Frankenreich*, Wege der Forschung 49 (Darmstadt: Wissenschaftliche Buchgesellschaft, 1973), p. 282.

CHAPITRE III

ROMAINS ET FRANCS DANS LE ROYAUME DE CLOVIS

1. Grégoire de Tours, *Historia Francorum* (désormais cité HF) 2, 9, trad. fr. Robert Latouche, 2 vol. (Paris: Les Belles Lettres, 1963-1965).
2. *Chronicarum quae dicuntur Fredegarii scholastici Liber III*, 2. MGH SSRM 2, 93.
3. Cité dans Joachim Werner, « Zur Entstehung der Reihengräberzivilisation: Ein Beitrag zur Methode der frühgeschichtlichen Archäologie », *Archaelogia Geographica* 1 (1950) pp. 23-32. Repris dans Franz Petri éd., *Siedlung, Sprache und Bevölkerungsstruktur*, p. 294.
4. *MGH Epistolae* 3, 113.
5. Ian Wood, « Gregory of Tours and Clovis », *Revue belge de philologie et d'histoire* 63 (1985) pp. 249-272; Friedrich Prinz, in Peter Moraw, Volker Press, Wolfgang Schieder éd., *Grundlagen und Anfänge: Deutschland bis 1056. Neue Deustsche Geschichte*, vol. 1. (Munich: C.H. Beck Verlag, 1985), 63-64.

6. HF 2, 37.
7. HF 2, 37.
8. HF 2, 42.
9. *Lex Salica* Prologue 2, MGH *Legum Sectio* I, IV, 2, p. 4.
10. *Lex Salica* 82, 2, p. 142.
11. L'auteur suit ici Ian Wood « Kings, Kingdoms and Consent », in P. H. Sawyer et Ian Wood éd., *Early Medieval Kingship* (Leeds : University of Leeds, 1977), pp. 6-29.
12. *Concilium Epaonense anno 517*, canon 8, MGH *Concilia* I, 21.
13. HF 3, 34.
14. HF 10, 26.
15. René Joffroy, *Le Cimetière de Lavoye: nécropole mérovingienne*, (Paris : Éditions A. & J. Picard, 1974).
16. Jean Chapelot et Robert Fossier, *Le Village et la maison au Moyen Age* (Paris : Hachette, 1980) p. 59.
17. H. Ament, *Fränkische Adelsgräber von Flonheim in Rheinhessen*, Germanische Denkmäler der Völkerwanderungszeit 5 (Berlin, 1970), p. 157.
18. Heike Grahn-Hoek, *Die fränkische Oberschicht im 6. Jahrhundert : Studien zu ihrer rechtlichen und politischen Stellung*, Vorträge und Forschungen Sonderband 21 (Sigmaringen : Jan Thorbecke Verlag, 1976).
19. Franz Irsigler, *Untersuchungen zur Geschichte des frühfränkischen Adels. Rheinisches Archiv*, Veröffentlichungen des Instituts für geschischtliche Landeskunde der Rheinlande an der Universität Bonn n° 70 (Bonn : Ludwig Röhrscheid Verlag, 1969).
20. Karl Bosl, « Freiheit und Unfreiheit : Zur Entwicklung der Unterschichten in Deutschland und Frankreich während des Mittelalters », *Vierteljahrsschrift für Sozial- und Wirtschaftsgeschichte* 44 (1957) pp. 193-219; repris dans *Frühformen der Gesellschaft im mittelalterlichen Europa* (Munich : R. Oldenbourg, 1964), pp. 180-203.

CHAPITRE IV

LA FRANCIE AU VIe SIÈCLE

1. HF 4, 28.
2. HF 6, 46.
3. Martin Heinzelmann, « L'aristocratie et les évêchés entre Loire et Rhin jusqu'à la fin du VIIe siècle », *Revue d'histoire de l'Église de France* 62 (1975), pp. 75-90.
4. Venantius Fortunatus, *Carmina* 4-10, MGH AA 4/1.
5. HF 5, 5.
6. HF 6, 15.
7. HF 4, 6.
8. Grégoire de Tours, *Liber vitæ Patrum* (désormais cité L.V.P.) 7 MGH SSRM 1, 686-690.

9. HF 6, 7.
10. HF 2, 17.
11. HF 2, 22.
12. HF 4, 36.
13. HF 5, 48.
14. HF 6, 11.
15. HF 5, 36.
16. HF 6, 36.
17. HF 5, 42.
18. HF 4, 36.
19. HF 8, 20.
20. HF 8, 22.
21. *Concilium Aurelianense, anno 533*, canon 20, et *Concilium Aurelianense, anno 541*, canon 15, *MGH Concilia* 1, 64 et 90.
22. Particulièrement « Reliques et statut social au temps de Grégoire de Tours », dans Peter Brown, *La Société et le sacré dans l'Antiquité tardive*, trad. fr. A. Rousselle (Paris : Éd. du Seuil, 1984), pp. 171-199.
23. HF 8, 15.
24. HF 4, 34.
25. L.V.P. 10, 705-709.
26. Jacques Le Goff, *Pour un autre Moyen Age : temps, travail et culture en Occident* (Paris : Gallimard, 1978), pp. 237-279.
27. *Capitula tractanda cum comitibus episcopis et abbatibus*, 12, *MGH Capitularia* 1, 162.
28. Vincent de Lérins, *Commonitorium* 2, 3, éd. R.S. Moxon (Cambridge : Cambridge University Press, 1915), 10.
29. *Concilium Aurelianense* 19, *MGH Concilium* 1, 7.
30. HF 9, 39.
31. *Liber in Gloria Confessorum* 85, *MGH SSRM* 1, 802-803.

CHAPITRE V

LA FRANCIE SOUS CLOTAIRE II ET DAGOBERT Ier

1. *Fredegarii chronicorum liber quartus cum continuationibus*, édité et traduit par J. M. Wallace-Hadrill (Londres : Thomas Nelson and Sons Ltd., 1960) [désormais cité CF] 35.
2. *Childeberti secundi decretio*, *MGH Capitularia* 1, 15-23.
3. CF 48.
4. CF 74.
5. *Vita Desiderii Cadurcae urbis episcopi*, *MGH SSRM* 4, 569.
6. *Vita Desiderii* 571-72.
7. CF 50.
8. *Vitae Eligii episcopi Noviomagensis liber* II, 20, *MGH SSRM* 4, 712.
9. J. Guerout, « Le testament de sainte Fare : matériaux pour l'étude et

l'édition critique de ce document », *Revue d'histoire ecclésiastique* 60 (1965), pp. 761-821.

10. Bailey K. Young, « Exemple aristocratique et mode funéraire dans la Gaule mérovingienne », *Annales ESC* 41 (1986), pp. 396-401.

11. *Vita Audoini episcopi Rotomagensis, MGH SSRM* 5, 555.

12. Stéphane Lebecq, « Dans l'Europe du Nord des VIIe-IXe siècles : commerce frison ou commerce franco-frison ? », *Annales ESC* 41 (1986), pp. 361-377.

CHAPITRE VI

LE DÉCLIN MÉROVINGIEN

1. *Gesta Dagoberti I regis Francorum, MGH SSRM* 2, 408.
2. CF 49.
3. *Virtutes Fursei abbatis Latiniacensis, MGH SSRM* 4, 444.
4. CF, 78-79 ; J. M. Wallace-Hadrill, *The Long-Haired Kings and Other Studies in Frankish History* (New York : Barnes & Noble Inc., 1962), pp. 142-143.
5. *Vita Sanctae Balthildis, MGH SSRM* 2, 493-494.
6. *Liber Historiae Francorum* 43, *MGH SSRM* 2, 316.
7. Paul J. Fouracre, « Observations on the Outgrowth of Pippinid Influence in the " Regnum Francorum " after the Battle of Tertry (687-715) », *Medieval Prosopography* 5 (1984), pp. 1-31.
8. *Erchanberti Brevarium, MGH Scriptores* (désormais cité SS) 2, 328.
9. *Miracula Martialis* 3, *MGH SS* 15, 280.
10. *Ex Gestis episcoporum Autisiodorensium, MGH SS* 13, 394.
11. *Vita Vulframni, MGH SSRM*, 5, 668.
12. *Concilium in Austrasia habitum q. d. Germanicum*, 742, *MGH Legum* III, II, pars prior, 3.
13. CF 96.
14. « Testamentum », édité par Patrick J. Geary, *Aristocracy in Provence : the Rhône Basin at the Dawn of the Carolingian Age* (Philadelphie : University of Pennsylvania Press, 1985), pp. 40-41.
15. *Annales regni Francorum* 749, éd. F. Kurze, *Scriptores rerum Germanicarum in usum scholarum* (Hanovre, 1895).

CHAPITRE VII

L'HÉRITAGE DE L'EUROPE MÉROVINGIENNE

1. Chapitre 52, trad. fr. de M. F. Guizot.
2. N° 56 (septembre 1981).

3. *Vita Karoli* 1, édité et traduit par Louis Halphen (Paris : Librairie ancienne Honoré Champion, 1923).

4. CF 81.

5. CF 86.

6. CF 18.

7. Edward Peters, *The Shadow King: " Rex Inutilis " in Medieval Law and Literature 751-1327* (New Haven : Yale University Press, 1970).

8. Jean-Edel Berthier, *1 000 Chants* 2 (Paris : Les Presses d'Île-de-France, 1975), p. 50.

9. Fortunatus, *Vita Remedii*, MGH AA 4, 12-23.

10. *Leadership and Community*, p. 171.

11. Eginhard, *Translatio et miracula SS Marcellini et Petri* 3, 5, *MGH SS* 15, 249-250.

REPÈRES BIBLIOGRAPHIQUES

1. Sources.

Le commentaire classique sur les sources de l'histoire mérovingienne est le livre de Wattenbach-Levison, *Deutschlands Geschichtsquellen im Mittelalter : Vorzeit und Karolinger,* 5 parties (Weimar : Herman Böhlaus Nachfolger, 1952-73). On consultera utilement l'ouvrage de Robert Folz, André Guillou, Lucien Musset et Dominique Sourdel, *De l'Antiquité au monde médiéval,* coll. Peuples et civilisations, tome 5 (nouvelle édition, Paris : PUF, 1972). Seules les sources narratives ont été traduites en langues modernes : Grégoire de Tours, *Histoire des Francs,* traduit par Robert Latouche, 2 vol. (Paris : Les Belles Lettres, 1963-65); *The Fourth Book of the Chronicle of Fredegar with its Continuations,* édité et traduit par J. M. Wallace-Hadrill (Londres : Thomas Nelson and Sons Ltd., 1960); et *Liber Historiae Francorum,* traduit par Bernard S. Bachrach (Lawrence, Kansas : Coronado Press, 1973). La vie de saint Martin a été éditée et traduite par Jacques Fontaine, *Vie de saint Martin par Sulpice Sévère, Introduction, texte et traduction,* Sources chrétiennes 133-135, 3 vol. (Paris : Éditions du Cerf, 1967-69). On trouvera d'autres textes dans François Martine, *Vie des pères du Jura,* Sources chrétiennes 142 (Paris : Éditions du Cerf, 1968) et dans Grégoire de Tours, *Le Livre des miracles et autres opuscules,* édité et traduit par Henri Bordier, 3 vol. (Paris, 1857-1864).

2. Ouvrages généraux.

Cinq études générales embrassant l'ensemble de la période franque, récemment parues, contiennent des chapitres intéressants sur les siècles mérovingiens : deux livres de Edward James, *Les Origines de la France : de Clovis à Hugues Capet (de 486 à l'an mil),* (Paris : Errance, 1986; édition originale en anglais, Londres, 1982), avec une très bonne bibliographie; et *The Franks* (Oxford : B. Blackwell, 1988); Friedrich Prinz, *Grundlagen und Anfänge : Deutschland bis 1056, Neue deutsche Geschichte,* éd. Peter Moraw, Volker Press, Wolfgang Schieder, vol. 1 (Munich : C. H. Beck

Verlag, 1985); Karl Ferdinand Werner, *Histoire de France*, vol. 1 : *Les Origines (avant l'an mil)*, (Paris : Fayard, 1984); Patrick Périn et Laure-Charlotte Feffer, *Les Francs*, vol. 1 : *A la conquête de la Gaule*, vol. 2 : *A l'origine de la France* (Paris : Armand Colin, 1987). Gebhardt éd., *Handbuch der deutschen Geschichte*, vol. 1 (Stuttgart : Ernst Klett Verlag, 1970, avec bibliographie) est essentiel. Correspondant à des expositions archéologiques, plusieurs excellents recueils d'articles sur divers aspects de l'Antiquité tardive et l'histoire des Mérovingiens ont été récemment publiés. Nous retiendrons les plus intéressants : *Des Burgondes à Bayard, mille ans de Moyen Âge, recherches archéologiques et historiques* (Grenoble, 1981); *A l'aube de la France, la Gaule de Constantin à Childéric* (Paris : musée du Luxembourg, 1981); *Childéric-Clovis rois des Francs, 482-1983, de Tournai à Paris, naissance d'une nation* (Tournai, 1983); *Le Nord de la France de Théodose à Charles Martel. Trésors des Musées du nord de la France*, (Lille : Éditions de l'Association des conservateurs de la Région Nord-Pas-de-Calais, 1983); *La Neustrie. Les pays au nord de la Loire, de Dagobert à Charles le Chauve (VIIe-IXe siècles)*, éd. P. Périn et L.-Ch. Feffer, (Musées et monuments de Seine-Maritime, 1985); *La Picardie, berceau de la France. Clovis et les derniers Romains. 1 500e anniversaire de la bataille de Soissons 486-1986* (Amiens, 1986); *Premiers temps chrétiens en Gaule méridionale. Antiquité tardive et haut Moyen-Age (IIIe-VIIIe siècles)*, cat. de l'exposition de Lyon (Châtillon-sur-Chalaronne, 1986); *Die Bajuwaren von Severin bis Tassilo 488-788*, sous la dir. de H. Dannheimer et H. Dopsch, Gemeinsame Landesaustellung des Freistaates Bayern und des Landes Salzburg (Rosenheim/Bayern, Mattsee/Salzburg, 19. Mai bis 6. November, 1988); *Lorraine mérovingienne (Ve-VIIIe siècle)*. Catalogue de l'exposition organisée par la DAPHL à l'occasion du Congrès de l'AFAM, (Metz, 1988).

CHAPITRE I

La période romaine tardive est la plus étudiée. L'ouvrage de référence est celui d'Arnold Hugh Martin Jones, *Le Déclin du monde antique (284-610)*, traduit par A. Servandoni-Duparc (Paris : Éditions Sirey, 1970). Autres ouvrages importants, ceux de Peter Brown, *La Société et le sacré dans l'antiquité tardive*, traduit par A. Rousselle (Paris : Éditions du Seuil, 1984; édition originale en anglais, Berkeley, 1982); *Le Culte des saints : son essor et sa fonction dans la chrétienté latine*, traduit par A. Rousselle (Paris : Éditions du Cerf, 1984; édition originale en anglais, Chicago, 1981) et *La Genèse de l'Antiquité tardive*, traduit par A. Rousselle, préf. de Paul Veyne (Paris : Gallimard, 1983; édition originale en anglais, Cambridge, MA, 1978); citons aussi l'ouvrage classique de Henri-Irénée Marrou, *Décadence romaine ou Antiquité tardive ? IIe-VIe siècles* (Paris : Le Seuil, 1980) et celui de Ramsay MacMullen, *Soldier and Civilian in the Later Roman Empire* (Cambridge, MA. : Harvard University Press, 1963). L'ouvrage de référence sur les familles aristocratiques gallo-romaines reste le livre de Karl Friedrich Stroheker, *Der senatorische Adel im spätan-*

tiken Gallien, (Reutlingen : Alma Mater Verlag, 1948). Sur la Gaule, voir une remarquable étude de Raymond Van Dam, *Leadership and Community in Late Antique Gaul* (Berkeley : University of California Press, 1985). Michael McCormick fait l'histoire de la continuité de l'idéologie politique romaine en Orient et en Occident : *Eternal Victory : Triumphal Rulership in Late Antiquity, Byzantium and the Early Medieval West* (Cambridge : Cambridge University Press, 1986).

CHAPITRE II

Sur les barbares, les travaux de E. A. Thompson sont parmi les plus importants, en particulier son *Romans and Barbarians : The Decline of the Western Empire* (Madison : The University of Wisconsin Press, 1982). La synthèse de J. M. Wallace-Hadrill est toujours utile, *The Barbarian West : The Early Middle Ages A. D. 400-1000*, (Londres : Hutchinson and Co., Ltd, 1962). Il faut citer aussi Walter Goffart, *Barbarians and Romans A. D. 418-584 : The Techniques of Accommodation* (Princeton : Princeton University Press, 1980); Jean Durliat, « Le salaire de la paix sociale dans les royaumes barbares (v^e-vi^e siècles) » dans Herwig Wolfram et Andreas Schwarcz éd., *Anerkennung und Integration : zu den wirtschaftlichen Grundlagen der Völkerwanderungszeit 400-600* (Vienne, 1988), pp. 21-72; Lucien Musset, *Les Invasions : les vagues germaniques,* La Nouvelle Clio 12 (Paris, PUF, 1969); Émilienne Demougeot, *La Formation de l'Europe et les invasions barbares,* 3 vol. (Paris : Aubier-Montauigne, 1969-1979); Alexander C. Murray, *Germanic Kinship Structure. Studies in Law und Society in Antiquity and the Early Middle Ages* (Toronto : Pontifical Institute of Mediaeval Studies, 1983). L'étude de Reinhard Wenskus est fondamentale du point de vue méthodologique, *Stammesbildung und Verfassung : Das Werden der frühmittelalterlichen gentes* (Vienne-Cologne : Böhlau, 1977). Sur les Goths, le livre de Herwig Wolfram, *History of the Goths* (Berkeley : University of California Press, 1988) est tout à fait remarquable tant pour son contenu que pour sa méthode, de même que son article « The Shaping of the Early Medieval Principality as a Type of Non-Royal Rulership », *Viator* 2 (1971), pp. 33-51. Sur les Ostrogoths tardifs, voir Thomas Burns, *The Ostrogoths,* (Bloomington : Indiana University Press, 1984). Sur les dieux des peuples germaniques, et en particulier Tiwaz et Oden, voir Georges Dumézil, *Les Dieux des Germains* (Paris : PUF, 1959), surtout le ch. II. Les données archéologiques sont résumées dans Bruno Krüger éd., *Die Germanen : Geschichte und Kultur der germanischen Stämme in Mitteleuropa.* Bd. I : *Von den Anfängen bis zum 2. Jahrhundert unserer Zeitrechnung,* 2e édition (Berlin : Akademie-Verlag, 1978). Citons aussi les travaux essentiels de Joachim Werner « Zur Entstehung der Reihengräberzivilisation », dans Franz Petri éd. *Siedlung, Sprache und Bevölkerungsstruktur im Frankenreich,* Wege der Forschung, vol. 49 (Darmstadt : Wissenschaftliche Buchgesellschaft, 1973), pp. 285-325; et de Horst Wolfgang Böhme, *Germanische Grabfunde des 4. bis 5. Jahrhunderts zwischen unterer Elbe und Loire : Studien zur Chronologie und*

Bevölkerungsgeschichte, 2 vol., Münchner Beiträge zur Vor- und Frühgeschichte Bd. 19 (Munich : C.H. Beck'sche Verlags Buchhandlung, 1974) et « Archäologische Zeugnisse zur Geschichte der Markomannenkriege (166-180 N. Chr.) », *Jahrbuch des Römisch-Germanischen Zentralmuseums* 22 (1975), pp. 153-217. Sur les peuples de la région danubienne, voir en dernier lieu Herwig Wolfram et Falko Daim, *Die Völker an der mittleren und unteren Donau im fünften und sechsten Jahrhundert* (Vienne : Verlag der österreichischen Akademie der Wissenschaften, 1980).

CHAPITRE III

Sur les premiers Francs, l'ouvrage fondamental est celui de Erich Zöllner, *Geschichte der Franken bis zur Mitte des 6. Jahrhunderts,* (Munich : C. H. Beck Verlag, 1970). Tous les travaux de Eugen Ewig sont essentiels pour l'histoire mérovingienne ; plusieurs articles ont été réunis dans *Spätantikes und fränkisches Gallien. Gesammelte Schriften (1952-1973),* Beihefte der *Francia* 3, éd. par Hartmut Atsma, 2 vol. (Munich : Artemis Verlag, 1976-1979). Voir également les articles importants de J.M. Wallace-Hadrill dans *The Long-Haired Kings and Other Studies in Frankish History* (New York : Barnes & Noble, Inc., 1962). Pour l'archéologie mérovingienne, voir surtout Patrick Périn, *La Datation des tombes mérovingiennes : historique-méthodes-applications* (Genève : Librairie Droz, 1980). Les dernières années ont vu l'apparition de plusieurs jeunes historiens anglais dont les contributions importantes à l'histoire mérovingienne sont largement inspirées par Wallace-Hadrill. Parmi les recueils où leurs travaux ont été publiés, citons : Wendy Davies et Paul Fouracre, *The Settlement of Disputes in Early Medieval Europe* (Cambridge : Cambridge University Press, 1986) ; P.H. Sawyer et I.N. Wood, *Early Medieval Kingship* (Leeds : University of Leeds Press, 1977) ; Patrick Wormald, Donald Bullough et Roger Collins éd., *Ideal and Reality in Frankish and Anglo-Saxon Society : Studies presented to J. M. Wallace-Hadrill* (Oxford : Basil Blackwell, 1983).

Sur la maisonnée et la société, voir David Herlihy, *Medieval Households* (Cambridge, MA : Harvard University Press, 1985) ; P. Guichard et J.-P. Cuvillier dans *Histoire de la famille* (Paris : Armand Colin, 1986) ; et Suzanne Fonay Wemple, *Women in Frankish Society : Mariage and the Cloister 500-900* (Philadelphie : University of Pennsylvania Press, 1981). Sur l'économie mérovingienne, voir Renée Doehaerd, *Le Haut Moyen Âge occidental : économies et sociétés* (Paris : PUF, 1971) ; Robert Latouche, *Les Origines de l'économie occidentale (IVe-XIe siècle)* (Paris : Albin Michel, 1956) ; Georges Duby, *Guerriers et paysans* (Paris : Gallimard, 1973).

CHAPITRE IV

Sur l'histoire politique et institutionnelle du VIe siècle, voir Herwig Wolfram, *Intitulatio I, Lateinische Königs- und Fürstentitel bis zum Ende des 8. Jahrhunderts, Mitteilungen des Instituts für österreichische Geschichtsforschung,* Ergänzungsband 21 (Vienne : Hermann Böhlaus Nachf., 1967); Eugen Ewig, « Die fränkischen Teilungen und Teilreiche (511-613) », in *Spätantikes und fränkisches Gallien,* pp. 114-170 ; et J.M. Wallace-Hadrill, *The Long-Haired Kings,* pp. 148-206. Les ouvrages de Bernard Bachrach, *Merovingian Military Organization 481-751* (Minneapolis : University of Minnesota Press, 1972) et d'Archibald R. Lewis, « The Dukes in the " Regnum Francorum " A.D. 550-751 », *Speculum* 51 (1976), pp. 381-410, sont aussi très utiles. Sur les relations des Francs avec Byzance, voir Walter Goffart, « Byzantine Policy in the West under Tiberius II and Maurice : The Pretenders Hermenegild and Gundovald (579-585) », *Traditio* 13 (1957), pp. 73-118.

Le livre de J.M. Wallace-Hadrill, *The Frankish Church* (Oxford : Clarendon Press, 1983) comporte des chapitres importants sur l'Église. Le deuxième volume du *Handbuch der Kirchengeschichte,* dont je cite la traduction anglaise, constitue une bonne introduction ; il contient des études d'Eugen Ewig et d'autres auteurs sur l'Église du haut Moyen Âge : Hubert Jedin et John Dolan éd., *Handbook of Church History,* vol. 2, *The Imperial Church from Constantine to the Early Middle Ages* (New York : Herder and Herder, 1980). Très utiles aussi, les deux premiers volumes de la *Nouvelle Histoire de l'Église* parue au Seuil, I : Jean Daniélou et Henri-Irénée Marrou, *Des origines à Grégoire le Grand* (Paris : Seuil, 1963) ; II : M.D. Knowles et D. Obolensky, *Le Moyen Âge* (Paris : Seuil, 1968) et le premier volume de l'*Histoire de la France religieuse,* sous la direction de Jacques Le Goff et René Rémond : Paul-Albert Février, *Des origines au XIVe siècle* (Paris : Seuil, 1989). Sur l'épiscopat, voir Martin Heinzelmann, *Bischofsherrschaft in Gallien : zur Kontinuität römischer Führungsschichten vom 4. bis zum 7. Jahrhundert. Soziale, prosopographische und bildungsgeschichtliche Aspekte,* Beihefte der *Francia* 5. (Munich : Artemis Verlag, 1976) ; et Georg Scheibelreiter, *Der Bishof in merowingischer Zeit,* Veröffentlichungen des Instituts für österreichisches Geschichtsforschung, vol. 27 (Vienne : Hermann Böhlaus Nachf., 1983). Sur Martin de Tours, voir Clare Stancliffe, *St. Martin and His Hagiographer : History and Miracle in Sulpicius Severus* (Oxford : Clarendon Press, 1983). L'ouvrage de référence sur le monachisme mérovingien reste Friedrich Prinz, *Frühes Mönchtum im Frankenreich* (2e éd. revue, Darmstadt : Wissenschaftliche Buchgesellschaft, 1988). Prinz a également édité un important recueil d'articles : *Mönchtum und Gesellschaft im Frühmittelalter* (Darmstadt : Wissenschaftliche Buchgesellschaft, 1976). On trouvera une analyse essentielle de l'hagiographie et de la société mérovingiennes dans le livre de František Graus, *Volk, Herrscher und Heiliger im Reich der Merowinger : Studien zur Hagiographie der Merowingerzeit* (Prague : Nakladatelství Československé akademie věd, 1965).

CHAPITRE V

Pour l'histoire dynastique de la fin du VIe et du début du VIIe siècle, voir Eugen Ewig, « Die Frankischen Teilreiche im 7. Jahrhundert (613-714) », dans *Spätantikes und fränkisches Gallien*, pp. 172-201, et J.H. Wallace-Hadrill, *The Long-Haired Kings*, pp. 206-231. L'ouvrage de référence pour les charges mérovingiennes non ecclésiastiques est le livre de Horst Ebling, *Prosopographie der Amtsträger des Merowingerreiches von Chlothar II (613) bis Karl Martell (741)*, Beihefte der *Francia* 2 (Munich : Wilhelm Fink Verlag, 1974). Pour les propriétés et leur organisation, voir surtout John Percival, « Seigneurial Aspects of Late Roman Estate Management », *The English Historical Review* 332 (1969), pp. 449-473 ; Walter Goffart, « From Roman Taxation to Mediaeval Seigneurie : Three Notes », *Speculum* 47 (1972), pp. 165-187 et 373-394 ; et « Old and New in Merovingian Taxation », *Past and Present* 96 (1982), pp. 3-21 ; enfin, Adriaan Verhulst, « La genèse du régime domanial classique en France au haut Moyen Âge », *Agricoltura e mondo rurale in Occidente nell'alto Medioevo*, Settimane di studio del centro italiano di studi sull'alto Medioevo 13 (Spoleto, 1966), pp. 135-160.

Sur Colomban et le monachisme franc, voir les articles dans H.B. Clarke et M. Brennan éd., *Colombanus and Merovingian Monasticism*, British Archeological Reports s-113. (Oxford, 1981) et les travaux fondamentaux de Friedrich Prinz dans *Früher Mönchtum* et dans son « Heiligenkult und Adelsherrschaft im Spiegel merowingischer Hagiographie », *Historische Zeitschrift* 204 (1967), pp. 529-544 ; R. Sprandel, *Der merowingische Adel und die Gebiete östlich des Rheines* (Fribourg, 1957) ; et du même auteur, « Struktur und Geschichte des merowingischen Adels », *Historische Zeitschrift* 193 (1961), pp. 33-71. Sur le développement de la culture aristocratique et cléricale, voir Pierre Riché, *Éducation et culture dans l'Occident barbare (VIe-VIIIe siècles)*, (Paris : Seuil, 1962) et M.L.W. Laistner, *Thought and Letters in Western Europe A.D. 500-900* (Ithaca : Cornell University Press, 1957) ; voir aussi Franz Irsigler, *Untersuchungen zur Geschichte des frühfrankischen Adels. Rheinisches Archiv*, Veröffentlichungen des Instituts für geschichtiche Landeskunde der Rheinlande an der Universität Bonn n° 70. (Bonn : Ludwig Röhrscheid Verlag, 1969), dont une partie a été traduite en anglais dans Timothy Reuter éd., *The Medieval Nobility : Studies on the Ruling Classes of France and Germany from the Sixth to the Twelth Century* (Amsterdam : North-Holland Publishing Company, 1978) sous le titre « On the Aristocratic Character of Early Frankish Society », pp. 106-136. Sur l'évangélisation, voir Karl Ferdinand Werner, « Le rôle de l'aristocratie dans la christianisation du nord-est de la Gaule », *Revue de l'histoire de l'Église de France* 62 (1976), pp. 45-73 ; C.E. Stancliffe, « From Town to Country : The Christianisation of the Touraine, 370-600 », *Studies in Church History* 16 (1979), pp. 43-59 ; Ian N. Wood, « Early Merovingian Devotion in Town and Country », *Ibid.*, pp. 61-76 ; et Paul Fouracre, « The Work of Audoenus of Rouen and Eligius of Noyon in Extending Episcopal Influence from the Town to the Country in Seventh-Century Neustria », *Ibid.*, pp. 77-91. Deux excellents articles étudient la christianisation dans certaines régions : Nancy Gauthier, *L'Évangélisation des pays de Moselle. La province romaine de Première Belgique entre Antiquité et Moyen Âge (IIIe-VIIIe siècles)* (Paris : Éditions De Boccard, 1980) ; et Luce Piétri, *La Ville de*

Tours du IVe au VIe siècle : naissance d'une cité chrétienne (Rome : École française de Rome, 1983).

CHAPITRE VI

Sur les régions de la Francie à la fin du VIIe et au VIIIe siècle, voir, outre les études d'Eugen Ewig citées ci-dessus, son « Volkstum und Volksbewusstsein im Frankenreich des 7. Jahrhunderts », *Spätantikes und fränkisches Gallien, I*, pp. 231-273 (mais je ne suis pas d'accord avec toutes les conclusions de l'auteur); Erich Zöllner, *Die politische Stellung der Völker im Frankenreich* (Vienne : Hermann Böhlaus Nachf., 1950); et Karl Ferdinand Werner, « Les principautés périphériques dans le monde franc du VIIIe siècle », dans *I problemi dell'Occidente nel secolo VIII*, Settimane di studio del Centro italiano di studi sull'alto Medioevo 20 (Spolete, 1973), pp. 483-532. Parmi les études régionales, citons Edward James, *The Merovingian Archaeology of South-West Gaul*, 2 vol., British Archaeology Reports Supplementary Series 25 (i) (Oxford, 1977); Michel Rouche, *L'Aquitaine des Wisigoths aux Arabes 418-781 : naissance d'une région* (Paris : Éditions Jean Touzot, 1979); Patrick J. Geary, *Aristocracy in Provence : The Rhône Basin at the Dawn of the Carolingian Age* (Philadelphie : University of Pennsylvania Press, 1985); A. Joris, « On the Edge of Two Worlds in the Heart of the New Empire : The Romance Regions of Northern Gaul during the Merovingian Period », *Studies in Medieval and Renaissance History* 3 (1966), pp. 3-52; Matthias Werner, *Der Lütticher Raum in frühkarolingischer Zeit*, (Göttingen · Vandenhoeck & Ruprecht, 1980); Herwig Wolfram, « Der heilige Rupert und die antikarolingische Adelsopposition », *Mitteilungen des Instituts für österreichische Geschichtsforschung* 80 (1972), pp. 4-34; et Otto Gerhard Oexle, « Die Karolinger und die Stadt des heiligen Arnulf », *Frühmittelalterliche Studien* 1 (1967), pp. 250-364.

Sur les reines mérovingiennes, voir Janet L. Nelson, « Queens as Jezebels : the Careers of Brunhild and Balthild in Merovingian History », in Derek Baker éd., *Medieval Women*, (Oxford : Basil Blackwell, 1978), pp. 31-77, et en dernier lieu Pauline Stafford, *Queens, Concubines and Dowagers : The King's Wife in the Early Middle Ages* (London : Batsford, 1983). Sur l'histoire de Grimoald et de Childebert, si compliquée, voir Eugen Ewig, « Noch einmal zum " Staatsstreich " Grimoalds », *Spätantikes und fränkisches Gallien* I, pp. 573-577; et Heinz Thomas, « Die Namenliste des Diptychon Barberini und der Sturz des Hausmeiers Grimoald », *Deutsches Archiv* 25 (1969), pp. 17-63. Sur la venue au pouvoir des Carolingiens, voir Paul J. Fouracre, « Observations on the Outgrowth of Pippinid Influence in the " Regnum Francorum " after the Battle of Tertry (687-715) », *Medieval Prosopography* 5 (1984), pp. 1-31; et Josef Semmler, « Zur pippinidisch-karolingischen Sukzessionskrise 714-723 », *Deutsches Archiv* 33 (1977), pp. 1-36. Pour les missionnaires anglo-saxons sur le continent, l'ouvrage fondamental reste Wilhelm Levison, *England and the Continent in the Eighth Century*, (Oxford : Clarendon Press, 1946).

Sur la papauté au VIIIᵉ siècle, voir Thomas F.X. Noble, *The Republic of St. Peter: The Birth of the Papal State, 680-825* (Philadelphie : University of Pennsylvania Press, 1984). Sur Charles Martel et les premiers Carolingiens, voir, outre J. Semmler, Rosamond McKitterick, *The Frankish Kingdoms under the Carolingians 751-987* (Londres : Longman, 1983). Sur le couronnement de Pépin, la bibliographie est considérable. Voir en dernier lieu Michael J. Enright, *Iona, Tara and Soissons : The Origin of the Royal Anointing Ritual*, Arbeiten zur Frühmittelalterforschung 17 (Berlin : Walter de Gruyter, 1985).

CHAPITRE VII

Sur la formation de l'image des Mérovingiens dans l'historiographie, le livre de Edward Peter, *The Shadow King; Rex Inutilis in Medieval Law and Literature 751-1327* (New Haven : Yale University Press, 1970) reste l'étude essentielle. Pour le jugement d'Eginhard sur les Mérovingiens, voir Adolf Grauert, « Noch einmal Einhard und die letzten Merowinger », dans Lutz Frenske et alii, *Institutionen, Kultur und Gesellschaft im Mittelalter. Festschrift für Josef Fleckenstein zu seinem 65. Geburstag* (Sigmaringen : Jan Thorbecke Verlag, 1984), pp. 59-72. En France, l'image traditionnelle des Mérovingiens a longtemps été celle que proposait Augustin Thierry dans ses *Récits des temps mérovingiens; précédés de Considérations sur l'histoire de France* (Paris : 1856). Karl Ferdinand Werner a travaillé pendant des années à modifier la représentation qu'on se fait du monde franc en France et en Allemagne. Voir en particulier le premier article de son *Vom Frankenreich zur Entfaltung Deutschlands und Frankreichs : Ursprünge-Strukturen-Beziehungen. Ausgewählte Beiträge* (Sigmaringen : Jan Thorbecke Verlag, 1984) : « En guise d'introduction : conquête franque de la Gaule ou changement de régime ? », pp. 1-11.

INDEX

Abbo (*patricius* de Provence), 239, 251.
Abd ar-Rhamān (gouverneur de l'Espagne), 236.
Aega (*major domus* neustrien), 213.
Agnéric (aristocrate franc), 201.
Aegidius (général gaulois), 102, 103.
Aetherius (évêque de Lisieux), 159.
Agilolfing (famille), 183, 186, 240, 241.
Agilulf (roi lombard), 200.
Agnéric (aristocrate franc), 200.
Agrestius (missionnaire en Bavière), 241.
Alamans (tribu), 93, 94, 105, 106, 107.
Alaric (roi wisigoth), 38, 40, 90, 91.
Alaric II (roi wisigoth), 106, 109.
Alavivus (chef Tervinge), 86, 88.
Amalasuntha (régente), 111.
Amalbert, confiscation d'un bien de, 227.
Amales, 88-89. *Voir aussi* : Ostrogoths; Théodoric.
Amand (saint), 206.
Ambroise Aurélien, 27.
Ambroise (évêque), 49.
Anastase (empereur), 109.
Andrinople, confrontation Goths Romains à, 90.
Annone, 43, 44.
Antenor (*patricius* de Provence), 237, 238, 239.
Aquitaine : au VIIe siècle, 233-236; romanisation, 112; les Wisigoths en, 91; sous Dagobert, 184, 185; tradition monastique en, 167-169, 172-173.
Ardennes, zone d'occupation franque dans les, 139.
Argobaste, 38.
Ariarich (chef Tervinge), 84.
Arlon (Luxembourg), 204.
Arnebert (duc), 185.
Arnulf ou Arnoul de Metz (saint), 179, 183, 184, 205, 224, 225.
Athanic (chef balte), 86-88.
Athaulfe (chef Tervinge), 91.
Attila, 91, 111.
Audo (fils d'Autharius), 201, 202, 204.
Audoenus ou Audoin de Rouen (saint), 187, 188, 189, 201, 204, 218.
Aunemund de Lyon (évêque), 220.
Austrasie, 143, 144, 178-181, 182, 183, 184, 201,223.
Autharius (aristocrate franc), 201, 202.
Avars, 185-186, 240.

Bagaudes, 53, 54.
Baldechilde ou Bathilde (épouse de Clovis II), 217, 220, 225.
Ballomarius (roi des Marcomans), 79.
Baltes, 84-88.
Barbares : avant la migration, 61-76; et l'empire d'Occident 94-97; et l'empire romain d'Orient, 82-93; et l'*interpretatio romana*,

57-60; influence romaine, 16, 17, 76, 82; généraux barbares, 26, 27; point de vue moderne, 56-60, 260-261.
Basques, 184, 234, 235.
Bavière, 185, 186, 240-242, 248, 249.
Belgique, 19, 103, 104.
Bercharius (*major domus* neustrien), 226.
Bobbio (monastère), 200.
Boniface (saint), 248-250.
Bonitus (général), 38.
Bretagne, 22.
Brodulf, 182.
Brown, Peter 162.
Brunehaut (épouse de Sigibert Ier), 145, 178, 179, 180, 200.
Burgundofara (abbesse), 201, 202.

Canabae, 29, 33.
Capitatio, 43.
Cappa 167, 219.
Caracalla (empereur), 32, 33.
Carloman (fils de Charles Martel), 249.
Carolingiens, 248-250, 251-253.
Cassien, Jean 170, 171, 172.
Celtes armoricains, 105.
Charibert, 184.
Charlemagne, 166.
Chefs de guerre (*reiks*), 81, 82, 83.
Chefs saliens, 101.
Childebert (fils de Clovis), 118.
Childebert II, 178.
Childebert III, 222, 223, 224, 228, 237.
Childéric (chef salien), 101, 103.
Childéric II, 210, 220-221, 225, 226, 256, 257.
Childéric III, 253.
Chilpéric Ier, 122, 145.
Chilpéric II, 130, 231.
Chimnechilde (veuve de Childebert III), 224.
Chlodéric (fils de Sigibert de Cologne), 109.
Chlodion (chef salien), 101.
Chlodomer (fils de Clovis), 118.
Clotaire Ier, 118.
Clotaire II, 145, 178-184, 225.
Clovis : administration, 110-118; et le christianisme 105-107, 167, 168, 175, 196; consolidation du pouvoir, 103-110; successeurs 141-143. *Voir aussi* : Clotaire Ier, Theudebert Ier, Theudéric Ier.
Clovis II, 210.
Cniva (roi goth), 84.
Colomban, 197-208.
Colonia, 33.
Comitatenses, 37.
Comitatus, 75-76.
Commentaires sur la guerre des Gaules (Jules César), 59.
Compiègne, résidence royale, 262.
Comte de la cité, 157.
Concile d'Orléans, 175.
Constance (César), 24, 26.
Constantin empereur, 26, 27, 84.
Constantinople, 86, 92, 170.
Cunibert de Cologne (évêque), 183, 184, 207.
Curia, 19, 42, 43, 44.
Cursus honorum, 154-157, 205.

Dado (saint). *Voir* : Audoin de Rouen.
Dagobert Ier : et l'aristocratie austrasienne, 183, 184; et la Bavière, 240; et le christianisme, 193, 194, 206, 207; son divorce, 188, 209, 210, 217; et la Francie, 181-186, 190-193, 234; ses successeurs, 209-213.
Dagobert II, 221, 222, 223, 225.
Décurions, 20.
Desideratus (ermite), 174.
Desideratus ou Désiré (évêque de Verdun), 124.
Desiderius (évêque de Cahors), 187-189, 194.
Dioclétien (empereur), 24, 25, 26, 35, 42, 52.
Drogo (fils de Pépin II), 226, 227, 228.
Dynastie mérovingienne et historiographie carolingienne 254-259; déclin 209-253; héritage 254-264.

Ebroïn, 219-221, 225, 226, 234.
Édit de Paris, 180-181, 225.
Eginhard (biographe de Charlemagne), 256, 257.
Eloi (saint), 187, 188, 189, 196, 206.
Erchinoald (*major domus* neustrien), 196, 213, 214, 215, 217.

Ermanaric (roi des Amals), 89.
Esclaves. 52, 53, 137, 138, 191.
- en Francie, 119, 126, 137, 138.
- dans la société germanique, 70, 71.
- et les mariages royaux, 217.
Esclaves locataires (*servi casati*), 137, 138, 192, 193.
Espagne, effondrement de, 235, 236.
Eudo ou Eudes (duc d'Aquitaine), 235, 236, 242, 243.
Eumerius (évêque de Nantes), 150.
Euric (roi wisigoth), 104, 108.
Eustasuis (abbé), 241.
Évêques guerriers, 243.
Exercitus Gothorum 93.

Faustianus (évêque de Dax), 159.
Félix de Nantes (évêque), 149-151, 159.
Flaochad (*major domus* de Bourgogne), 215, 216.
Flavius Theodericus rex. Voir Théodoric.
Foederati, 37, 40.
Fortunatus, Venantius, 149, 165.
Fouracre, Paul, 228.
Francs : dans l'Empire d'Occident, 94-97; ethnogenèse, 99-103; et les Gallo-Romains, 108; point de vue moderne, 260-261; traitement des Romains, 100, 101.
Frédégar, 182. *Voir aussi :* Pseudo Frédégar.
Frédégonde (épouse de Chilpéric), 145, 157.
Fritigerne (*reiks* tervinge), 86, 87, 88. *Voir aussi :* Wisigoths.
Fronheim (Rhénanie), 203.
Frontières romaines. *Voir : Limes.*
Fronton d'Angoulême (évêque), 159.
Furseus (saint irlandais), 214, 215.

Galère (César), 24, 25.
Galla Placida (fille de Théodose II), 91.
Galswintha (épouse de Chilpéric), 145.
Garde prétorienne, 31.
Gaule lyonnaise, 19.
Gaule narbonnaise, 19.
Gefolgschaft. Voir : Comitatus.

Germain d'Auxerre (évêque), 54, 242.
« Germains », 61-76.
« Germains impériaux », 37, 38.
Germanie, La (Tacite), 59.
« Germanie libre », 23, 77-82.
Gertrude de Nivelle, 224-225.
Gentes 38-41.
Gibbon Edward, 254, 256.
Grégoire Ier (pape), 154, 199.
Grégoire II (pape), 142.
Grégoire III (pape), 250.
Grégoire de Langres (évêque), 155.
Grégoire de Tours, 98, 104, 108, 109, 124, 156-157, 159, 160, 173-176.
Greutunges, 88-89, 91-93.
Gunthchramn ou Gontran (roi de Bourgogne), 145, 146, 155.
Guerre contre les Parthes, 23.
Guerre marcomane, 23, 79.
Guerriers, 74, 75, 76.

Hadrien (empereur), 29.
Hainmar (évêque), 243, 244..
Harth bei Zwenkau (fouilles), 62.
Heerkönig. Voir Reiks.
Heinzelmann, Martin, 148.
Hilaire d'Arles, 51, 172.
Hilaire de Poitiers, 167.
Histoire du déclin et de la chute de l'Empire romain (Gibbon), 254, 256.
Honorat (saint), 170.
Hugo (évêque), 244, 245.
Huns 38, 88, 89, 92.

Isigler, Franz, 135.

Lavoye (Meuse), 127-128, 137.
« Le bon roi Dagobert » (chanson enfantine), 258.
Léger (saint). *Voir* Léodegar..
Le Goff Jacques, 165.
Léodegar d'Autun (évêque), 220, 221.
Loi salique *voir Pactus Legis salicae.*
Lérins, monastère de, 170, 171, 172, 197.
Leudast (comte de Tours), 157.
Liber historia Francorum, 221, 222.
Licinius (empereur romain), 26.

Limes, 16, 22, 30, 31, 77, 79.
Loire (et les établissements des Francs), 139.
Lombards 143, 186.
Lupus ou Loup (prince d'Aquitaine), 235, 236.
Luxeuil, monastère à, 201.

Marc-Aurèle (empereur romain), 23.
Magistri militum, 38, 85, 92.
Major domus, 230, 231, 232.
Marcel de Paris (saint), 165.
Marcomans (tribus), 79.
Marmoutier, monastère, à, 167.
Marseille, monastère, à 170, 238.
Martel Charles, 230, 231, 232; et l'Aquitaine, 236; et l'Eglise 238-239, 244-246; et l'historiographie carolingienne; 256, 257, et l'influence culturelle; 242-246; et le pape, 250, 252; et la Provence, 239, 240.
Martin de Tours (saint), 99, 109, 166-169.
Martyrs, 50, 51.
Maurontus (*dux* en Provence), 237, 238, 239.
Mavilio de Cahors (évêque), 159.
Mazerny (Ardennes), 203.
Maximien, 24.

Nantechilde (épouse de Dagobert), 188, 209, 210, 213, 215-217.
Neustrie, 145; sous Dagobert Ier, 183, 184; et Erchinoald 213, 214; et C. Martel 244, 245; cour royale 186-190.
Nicétius ou saint Nizier évêque de Lyon, 157, 159, 162.
Nonnechius, évêque de Nantes 150.

Odile (sainte), 206.
Odoacre (roi germain), 27, 93.
Ostrogotha (roi amal), 88.
Ostrogoths 91-93, 141. *Voir aussi* Amals, Greutunges.
Ouen (saint), *Voir*: Audoenus.

Pactus Legis Salicae 112-113, 130.
Palladius (évêque irlandais), 198.
Pannonie 16, 22, 32, 33, 92, 98, 99, 185, 240.

Paris 121, 184, 190.
Patrick (saint), 198.
Paulin (évêque), 49.
Pietas 19, 51.
Pépin Ier de Herstal 179, 183, 184, 221.
Pépin II 221, 225-230, 246-248, 251.
Pépin III 249, 252, 253, 264.
Pippinides; et l'autonomie aquitaine 235; et l'aristocratie austrasienne 183, 184; usurpation 221-225; et les terres de fisc 218; fondations de la puissance 226-231; liens faux 224, 225; et l'aristocratie neustrienne 213, 214; et l'autonomie provençale 237, 240; réunification de la Francie sous les, 225-232.
Plectrude (épouse de Pépin II), 230, 231.
Pline l'ancien 57, 64.
Poitiers, monastère de la Sainte-Croix à, 174.
Poly Jean-Pierre 114.
Polyginie 71, 128, 131.
Polythéisme 161.
Postumus (prétendant), 35.
Prinz, Friedrich, 106.
Pseudo Frédégar, 188, 195, 208, 216.

Quades 79.

Radbod (duc), 247.
Radebert (duc), 219.
Radegonde (épouse de Clotaire), 174.
Rado (fils d'Autharius), 201.
Radulf (duc de Thuringe), 185, 186, 189, 206.
Ragamfred (*major domus* neustrien), 231.
Ragnebert (aristocrate neustrien), 219.
Rectores 114.
Reges crini (les rois chevelus), 101, 102.
Reihengräberzivilisation 96.
Reiks 81-82, 83.
Rex inutilis 257-258.
Riculf (archidiacre), 150, 154.
Rois fénéants 210, 211, 256-259.
Romanitas 21, 234-235.

Romani 140.
Rugiens (peuple barbare), 16, 17, 83.
Rupert, évêque de Worms 242.
Rusticus, évêque de Cahors 187, 188.

Saint-Denis (monastère de), 184, 262 ; et Charles Martel 244-245 ; et la règle mixte 218 ; et la générosité royale 193, 195.
Saint-Germain-des-Prés, monastère de 184, 193.
Saint Martin. *Voir* Martin de Tours.
Saint-Wandrille, monastère de 229.
Saint-Victor, monastère de 170, 238.
Sainte-Geneviève, monastère de 193.
Sainteté 204-206.
Saints 50, 162, 165, 204-206.
Saliens 100, 101, 102, 103.
Samo (chef Wende), 185, 240.
Savaric, évêque d'Auxerre 243, 244.
Saxons 142.
Scythes 83, 84, 88.
Serf-esclaves (*servi*), 52, 53.
Sévère Septime (empereur romain), 31, 32.
Sévère Alexandre (empereur romain), 35.
Sévères, dynastie des 31-35. *Voir aussi* Caracalla ; Sévère Alexandre, Sévère Septime.
Sévérinus de Noricum (saint), 16, 17.
Siagrius (*patricius* de Provence), 187.
Sigibert (chef franc), 109.
Sigibert Ier (roi austrien), 144, 145.
Sigibert III 210, 221, 222, 223, 224.
Soissons 103, 104.
Soldats-Fermiers 29, 30.
Stabilitas 194, 195, 218.
Steppe, peuples de la. *Voir* Avars, Greutunges, Scythes.
Suebi. *Voir* Alamans.
Suzanne (femme de l'évêque Priscus), 156, 157, 162.
Syagrius (chef gaulois), 102, 103, 104.
Symmaque (aristocrate romain), 47.

Tacite, 57, 58, 59, 72, 128, 261.
Tassilo (chef Agilolfing, duc de Bavière), 186.
Tertry-sur-Somme, bataille de 226-227 ; Francie après 226-232.
Théodo (duc de Bavière), 242.
Théodore, évêque de Marseille 158, 159..
Théodoric (roi Ostrogoth), 92-93, 105, 106, 108, 109, 110, 111.
Théodose (empereur romain), 27, 38, 40.
Theudebert Ier 122, 124, 142, 144.
Theudebert II, 179.
Theudohald (fils de Grimoald), 230.
Theuderic II 179, 200.
Theuderic III 179, 210, 211, 220.
« Thing » 74.
Thrace, incorporation des Goths en 39, 89, 90.
Thiudans 74, 83.
Toulouse (royaume Wisigothique), 91, 103, 108, 109.
Thuringiens et Boniface 248-249 ; et Clovis 104, 105 ; la conquête franque 142 ; et les Saliens 101 ; et la menace slave 185.
Trèves, 26, 45, 121, 138.
Tributum 41, 42, 43.

Valens (empereur romain), 27, 39, 86, 87.
Valentinien (empereur romain), 27.
Van Dam, Raymond 263.
Virgile de Salzbourg (abbé), 248.

Waldabert of Luxeuil (abbé), 218.
Waldelenus, clan de, 216, 239.
Walia (chef Tervinge), 91.
Waratto (*major domus neustrien*), 226, 227.
Warnachar (*major domus* bourguignon), 179, 182.
Willibrord (missionnaire), 247, 248.
Wolfram, Herwig 83.
Wisigotts, 89-91, 103, 106, 108.
Wood, Jan, 106.
Wulfila, 87.
Wulfoald, 224, 225.
Wynfrid, voir Boniface (saint) ;
Young, Bailey, 203.
Zacharie (pape), 252.
Zénon (empereur), 92, 93.

TABLE DES MATIÈRES

PRÉFACE... 7

    L'Europe mérovingienne........................... 10

I. L'OCCIDENT ROMAIN DU Ier SIÈCLE.......... 15
    Les provinces occidentales......................... 18
    L'Empire romain du IIIe au Ve siècle................ 24
    La transformation de la société en Occident......... 28
        Militarisation................................. 29
        Barbarisation................................. 35
        L'Impôt....................................... 41
    Gagnante : l'aristocratie financière.................. 44
    Perdants : tous les autres.......................... 52

II. LE MONDE BARBARE JUSQU'AU VIe SIÈCLE... 56

    La société barbare avant la migration............... 61
        La Culture germanique......................... 61
            L'artisanat............................... 66
            Société.................................. 69
            Le *Comitatus*........................... 75
        L'influence de Rome sur les peuples germaniques.... 77
        Les nouvelles sociétés germaniques................ 80
    L'Empire d'Orient et les Goths..................... 82
        Baltes et Tervinges............................ 84
        Amales et Greutunges......................... 88

LE MONDE MÉROVINGIEN 291

Des Tervinges aux Wisigoths......................	89
Des Greutunges aux Ostrogoths....................	91
L'Empire d'Occident et les Francs..................	94

III. ROMAINS ET FRANCS DANS LE ROYAUME DE CLOVIS... 98

Ethnogenèse franque.............................	99
Clovis..	103
Le gouvernement de la Francie : les héritages administratifs..	110
Les peuples de Francie...........................	118
L'économie rurale et urbaine.....................	119
La société franque..............................	127
La maisonnée...................................	129
Le village.....................................	131
Les structures sociales.........................	133

IV. LA FRANCIE AU VIe SIÈCLE.................. 141

Les successeurs de Clovis........................	141
L'expansion.....................................	141
Les affaires intérieures.........................	143
Les évêques : nobles par la naissance et par la foi...	149
Le rôle religieux de l'évêque....................	160
Le monastère....................................	166
Martin de Tours.................................	166
La vallée du Rhône..............................	170
Évêques contre moines...........................	174

V. LA FRANCIE SOUS CLOTAIRE II ET DAGOBERT Ier... 187

La Francie réunifiée.............................	178
Les régions.....................................	181
La cour du roi..................................	186
Les domaines du roi.............................	190
La christianisation de la tradition royale.......	194
La création de la tradition aristocratique.......	196

Colomban	197
Une aristocratie franque chrétienne	200

VI. LE DÉCLIN MÉROVINGIEN 209

Les successeurs de Dagobert	209
La Neustrie-Bourgogne	213
L'Austrasie	221
La réunification sous les Pinnipides	225
Après Tertry	226
La formation des royaumes territoriaux	232
L'Aquitaine	232
La Provence	236
La Bavière	240
La transformation de la société	242
Les missions anglo-saxonnes	246
La nouvelle monarchie	251

VII. L'HÉRITAGE DE L'EUROPE MÉROVINGIENNE 254

Les rois fainéants	256
La spécificité de la société mérovingienne	259
Appendice A. La Dynastie mérovingienne	266
Appendice B. Quelques dates importantes	268
Appendice C. Note sur les noms propres	270
Notes	271
Repères bibliographiques	277
Index	285

Achevé d'imprimer
en Novembre 1997
MAURY-EUROLIVRES S.A.
N° éditeur : FH127402
N° imprimeur : 97/11/61469
Dépôt légal : Mars 1993